中國傳統
文化與教育

徐仲林 著

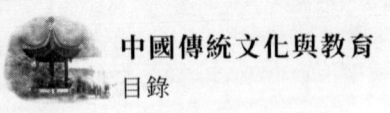
中國傳統文化與教育
目錄

目錄

前言

中國古代教育史

緒言 9
    一、中國教育史的對象、內容 9
    二、學習中國教育史的意義 10

第一章 原始社會和奴隸社會的教育 11
    第一節 原始社會的教育 11
    第二節 奴隸社會的教育（夏、商、西周）............................... 13

第二章 春秋時期的教育 20
    第一節 春秋時期的概況 20
    第二節 孔子的教育思想 25
    第三節 墨子的教育思想 37

第三章 戰國時期的教育 42
    第一節 戰國時期的概況 42
    第二節 孟子的教育思想 47
    第三節 荀子的教育思想 51
    第四節 《大學》《中庸》《學記》的教育思想 56

第四章 秦漢時期的教育 62
    第一節 秦漢時期的教育政策、制度 62
    第二節 董仲舒的教育思想 74
    第三節 王充的教育思想 77

第五章 魏晉南北朝時期的教育 80
    第一節 文化概況 80
    第二節 教育制度 84
    第三節 教育思想 85

第六章 隋唐五代時期的教育 ... 87
第一節 文化概況 ... 87
第二節 教育制度 ... 91
第三節 教育思想 ... 95

第七章 宋遼金元時期的教育 ... 98
第一節 文化概況 ... 98
第二節 教育制度 ... 104
第三節 教育思想 ... 112

第八章 明、清中葉時期的教育 ... 117
第一節 文化概況 ... 117
第二節 教育制度 ... 121
第三節 教育思想 ... 126

中國古代高等教育史

第一章 先秦時期的高等教育 ... 141
第一節 文化概況 ... 141
第二節 高等教育政策和制度 ... 155
第三節 孔子的教育思想 ... 172
第四節 《學記》和《大學》的教育思想 ... 196

第二章 封建社會的高等教育 ... 202
第一節 文化概況 ... 202
第二節 文教政策和高等教育制度 ... 228
第三節 選舉制度 ... 260

中國傳統文化與教育

第一單元 傳統文化與教育的含義 ... 275
一、什麼是傳統 ... 275
二、傳統文化的主要內容及靈魂 ... 275

第二單元 儒學與十三經 ... 276

一、什麼是儒 276
　　二、什麼是士 277
　　三、儒家學派和十三經 278
　　四、儒家在哲學、政治學、經濟學上的基本觀點 283

第三單元 中國學術思想史 286
　　一、兩漢經學 286
　　二、魏晉玄學 287
　　三、宋明理學（心學） 287
　　四、清代的漢學（又叫樸學） 290

第四單元 古代教育思想與制度 292
　　一、孔子的教育思想 292
　　二、孟子的教育思想 292
　　三、《學記》的教育思想 293
　　四、學校教育 294

第五單元 道教和佛教 294
　　一、道家的思想 294
　　二、佛教 297

學術雜談

中國文化與德育 301
　　一、中國文化的基礎是倫理道德 301
　　二、作為特殊教育的德育 303
　　三、中國德育以孝悌為始基，仁為基本精神 304
　　四、重視榜樣的中國德育 306
　　五、中國德育是培養理想人格的教育 307
　　六、德育的多渠道化 309

巴蜀古代教育的豐碑 312
　　　偉大的創舉——文翁興學 313

  文化的盛宴——孟蜀石經 ... 317

  教育的曙光——新教育的肇始 ... 320

中國古代科技教育述評 ... 322

  一 ... 323

  二 ... 326

  三 ... 329

教育公平和效率是基礎教育改革和發展的核心價值取向 ... 335

  一、基礎教育的現狀和公平、效率提出的背景 ... 335

  二、教育公平和效率是基礎教育改革和發展的核心價值取向 ... 336

  三、促進基礎教育公平和提高效率的政策取向 ... 343

抓住關鍵，全面推進品格教育 ... 346

  一、轉變陳舊的傳統教育思想 ... 346

  二、提高教師素質 ... 347

  三、加強改進學校德育教育 ... 348

關於可持續發展研究 ... 349

  一、可持續發展思想的源泉 ... 349

  二、「可持續發展」思想的發展 ... 351

  三、可持續發展的定義與內涵 ... 352

  四、可持續發展與教育問題 ... 353

談方志編寫的幾個問題 ... 356

  一、什麼叫方志 ... 356

  二、編寫方志的意義 ... 357

  三、編寫教育志的要求 ... 357

邛崍——川藏茶馬古道的重要驛站 ... 359

  一、邛崍市的歷史概況 ... 359

  二、邛崍市為什麼能成為川藏茶馬古道的重要驛站 ... 359

  三、川藏茶馬古道對邛崍市產生的影響 ... 360

前言

本書共分四部分。

一、中國古代教育史

這部分主要向學生介紹了中國古代普通教育的基本情況，諸如，什麼是教育，教育是怎樣產生的，學校教育產生的條件，原始社會教育的特點，以及中國奴隸社會和封建社會各時期的經濟、政治和文化（科學技術、文學藝術、學術思潮……）的情況，各時期的教育制度、教育著作和教育家的思想。

二、中國古代高等教育史

這部分材料較詳細地介紹了中國先秦時期和封建社會的文化發展和取得的成就，在先秦時期重點介紹了孔子、《學記》和《大學》的教育思想；在封建社會重點介紹了漢代的獨尊儒術的文教政策，唐代國內各民族之間以及對外的文化交流情況，以及隋唐開始的科舉制度和這種制度發展到明清時期實施的八股文，宋代開始的書院制度……

三、中國傳統文化與教育

這個提要簡單地介紹了中國古代文化和教育的一些基本情況，使人們進一步瞭解中國古代文化的博大精深以及對世界文明發展所起的作用。

四、學術雜談

這是作者從 20 世紀 80 年代到本世紀初，在授課之餘有感而發之習作，具體反映了作者學術思想發展脈絡。

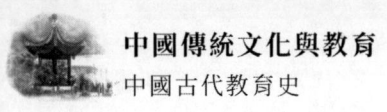

中國古代教育史

緒言

一、中國教育史的對象、內容

（一）什麼是教育和教育史

1. 什麼是教育？

從字源來看，中國古代有本書叫《說文解字》，其中對教育的解釋為：教是上所施，下所效也。甲骨文「教」為 ，意思是拿著棍棒強迫兒子盡孝；「育」為 ，《說文解字》解釋為養子使從善也。西方英語「教育」為「Education」，來源於拉丁文 EducaLiq，意為引導、抽出。「教育」作為合成詞第一次出現於《孟子》。

2. 定義。

「夫孝，德之本也，教之所由生也。」（孔丘）

戰國時《中庸》為教育下的定義為：「天命之謂性，率性之謂道，修道之謂教。」

教育就是生活。（杜威）

教育就是為了種族的更新。

教育就是個性的形成過程。

……

3. 從最廣泛的意義上來講，凡是有目地增進人的知識、技能，影響人的思想品德的活動，不管它有無組織、有無系統，都叫教育。

4. 什麼是教育史？

史：甲骨文為 ；《說文解字》：「史，記事者也。」

把歷史上發生的有關教育的問題忠實地記錄下來，叫教育史。

（二）中國教育史的對象

研究中國歷史上教育實踐、理論的發生、發展及其對後世的影響，從而揭示教育的客觀規律。

1. 各個歷史時期的教育狀況。

2. 各個歷史時期的教育制度、政策及其變遷。

3. 各個歷史時期的教育思潮和一些教育家的實踐和理論。

（三）中國教育史的內容

1. 中國古代教育史：遠古至鴉片戰爭以前。

2. 中國近現代教育史：鴉片戰爭至 1949 年。

二、學習中國教育史的意義

學習中國教育史是為了豐富我們關於歷史上教育理論與實踐的知識，提高我們分析、研究教育問題的能力，探索其規律，指導我們的實踐。

1. 豐富知識，開闊眼界。

2. 提高能力，指導實踐。

三、學習中國教育史的方法

（一）批判繼承的方法

1. 批判就是分析，透過分析區別真理和謬誤、精華和糟粕。

2. 繼承不是把現成的拿來，也不是前人思想的簡單延續；繼承是在分析的基礎上，去除糟粕，把其思想加以擴充、發展。

3. 凡是反映客觀實際、揭露事物本質的觀念，反映社會發展要求的思想，即歷史上帶有民主性、科學性的思想，都要繼承。這是繼承的內容。

4. 批判和繼承是辯證統一、不可分割的，批判是繼承的基礎，批判是繼承的目的。

5. 對歷史遺產進行實事求是的分析，吸收有價值的東西，這就是批判繼承。

7. 對文化遺產也採取批判繼承的態度。

多聞，擇其善者而從之。——《論語》

盡信書，不如無書。——《孟子》

（二）具體方法

1. 以歷史的觀點看待教育。

2. 用辯證的觀點看待歷史上的教育問題。

3. 用階級的觀點和生產的觀點看待教育問題。

附：關於教育作為合成詞，出現於《孟子·盡心上》

「君子有三樂，而王天下不與存焉：父母俱存，兄弟無故，一樂也；仰不愧於天，俯不怍於人，二樂也；得天下英才而教育之，三樂也。」

第一章 原始社會和奴隸社會的教育

第一節 原始社會的教育

一、原始人類的生產教育

1. 教育起源於勞動和生活經驗的傳授。

2. 古籍記載原始人類的生活、生產、教育情況：

有巢氏，構木為巢；

燧人氏，鑽木取火，教民熟食；

伏羲氏，做網罟，教民畋魚；

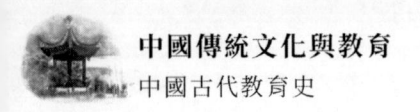

神農氏,耕而作陶。

3. 現在還有一些少數民族處在原始生活末期,從他們的生活可以看出原始人類的生活、生產、教育狀況。

二、原始社會教育的內容和特徵

(一)內容

1. 生產勞動教育:狩獵、畜牧、編織、手工、捕魚等。

2. 軍事教育。

3. 思想教育:

(1)遵守風俗習慣。在原始社會裡,我們看到的是風俗的統治。所以,遵守風俗習慣,是原始社會人類思想教育的重要內容。

(2)圖騰崇拜。在原始社會的氏族,都以動物或植物作為自己的祖先,當作保護神,相信它能保護本氏族,為本氏族免災除害,這實際上是一種早期宗教。如黃帝以熊、炎帝以牛、殷商以燕子(玄鳥)、禹以蛇(龍)作為圖騰。

由於這種圖騰崇拜,產生了許多神話故事,如精衛填海等,這也是原始人類對後代的一種教育。

神話反映了在自然災害的威脅下,人們想尋找一種超自然的力量來解除這種威脅,反映了人們爭取自由的心情。同時,我們應認識到神話和迷信是不同的。

迷信是宣傳天命論的方法,它是統治者欺騙人民的工具。不能把迷信和神話相提並論、混為一談。

(二)特徵

原始社會的教育是原始性的,表現為內容貧乏、形式簡單。

1. 原始社會的教育是平等的,具有全民性,即原始社會的教育無階級性。

2. 原始社會的教育具有社會性。當時教育還未從生產勞動中分離出來，因而和社會活動，如生產勞動、藝術、宗教等有密切關係，因此教育具有社會性。

3. 原始社會的教育是自覺的、有目的的活動，是培養勞動者的活動。

4. 原始社會的教育手段主要是透過語言、口耳相傳和實際活動的模仿。

奴隸社會的教育（夏、商、西周）

第二節 奴隸社會的教育（夏、商、西周）

一、夏朝的教育

（一）夏朝是存在的

1. 司馬遷的《史記》（十二本紀、十表、八書、三十世家和七十列傳）中有夏本紀、殷本紀，經史學家王國維考證，司馬遷寫殷本紀是有根據的，由此類推，夏本紀也是有根據的，因此夏朝是存在的。

2. 孔子在《論語》中說過：「殷因於夏禮。」

3. 墨翟宣傳的主張是：崇尚夏政。

（二）夏代的經濟、政治概況

夏朝是原始社會向奴隸社會過渡的產物，隨著生產力的發展，私有制開始出現，社會分工也較明確，畜牧業和農業、農業和手工業、腦力勞動和體力勞動的分工逐漸形成。當時畜牧業、農業比較發達，商業也開始形成。有了曆書《夏小正》和干支紀日法，還出現了酒（證明糧食生產有餘）、井等。在冶金方面，有銅、金、黃銅在陝西姜寨被發現，其存在於距今 6000 多年的時期。這時還出現了馬車、牛車等工具。「禪讓制」遭到破壞，形成了「家天下」，這是進入奴隸社會的一個典型標誌。

（三）夏朝的文化概況

1. 漢字的產生。

「文」「字」成為合成詞大約在秦代,獨體叫「文」,合體叫「字」。

五種傳說:

a. 漢字起源於倉頡造字(倉頡是黃帝的史官);

b. 漢字起源於八卦(應否定);

c.《竹書紀年》記載,漢字是由河龜托出水;

d. 傳說漢字起源於結繩記事(應否定);

e. 漢字從圖畫演變而來(比較合理)。

2. 夏朝是有漢字的。

(1) 從甲骨文的成熟程度來看。

考古工作者在1928—1937年間在河南安陽發掘出土了大約16萬塊甲骨,發現上面已出現大約5000個字,目前可以認出的有1000多個,由此可以看出甲骨文的形成並不是一朝一夕的,而是透過長期的實踐而形成的。從造字法來看,甲骨文有象形、會意等,這是很先進的。

(2) 從其他地方發掘的文物來看。

如:山東大汶口(大汶口文化距今約5000年,相當於夏朝中期)出土的陶器上已有文字;西安半坡出土的陶器上有117個符號,考古專家們認為這是最早的文字。

(3) 從文獻的記錄來看。

《呂氏春秋》(秦始皇之丞相呂不韋召集人所編)中的「先識」一篇記載:夏桀王的一個史官抱著書冊投奔商王湯。

(四)夏朝學校的萌芽

1. 學校教育。

學校教育是根據一定社會、一定階級的要求,透過教育者對年青一代有目的、有計劃、有組織地傳授知識、技能,培養思想品德,發展智力、體力的過程,以便把受教育者培養成為一定社會、階級服務的人。

2. 學校產生的社會條件。

(1) 生產高度發達,腦、體力勞動相分離。夏基本具備此條件。

(2) 有文字。文字的產生,為學校的出現提供現實需要。夏朝已有文字。

(3) 有國家機構,需要專門的教育機構為統治階級培養專門人才。夏朝有此條件。

所以,夏朝有了學校的雛形。

(五) 夏朝教育的內容和特點

1. 內容:夏朝的學校主要傳授生產管理、生活知識和初步的讀寫能力等。

2. 特點。

(1) 教育的全民性逐漸消失,開始了有階級性,教育成為統治階級的專有工具而被他們壟斷,成為他們鎮壓人民和培養統治階級子弟的工具。

(2) 腦、體力勞動開始分離,學校教育與生產勞動開始分離。

(3) 學校完全由國家掌握,叫「學在官府」,是「政教合一、官師合一」的表現。

二、商朝的教育

(一) 商朝的產生(商滅夏)

夏的最後一個統治者叫桀,他十分殘暴,他的百姓指著太陽罵道:「時日曷喪,予及汝皆亡。」加之當時災害不斷,據史書記載,天災人禍使桀王垮台。當時近鄰部落商,經濟發展水準比夏高,這是商滅夏的主要原因。商王湯的駐地在今河南商丘,因此取名商湯。商湯後的第十七代君主盤庚,為了避免商滅亡的危險,遷都殷(今河南安陽),因此又叫殷商。

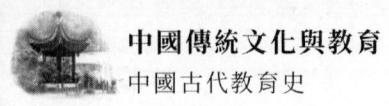
中國傳統文化與教育
中國古代教育史

(二) 商的概況

1. 經濟。

(1) 畜牧業：比較發達，家畜、禽如馬、牛、羊、雞、犬、豕都已出現；

(2) 農業：當時已有稻、粱、麥、菽、黍、稷等農作物，農業比較發達。

(3) 手工業也很發達，青銅器發展到全盛時期，現已出土了許多用青銅做的矢鏃，還有重 800 多公斤的后母戊大方鼎（曾稱「司母戊大方鼎」）。此外，還有玉、石的加工，皮革、釀酒等。

(4) 商業也比較發達，作為商品媒介用來交換的物質也很多，如貝殼等。

(5) 城市的發展，殷墟已有 35 平方公里。

2. 政治。

當時國家體制已經完備，官的分工很細，官在當時叫百執事，分為三類，分別叫正臣（協助商王管理行政）、武官、史官（管祭祀、占卜、教育等）；有了禮制，區別尊卑貴賤；還有了刑法、監獄。殉葬反映出奴隸制度的殘暴。

3. 文化。

(1) 積累了一些天文、數學知識。有了較準確的曆法，已知道按月亮的出隱規定 1 個月的長短，規定大月為 30 天，小月為 29 天，一年為 12 個月，還知道冬至的推測，規定每 9 年為一個閏年；數學方面也有一些成就。

(2) 藝術已達到較高水準，音樂、繪畫也有發展。

1950 年出土的大石磬，高 42 公分，長 84 公分，表面刻有伏虎紋，反映出當時藝術水準已較高。

(3) 在敬信鬼神的同時，開始用藥物治病。

(三) 商朝的教育

1. 商朝的學校。

（1）從甲骨文的記載來看，甲骨文中已出現了「筆」「冊」等字。

（2）從古書記載來看，商朝已有了較多的學校。

《禮記·明堂位》中有「瞽宗，殷學也」之說；《周書·多士》有「唯殷先人有典有冊」之記載。

2. 商朝的教育。

（1）對象、目的。

商朝教育的主要對象是貴族子弟，目的是將其培養成政治、軍事、宗教人才。

（2）內容。

商朝人很重視孝（即現在的思想道德教育方面）；商朝人特別重視尊神，因為他們認為他們得天下主要是神的作用。

例：湯的兒子太甲即位後，「不守居喪之禮」，結果被大臣伊尹流放，命其到湯之墓前反省，直至太甲自己認為「背師保之訓」，伊尹才接他回去。

商朝也很重視讀、寫、算能力的培養，同時也重視禮、音樂、戎（軍事技術）的學習。

（3）商朝學校的老師。

主要由巫、史擔任，另外也由有知識的奴隸等擔任。

三、西周的教育

（一）西周滅商

公元前 11 世紀—公元前 8 世紀，奴隸社會發展到頂峰並逐漸趨向沒落，這一時期叫西周。

（二）西周的概況

1. 經濟。

西周滅商以前，經濟比較落後，以農業為主。滅商後，仍以農業為主，但金屬工具開始用於生產。西周積累了大量的農業生產經驗，有輪種、施肥、鋤草、選種等方面的經驗，農業有了很大發展；手工業也比商代有很大發展，冶金等方面較發達。

2. 政治。

周武王鑒於商亡的教訓，很重視百姓，實施了重農節儉的裕民政策，對農民的剝削和壓迫也減輕了。據古書記載，周武王等在春季著布衣郊遊，以示對農業的重視，西周在商的禮制上有所損益，實行「宗法制」。宗法制是中國古代維護貴族世襲的一種政治制度，是由「父系家長制」演變而來，到周代發展得更完備了，其特點是實行嫡長子繼承，且全國的土地和臣民一級一級地歸一個人所有。「天無二日，土無二王，家無二主」，描述的正是這種情況，這對封建社會的統治有很大作用。幾年後，周武王去世，繼位之子年幼，由弟周公旦協助治理國家，創造了有名的周公制禮作樂，以區別尊卑貴賤，其目的主要是為了調節統治階級內部矛盾，有「禮不下庶人」之說。他們還編了許多故事教育下一代守禮；此外，還採取了「周刑」以維護周的統治。《尚書·呂刑》篇記載，周已有墨、劓、剕、宮、大辟五刑，且有「刑不上大夫」的說法。

3. 西周的文化。

在思想上，西周繼承了商的敬神思想，大肆宣揚西周的建立是上天的安排。《尚書》有「民之所欲，天必從之」。

《周易》中有很多辯證的思想，《洪範》一書也有濃厚的科學思想，如它指出世界由金、木、水、火、土組成。

此外，西周的天文、數學、文學也有發展，用日隱來測定冬至和夏至，已發現一些天象，如日蝕現象等。《詩經·小雅》記載的日月之交，即是公認的世界上最早記載的日蝕現象。隨著天文學的發展，數學也比商朝有了較大發展。此外，文學也有很大發展，《詩經》是記錄西周情況的一部作品。西周已有詩歌、散文等，能用優美的語言表達人們的思想。

（三）西周的教育

1. 西周的學制。

西周的學校分兩種，一種是為高級貴族子弟開設的「國學」；另外一種是為沒落的貴族子弟開設的「鄉學」。從出土文物和古書記載來看，當時已有大學、小學之分，大學又分為辟雍、泮宮。規定 8～15 歲入小學，15～20 歲入大學。辟雍是一個有頂、四面開敞的廳堂式建築，三面環水，一面通向陸地森林，奴隸主貴族在裡面習武練箭。因此，辟雍主要是學習武技的場所。

2. 西周的教學內容。

西周的國學以「六藝」為基本內容。六藝即禮、樂、射、御、書、數。

3. 西周的教材。

主要是典、冊，即把寫有字詞的竹塊、木塊分門別類地捆在一起。從內容上看，關於古訓的叫「典」，關於版圖、戶口的叫「笈」，關於當代事情記述的叫「策」。這些典、笈、策作為教材時，統稱為「業」。從材料來看，刻在竹塊上的叫「簡」，刻在木塊上的叫「方」「版」。

（四）古書中關於西周教育的記述

1. 關於學制的記述。

《禮記學記》云：「古之教者，家有塾，黨有庠，術有序，國有學。」「家」「黨」「術」「國」指西周當時的地方行政機構；「家」一般包括二十家，「黨」有五百家，「術」有一萬二千五百家，「國」就是全國。

2. 關於教學內容的記述。

當時小學主要學灑掃、應對、進退這些基本知識和禮，以及初步的讀、寫、算；大學主要學「修身、齊家、治國、平天下」，並規定，春秋教禮樂，冬夏教詩書。

3. 關於學前教育。

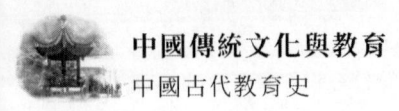

西周很重視子女的學前教育。孩子出生後，選擇品德好、寬裕溫柔的人做慈母。學習用筷子時，要教他們用右手拿；孩子開始學說話時，要男唯女俞，即男兒說話要慷慨激昂，女孩要溫和婉轉；所有孩子六歲以後要學數數。

例如，古書記載：「周后妃娠成王於身，立而不跛，坐而不差，獨處而不倨，雖怒不罵。」

4. 關於師資。

西周時仍然是官師合一的，師實際上是低級官吏。國學中，小學有師（傳授文化知識）、保（主要管理兒童的身體健康）、傅（主要管道德品質教育）之分。

5. 關於女子。

女子只能在家接受教育，且只能接受一些關於品德方面的教育，七歲以後不能隨便出家門，外出要掩口，有「女不談外」之規，女子在家裡跟母親或保姆學一些手工、烹調、絲織等知識。孟子說：「以順為正者，妾婦之道也。」

6. 王官教育。

當時周代有一種低級官吏，主要負責具體事情的管理，有祝、宗、卜、史、臣、百工。他們雖是官吏，但地位低下，不被人重視，因為當時的統治者認為「德成而上，藝成而下」「執技以事上者」等。

總之，奴隸社會的教育成了統治階級統治的工具，教育被奴隸主的官府所壟斷。人民，特別是廣大奴隸根本沒有受教育的權利。

第二章 春秋時期的教育

第一節 春秋時期的概況

春秋時期是從奴隸社會向封建社會過渡的時期，約公元前 770 年—公元前 476 年。春秋時期又叫東周，是中國歷史上一個重要的時期。

魯國有一部史書的名字叫《春秋》，記載公元前772年—公元前481年間東周王朝和各諸侯的重大事件，因此東周又叫春秋。

一、經濟、政治概況

（一）農業有更大的發展

已出現鐵製農具，且比較普遍使用牛耕，這對生產力的提高有很大作用；出現了一些大型水利工程，生產技術也有所改進。據史書記載，當時一個強勞力耕種一年可以養活5～9人，說明農業已高度發展。

（二）手工業和商業有很大發展

已出現獨立的手工業者和商人，打破了「工商食官」的局面。有一些大商人，如越國的范蠡、孔丘的弟子子貢等都是著名的商人。出現了較大的都市，如洛陽、邯鄲等，成了當時的政治、經濟、文化中心。同時，生產關係發生了變化，魯國實行了「初稅畝」，按田的實際數量徵收稅，後來各諸侯國也相繼實行了類似的制度，這就從法律上承認了私田的存在，這在當時是社會的進步。

（三）政治制度上的變化

由於生產關係的改變，宗族制度逐漸被家族制代替，出現了「禮壞樂崩」的局面；奴隸主對奴隸的剝削、鎮壓很殘酷，甚至出現了「易子而食」「履賤踴貴」的現象，當時曾記載：「民三其力，二入於公，而衣食其一」；此外，各諸侯國之間的兼併戰爭此起彼落，在春秋248年間，共發生大戰480多次，平均一年兩次，有「春秋無義戰」之說；大商人可以操縱政治，如玄高有一次做生意，帶有許多東西，途中遇到準備偷襲鄭國的秦國軍隊。玄高一面派人回國報告，一面又送禮給秦軍，意即暗示秦軍：對你們的進攻我們有所準備。秦軍見鄭國已有所準備，於是決定撤軍。

諸侯的兼併戰爭，客觀上促進了民族融合，加速了社會進步和中華民族形成的進程。

中國傳統文化與教育
中國古代教育史

「中國」一詞最早出於《尚書·梓材》，記載：商王朝居中，是當時政治經濟文化的中心，因此諸侯稱之為「中國」。

《詩經·大雅》：各少數民族稱西周為「中國」。綜合之，「中國」之本意一方面指地區為中部，更主要的是指傳統的政治經濟文化中心。

華夏：西部地區叫夏，那裡的人唱歌叫「夏聲」，西部地區的人遷到別的地方稱為諸夏、東夏；「華」意即赤，周王尚赤，遵周禮、崇尚赤色的民族就叫華族。

後人綜合後，把文化發達、居西部的民族叫華夏族。華夏族的文化發展即傳統的中國文化叫華夏文化。

二、文化

1. 數學、天文、醫學等知識已較發達，如已發明了「勾三、股四、玄五」；天文記載284年間發生37次日蝕，據考證其中30次為準確的；醫學也很發達，分內、外、兒、婦等科，醫和（秦國名醫）提出生病的原因是陰、陽、風、雨、晦、明不調的緣故。

2. 思想上，人們對天、鬼的信仰發生動搖，如一些思想家認為「吉凶由人」「禍福無門，惟人自召」。

3. 文學藝術也有很大發展，散文十分優美，如《左傳》等。

4. 由於民族文化的交流融合，文化表現出很大的創造性，為社會造就了一大批人才，如軍事家孫武，思想家老子，教育家孔丘，墨翟，政治家子產等。

三、教育概況

（一）官學的衰廢

西周末年，官學已開始衰廢。到周平王遷都洛陽時，官學更是徒有其名了。

《詩經·魯頌·泮水》記載了一星半點有關學校的東西，實際上是介紹《左傳·襄公三十一年》魯國打勝仗後，回朝時在泮水慶祝勝利，歌頌魯僖公的英明賢德，與教育無關。

「子產不毀鄉校」，所謂鄉校，是鄉民幹完活，飯後在一起議論國事或別的閒事的場所，談不上是學校。

春秋時期官學衰廢的原因：

1. 周王朝政治勢力衰退，平王東遷後，官學的教師很多跑到諸侯國了。

公元前519年，周王朝發生「內訌」，王子朝率叛亂者劫大部分文化資料並率許多知識分子逃到楚國。這是中國古代文化的一次南北大遷移。

2. 各諸侯國忙於爭權奪利、兼併戰爭，無心也無力經營教育。

3. 貴族子弟學風敗壞，不願讀書。

（二）士階層的產生

1. 什麼叫「士」？

在春秋時反映新興領主階級、商人、小生產者的利益和思想，並掌握一定知識技能的人，叫做「士」。

其他：當男女同時在場時，稱男為「士」；

指西周時低級官吏，叫「元士」；

殷代的頑民，一些古書也稱之為「士」，如「殷遺多士」；

用武力捍衛國家的人叫「甲士」。

2.「士」的來源和種類。

春秋時，社會關係發生了極大變化，出現了商人、手工業者。一部分貴族由於主客觀原因下降為一般人，叫「士」；有的貧民、奴隸因上升改變了身份，他們也叫「士」。

文學之士有孔子、墨子等。策士、遊士即出謀劃策、遊說四方之士。隱士如李耳等，他們消極悲觀厭世。俠士如朱亥、郭解等，他們大多是商人出身。唯利是圖的商人成為市儈，另一部分願為別人出力、好打抱不平的商人成為俠士。還有一種士是食客。

3.「士」的特點（著重指文化知識方面的特點）。

（1）在經濟上屬於統治階級，占有少量私田或產業；政治上一般是任中下級官吏；軍事上充當骨幹；文化上掌握了一定的知識或技能。

（2）由於他們的經濟狀況和社會地位，促使他們思想上保守性多於進步性、妥協性多於反抗性。中庸思想是他們最容易接受的哲學思想，即中庸思想是士階層的哲學思想。由於他們是統治階級的最下層，當他們想往上爬的時候就表現出迎合統治階級的保守思想；當他們悲觀不得志的時候又表現出同情庶民的進步思想。他們思想偏上，地位又偏下，因此表現出對上對下都有所妥協，中庸思想易為他們接受。

（3）他們一般不從事生產，誰給他衣食就為誰出力。

（4）他們平時四處奔走，上說下教，達則做官，不達則退而為師。聚徒講學，等待做官，因此人們又稱士為「布衣卿相」。

4. 養士。

士都掌握了一定的知識技能，社會地位重要但不高，是當時社會政治經濟不可缺少的人物。各諸侯國為了發展自己的力量，兼併小國，爭相養士，憑藉士來鞏固、發展自己的勢力。

首先是諸侯國君養士，後來卿大夫為了發展自己的勢力也開始養士，因此當時士的門路廣泛，「士」漸漸成為一種職業。

（三）私學的興起

由於士的門路廣泛，對社會影響很大，造成社會上學習風氣上升，再加上官學又衰敗，因此一些士的大師自己設館，開辦學校，不受官府制約，私學便這樣應運而生了。私學的產生，為思想爭鬥開闢了領域。私學既是一個

政治團體，又是學術團體。私學促進了中國古代文化的普及，為戰國時期的百家爭鳴奠定了基礎。當時最著名的是孔子和墨子所辦的私學。

第二節 孔子的教育思想

一、孔子的生平，政治、哲學思想

（一）生平

孔子姓孔名丘，字仲尼，春秋末年出生在魯國（今山東），生活在公元前 551 年—公元前 479 年。他的祖先曾是宋國的貴族，後因與宋國貴族發生爭鬥，其祖父鬥敗後跑到魯國。其父在魯國做陬邑宰，孔子三歲時喪父，母親顏氏帶著孔子自陬邑遷居曲阜。由於宋是商王朝的後代，魯國是周公的封地，因此宋、魯兩國較好地保存了商、周文化。孔子自幼受到熏陶，很早就懂禮，他又十分好學，有了機會就到處自由尋師學習。

據史書記載，他曾跟師襄學琴，向老聃問禮，以至他在青年時期就基本掌握奴隸主貴族壟斷的文化，被稱為「博學多能的人」。十七歲時母親去世，他生活更加貧困，做過管理牛羊和倉庫的事，自稱「吾少也賤，故多能鄙事」。由於他年輕好學，已成為具有一定名望的人。孔子大約三十歲開始從事教育工作，約有五六年時間的從政經歷。

五十歲時曾在魯國做中都宰，後來晉升為司空、司寇等。此間曾陪魯君參加過齊、魯兩國的會議。會上孔子據理力爭，為魯國贏得了不少權利，從此魯在諸侯中聲望倍增，孔子也由此出了名，會後孔子回國升為攝相。齊國派人賄賂魯君季恆子，孔子一氣之下出走，率學生周遊列國，試圖尋機再從政，但他的仁愛思想不被諸侯採納。後來他又回到魯國，一心從事教育活動和與其相關的活動，直至七十三歲逝世。據史書記載：孔子學生有三千人，其中高等生有七十二人。孔子弟子們編著的《論語》，體現了孔子的大部分思想。

（二）政治思想

孔子基本是站在奴隸主貴族階級的立場上，其政治思想的核心是「仁」。他解釋道「仁者愛人」。同時他又不是奴隸主貴族的頑固派，因為他生活的時代奴隸制已接近崩潰。加之他年少時的貧困潦倒，使他具有一些適應社會變革的進步思想，這就決定了孔子的政治思想表現出兩重性。

(1) 堅持從周的保守主義。他堅信周王朝的社會制度在當時是最完美的，他多次聲明要以維護周天子的統一和重建文、武周公的事業為己任。他認為當時的社會「禮壞樂崩」「天下無道」，且表示不能容忍。他為了糾正這種「天下無道」的局面，提出要「正名」的主張，他採取具體的措施是「強公室，抑私門」。

(2) 他也有一些進步思想，主張德治仁政的賢人政治。這個主張在當時是進步的。他贊成對西周社會進行改良，提出「唯政以德」「使民以時」，反對苛政，有「苛政猛於虎」之說；主張「教民、舉賢才」，這在客觀上是有好處的。孔子主張「大統一」，曾讚美管仲協助齊桓公統一天下。

綜合之，孔子的主張並不是徹底改變奴隸制度，而是修修補補，緩和矛盾，延續舊勢力的統治。所以當時孔子的思想既不被急於奪權的新興階級採納，也不被地位搖搖欲墜的奴隸主貴族所接受。

(三) 哲學思想

其哲學思想同他的政治思想一樣也具有兩面性。其哲學思想與政治思想有密切聯繫，他是一個比較務實的人，關於哲學的專門論述不多。

1. 他用中庸思想來看待天命，一方面承認天是有意志的，能給人懲罰；另一方面他又認為天是一種自然現象。

2. 在鬼神問題上他存而不論。魯迅先生在《再論雷峰塔的倒掉》一文中對孔丘有很高的評價。有人認為這是從有神論到無神論的過渡，並且對中國教育中非宗教性也起了很大的作用。

3. 具有辯證法的認識論的一些萌芽，即他在認識論上有一些辯證法的思想。如他認為人的知識是後天學來的，人的知識要多聞多見，強調認識的作用，主張學思結合，這些都具有辯證的思想。

二、孔子的教育思想

（一）孔子對教育作用的認識

教育的作用是教育中的一個重要問題。由於孔子長期從事教育活動，在實踐中他看到了教育在社會發展和人的發展中的作用。

1. 他認為教育和政治是不可分的，並進一步指出教育工作是政治工作的一種特殊形式。所以當他求官不得的時候，他採取一種曲線從政的辦法，讓他的主張透過學生傳播出去。

2. 教育對社會歷史發展是很重要的。他提出有名的「庶、富、教」的思想。一次他到魏國去，學生冉有為其駕車。進入魏國後，看見魏國人很多，冉有問孔子怎麼辦，孔子說讓他們「先富後教之」。這體現了物質第一、精神第二的思想，亦是教育與社會發展的關係的一種體現。

3. 教育在人的形成中的作用：教育對人的形成既是重要的也是必要的。孔子關於人性問題談論不多，他認為「性相近也，習相遠也」。這些表現了受教育的可能性和重要性。

（二）孔子關於教育的目的

孔子要求他的學生「學為仁」，完成理想的人格。具體目標是培養士、君子，理想的目標是培養聖人、賢人。這些人必須具備「忠恕之道」，這是很不容易做到的；士和君子要具有奴隸主階級所需要的文化知識、道德品質以及從政的能力，能維護奴隸主階級的利益並為其服務，不得志時能維持社會秩序，不犯上作亂。

（三）教育對象

孔子曾提出「有教無類」，指他辦私學的對象不侷限於奴隸主階級，而是有所擴大。他說：「自行束脩以上，吾未嘗不誨焉。」他標榜他的教育對象是無限的，但事實上當時是不可能實現的，因為大多數奴隸不但無力交納束脩，而且沒有自由時間來求學。但必須承認，孔子的學生來源是很廣泛的，如秦、楚、吳、越、宋、魯、齊等國。幾乎全國各地都有他的學生，既有奴

隸主階級的學生如子路，也有窮人如居陋巷的顏回、其父為「賤人」的商人子貢，這說明其教育對象的廣泛性。同時，「有教無類」的旗幟，在當時是有其進步意義的。孔子收學生不分地域、不分貧富貴賤，對當時文化的普及有很大作用。

(四) 教育內容

孔子的教育內容受制於他對教育作用的認識，也與他的教育目的和當時社會生產力、經濟發展水準、文化典籍等有關。

他從培養士和君子出發，提出「文、行、忠、信」幾方面的教育內容。除「文」屬於知識教育外，其他幾方面都是道德教育的範疇。他說「行有餘力，則以學文」，可見他對道德教育的重視，他的知識教育從屬於道德教育並為道德教育服務。

1. 道德教育。

道德教育的內容：以「仁、禮」為核心，以「孝、悌、忠、信」為根本，以「中庸」作為準繩。

「仁」不僅是孔子道德教育的核心，也是孔子思想的核心，是他道德的最高標準。

(1) 仁。

①「仁」提出的歷史背景。

在孔子以前，甲骨文、金文中都未發現「仁」字，它是春秋時的一個新名詞，不一定是孔子創造的，但是由他加以宣傳的。西周時，維護王室的主要準繩是「禮、刑」，到春秋時「禮壞樂崩」。老子說「民不畏死，奈何以死懼之」，說明當時刑也無濟於事了。孔子鑒於此情況，站在奴隸主階級的立場上，認為要另找出路，在提出「正名」的同時提出「仁」，想挽救沒落的奴隸制度。《論語》中「仁」出現了105次，同時也從不同角度對「仁」加以解釋。

②「仁」的內容。

a. 從個人的品德修養來說，孔子說：「剛、毅、木、訥近仁」「巧言令色，鮮矣仁」。

b. 談到人與人之間的關係主要指「忠恕」，「忠」即「己欲立而立人，己欲達而達人」，「恕」即「己所不欲，勿施於人」。

c. 在從政時，應「仁者愛人」「仁者能好人，能惡人」，還提出「修己安人」等主張。他還進一步提出「當仁不讓於師」「無求生以害仁，有殺身以成仁」等。

③「仁」的階級實質和影響。

「仁」的階級作用表現在：勸告奴隸主階級對人民要有所讓步，減輕剝削，緩和階級矛盾，從而達到鞏固其統治的目的。

向統治階級內部提出「仁」，讓他們不要互相爭奪。他說「孝弟也者，其為仁之本歟」，作為統治階級內部調和矛盾的一種手段。

「仁」在中國思想界影響極大，既有積極意義，又有消極的一面。

a. 積極方面。

孔子從統治階級立場出發，看到了人民宏大的力量。儒家政治倫理思想有個很大的特色是「人道主義」。雖然他是從奴隸主階級立場出發，但也體現了歷史發展的進步趨勢，並從一定程度上反映了社會發展的要求。一方面，「仁」被新興統治階級看重，成為後來封建社會統治階級的精神支柱，實行「外儒內法、王霸道雜之」；另一方面，孔子的「仁」被後來的進步思想家利用，成為反對暴政、揭露統治階級的理論工具。

b.「仁」也被歷代反動統治階級所利用，如曾國藩大大利用「仁」的思想為其反革命目的服務，這是消極的一面。

(2) 禮。

①什麼是「禮」？

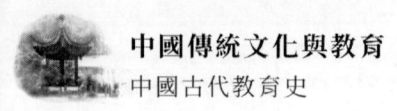

在周朝時，奴隸主對「禮」的使用極廣泛，是當時社會的一種道德規範，是等級制和宗法制的具體表現，統治階級自己給「禮」下定義為：「經國家，定社稷，序人民，利後嗣者也。」

「禮」的內容：包括奴隸制社會的各種典章制度、風俗習慣、冠婚喪祭朝聘的禮節。「禮」把人與人之間的關係尊、卑、貴、賤、厚、薄、上、下、男、女區分得十分詳細，如築堂規定：天子之堂九尺、諸侯七尺、大夫五尺、士三尺。

天子的配偶叫后，諸侯的叫夫人，大夫的叫孺人，士的叫婦人，庶人的叫妻。

天子死叫崩，諸侯死叫薨，大夫死叫卒，士死叫不祿，小孩死叫殤。

天子討伐諸侯叫征，即上對下叫征，下對上叫弒。

②「禮」的階級實質。

a. 從政治上要維護周天子的權威。

b. 在家族關係上要採取親親的原則。

c. 調整統治者與統治者之間的關係。

③「仁」和「禮」的關係。

「仁」和「禮」在孔子思想上是很重要的，《論語》中出現「禮」74 次。「仁」是內容，「禮」是形式。他說：「克己復禮為仁……」「仁」是克己復禮的目的，復禮是實現「仁」的手段。

2. 知識教育。

孔子也很重視知識教育。他曾對學生實行分科教學，分「德行、言語、政事、文學」四科，他並不排斥傳授自然科學知識，主要教材《詩》《書》《春秋》中都有很多自然科學知識，《詩》內僅涉及動植物的就有 334 次之多。

《尚書》上有世界上最早的關於日蝕的記載；《春秋》記載有 37 次日蝕，據考證有 30 次為正確，還最早記載了掃帚星（哈雷彗星）等。

3. 藝術教育。

孔子的音樂修養也是很高的，他說「興於詩，立於禮，成於樂」，可見他對樂的重視。

4. 射御。

「射御」即軍事教育，孔子本人是一個文武兼備的人。《史記·孔子世家》記載，冉有帶兵打敗齊國後歸魯，君王問他兵法是向誰學的，冉有曰：「學於孔子。」

5. 無宗教科目。

這是中國教育與西方教育最大區別之一，孔子在這個問題上起了極大的作用。

總之，孔子的教育綜合了「德、智、體、美」各方面的內容，這在當時是難能可貴的。

（五）教育原則和方法

孔子作為偉大的思想家、教育家，在長期的實踐中，他留給我們後代最寶貴的就是關於教育原則和方法等多方面。

1. 循循善誘。

2. 因材施教。

每一個有教育經驗而又盡心要把學生教好的老師都必須這樣做。在中國古代教育史上，孔子較好地實施了因材施教，他善於根據學生的性格、愛好、興趣等不同情況因人而異地施以不同甚至相反的教學。由於因材施教，也在教學上取得了較好的效果，孔子的分科教學實際上也是因材施教。自古及今，許多教育家、名人都對孔子的因材施教予以高度評價。

3. 對學生提出嚴格的要求。

孔子在教育實踐中，除了認真執行因材施教等方法外，還對學生提出嚴格的要求，這主要表現在以下幾個方面。

(1) 要求學生不能貪圖生活享受,提倡「安貧樂道」。

(2) 要求學生對知識要有誠實的態度,不能弄虛作假。他曾告誡學生仲由說:「由,誨汝知之乎,知之為知之,不知為不知,是知也。」

(3) 要求學生要有堅持不懈的精神,不能半途而廢。

(4) 特別反對學習上的懶惰,提倡勤奮。

4. 以身作則。

孔子在教育實踐中,不僅重視言傳,更加重視身教。他說:「其身正,不令而行;其身不正,雖令不從。」孔子這樣注重以身作則的精神是值得我們學習的。

(1) 他對學生提出的要求自己先做到。

(2) 「誨人不倦」的精神和「學而不厭」的態度對學生的教育影響很深,使學生很尊敬他。

(3) 自己有錯誤能勇於承認,別人對他提出意見他表示歡迎。

孔子在教育實踐中,處處以自己的行為、人格為示範,對學生達到潛移默化的效果。

5. 熱愛學生。

孔子在教育中不僅重視言教,而且重視身教,儘管他對學生提出許多嚴格的要求,但學生對他還是十分敬重和熱愛。

(1) 學生在孔子眼裡是「後生可畏」,因此孔子在日常與學生交往中態度謙和、平易近人,不僅與學生談文化教育,而且與他們談理想、打算等,互相交流思想,並且以此教育他們。

(2) 老師可以批評學生,學生對老師的言行可以不滿,甚至可以提出批評。

(3) 孔子在生活上非常關心學生。

從上述可見，孔子的教育是生動的，他熱愛學生，學生也熱愛他，師生關係非常融洽，因此他在教育上取得了巨大的成就，值得我們學習和研究。

三、孔子的教學思想

孔子的教學思想可以說是服從於他的教育思想的，《論語》中許多地方可以看出這一點。

（一）教學目的

孔子辦的私學，既是一個政治團體，又是一個教育團體。他辦私學的目的是培養「候補官吏」，讓他們今後登上政治舞台推行他的政治主張，子夏說：「學而優則仕。」因此，孔門弟子中，做官是他們學習的目標，也可以說孔子的教學目的就是「學而優則仕」。這在春秋時是有其時代特徵的，也是士階層和孔子思想的反映。孔子曾反覆宣揚「學而優則仕」的思想，他說：「耕也，餒在其中矣；學也，祿在其中矣。」

（二）教學方法

1. 教學相長。

孔子認為師生在教學過程中可以相互啟發，在實踐中，孔子善於向學生學習，這是中國教學民主思想的萌芽。

2. 啟發教學。

這是孔子教學方法中很重要的一條。孔子用啟發的方法引導學生獨立思考問題，善於抓住學生「口憤憤，心悱悱」的時機，發揮學生和教師的積極性，而教師的積極性要建立在學生學習積極性的基礎上，啟發教學主要是調動學生的積極性，達到舉一反三的效果。

3. 善於利用舊知識引導他們掌握新知識，即溫故知新。例：經常提到學生熟悉的堯、舜、禹、湯、管仲、子產等。

4. 善於用比喻、具體的事物和形象化的語言來說明抽象概念，如用松柏比喻一個人的節操，如「歲寒，然後知松柏之後凋也」；用「北辰」比喻政德，

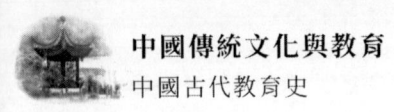

如「為政以德,譬如北辰;居其所,而眾星共之」;用流水比喻事物生長不息等。

(三) 論「學」的意義

《論語》中提到「學」有61次之多,可見孔子對「學」的重視。一般來說,他認為「學」是一種認識活動。孔子認為「學」不僅可以增長知識才幹,還可以去固解蔽,可見「學」對人的重要性。

(四) 論「學」的原則

孔子的博學多識與他自己在實踐中總結出來的學習經驗是分不開的。

(1) 好學、樂學。

好學是學習好的基本條件。對任何學科,沒有好學的堅韌不拔的精神和以學為樂的態度,是不可能學好的。古書記載孔子:「讀《易》,韋編三絕。」可見孔子之好學。孔子也以好學自豪,並樂於讓人知道,他說:「十室之邑,必有忠信,如丘者焉,不如丘之好學也。」孔子這種「學而不厭」的精神是值得我們學習的。孔子認為好學的標準:「君子食無求飽,居無求安,敏於事而慎於言,就有道而正焉,可謂好學也已。」子夏曰:「日知其所亡,月無忘其所能,可謂好學也已矣。」孔子不但好學而且進一步主張樂學,他說:「知之者,不如好之者;好之者,不如樂之者。」在學習中培養學習興趣,是學習的直接動力。

(2) 博學。

孔子說:「君子博學於文,約之以禮,亦可以弗畔矣夫。」一個人知識淺薄、狹窄,是不可能在事業上取得成就的,他提倡培養通才。當然孔子的博學也有一定侷限性。

(3) 漸進以恆。

孔子特別提倡有恆心,他認為做到有恆是不易的,他認為學習既要勇往直前但又不能冒失,他說:「勿欲速,欲速則不達。」

(4) 虛心學習。

孔子提出虛心學習，善於學習。孔子的博學多識與他的虛心是分不開的。他說：「三人行，必有我師焉，擇其善者而從之，其不善者而改之。」孔子還注意克服主觀給學習帶來的危害，具有防止主觀片面性、尊重客觀事實的思想，這是孔子善於向別人學習的結果。

（五）學的方法

孔子認為學是一種認識活動，學是求得知識和培養道德的必由途徑，學要從感性階段開始。

1. 學要多聞、多見。

《論語》談「聞」有51次，談「見」有71次之多。他認為多聞、多見是博學的一種途徑，「聞」「見」是一種認識活動，這體現了孔子思想中的樸素的思想因素。

2.「學」「思」結合。

這是孔子學習的一個很重要的經驗，學習不能離開思考，思考也不能離開學習，「學」與「思」必須結合；「學」是「思」的基礎，「思」是「學」的深化，要真正學得知識，必須使「學」與「思」緊密結合。在「學」和「思」的關係上，孔子更強調「學」，子曰：「吾嘗終日不食，終夜不寢，以思，無益，不如學也。」孔子主張的「學」「思」結合是要求人們在學習時進行積極的思維活動。

3.「學」「習」結合。

「習」在中國古書中有熟習、實習兩層意思。《說文解字》中解釋習為「鳥數飛不已」，學習的運用產生於《禮記·月令》的「鷹乃學習」。

在學習上，孔子不僅提出要多聞、多見，並且強調「學」與「習」的結合，同時提出「學」「習」相聯繫，作為鞏固知識的重要環節，很重視時習和溫故，他說「溫故而知新，可以為師也」「學而時習之，不亦樂乎」。由於孔子的教育，孔門弟子們也很重視學習，曾子曰：「吾日三省吾身：為人謀而不忠乎？與朋友交而不信乎？傳不習乎？」

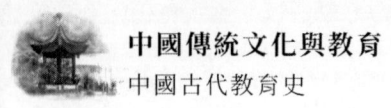

4.「學」「行」結合。

孔子一方面主張「學」「思」結合,「學」「習」結合,另一方面還強調「學」「行」結合,認為言論超過行為是可恥的。他說,「君子恥其言而過其行」,要「敏於事而慎於言」。孔子又說:「始吾於人也,聽其言而信其行;今吾於人也,聽其言而觀其行。於予與改是。」孔子和學生們把實踐看得十分重要,但必須注意,他們的「行」與我們今天的行內涵是不同的,但孔子強調學以致用是有重要意義的。

以上幾點「聞」「見」「思」「習」「行」,基本上符合科學,孔子的思想對後來的教育界、思想界都有很大影響。

四、孔子對中國古代文化發展所做的貢獻

孔子是中國古代傑出的思想家、教育家,是儒家學說的奠基者和創始人。他的思想學說,對中國兩千多年的封建文化發生了巨大的作用,對亞洲各國特別是日本,也產生了很大影響,在世界文化史上享有崇高地位。

孔子代表當時沒落奴隸主階級的思想,但也在一定程度上體現了新興統治階級和下層人民的一些思想。中庸是孔子思想的集中表現,他的思想保守性多於進步性,妥協性多於反抗性,因此主張調和改良,反對反抗。他提出的反對暴政、維護舊禮等思想並不是從人民的利益出發,而是從奴隸主貴族的長遠利益出發的。

他思想上重視人道,輕視天道,認為天道是人道的體現,有時也把天道當作一種自然現象,但並沒有完全擺脫當時的宗教影響。他的思想有時是矛盾的,但他對無神論有啟蒙作用。同時,他輕視勞動、輕視婦女,這對中國兩千多年來的影響極大、極壞;他的思想基本上是有神論。

孔子對中國古代文化教育的貢獻:

1.大規模地創辦私學,革新了「官師合一」的舊教育制度。

孔子是中國最早的廣收門徒、進行私人教學的大師,是他把從前為奴隸主貴族壟斷的文化傳播到民間來,為戰國時的「百家爭鳴」奠定了基礎。從

他開始,改變了過去「官師合一」「政教合一」「文武合一」的制度,給「師」賦予了新的意義,師法、師道也獨立出來了,為中國古代封建教育制度奠定了基礎。

2. 刪訂「六經」,整理和保存了三代的典章文物,對中國古代文化傳播起了很大作用。

孔子很博學,曾整理周、魯、宋、杞等國文獻,整理出了《詩》《書》《易》《禮》《春秋》,成為中國最早的教科書,並且在中國封建社會中,「五經」也一直是主要的教科書。

從孔子開始,人們對中國實際活動的教育給予理論解釋。

3. 總結了一些具有科學因素的教育教學原理和學習經驗。

孔子在四十餘年的教學中積累了極其豐富的經驗,提出了極寶貴的主張,如「有教無類」「學而優則仕」等主張,對改變中國古代貴族政治為仕人政治,有很重大的意義,可以說是孔子思想中革命的部分。他對教師提出的「學而不厭」「誨人不倦」的精神以及循循善誘、以身作則的要求,在教法上提出的教學相長、因材施教、啟發教學,在學習上強調的好學、博學、樂學、學思結合、學行結合以及對知識採取老實態度,在師生關係上提倡合作友愛、互相幫助等精神,都具有積極意義。

必須指出,孔子的上述主張並不一定完全正確。但他的主張是在幾十年教學實踐的基礎上提出的,具有辯證的思想,基本上是正確的。他的許多主張對後世產生很大的影響,許多經驗至今仍值得我們批判繼承。

消極的因素:他的「仁」的思想被後來的思孟學派發展為人性本善論,成為束縛百姓的「繩索」;他的禮發展為「三綱五常」等,成為麻醉百姓的「毒汁」。

第三節 墨子的教育思想

一、墨子的生平,政治、哲學思想

(一) 生平

墨子叫墨翟，春秋時魯國人，曾在宋國做過大夫，一些學者認為他是宋國人，生卒年無準確考證，約公元前 490—公元前 403 年。年輕時曾就學於儒家，而後拋棄儒學，創立墨家學派，成為春秋時儒家的反對者。墨子是中國古代傑出的思想家、一個博學多能的學者，同時又是一個重視力行的功利主義的教育家，據說他曾當過工匠，精於工藝。同時他又是一個誦先王之道的士，他的門徒大多數來自社會的下層，思想基本上反映農與工肆之人的利益，是小私有者在政治上的代言人。

墨子創立的墨家學派是一個有很強紀律、實行封建家長制、具有宗教性質和學術性質的政治團體。他們生活清苦，崇尚夏政，提倡過艱苦樸素的生活。當時參加墨學的人叫墨者，墨子死後，墨家的首領叫鉅子，所有墨者對鉅子要絕對服從，鉅子對門徒有絕對命令與支配的權柄。《淮南子·泰族訓》稱：「墨子服役者百八十人，皆可使赴火蹈刃，死不施踵。」

墨家流傳至今的書主要有《墨子》五十三篇，大部分是墨子的弟子或再傳弟子記錄的一些墨子的言行事跡，是我們現在研究墨家學派思想的主要資料。此書除記錄了墨子的政治、哲學、教育、宗教等思想外，更可貴的是保留了中國最早的科學知識，除邏輯學知識外，還涉及幾何學、力學、光學等數學、物理學方面的知識。

春秋時，墨學曾與儒學齊名，稱為顯學。後來到漢代時，統治階級提倡「罷黜百家，獨尊儒術」，同時也由於墨學本身的侷限，墨學在社會上銷聲匿跡了。清朝末年，儒學在統治階級中的地位由於封建統治的崩潰而動搖，墨家思想得到重視，如 1905 年《民報》刊登墨子的像，介紹他的生平，稱他為「第一平等博愛的大家」。

（二）政治思想

1. 主要表現在「兼愛」「非攻」「尚賢」「尚同」，他從小生產者的地位和利益出發，主張人與人之間應「兼愛」，即對待別人要像對待自己一樣，他說「愛人者必見愛」「愛彼猶愛己也」。

2. 兼愛的具體內容是互利。

墨子認為只有做有利於別人的事才叫愛人，把愛人、利人稱為義，把不愛人、不利人稱為別，即不義。他提出「兼以易別」。儒家認為「義者，事之宜也」，墨家認為「義者，利也」。墨子為了人與人的兼愛，主張非攻，實行尚賢、尚同。墨子的這些思想，對反對世襲、主張賢人政治有積極意義。提倡尚賢，為小生產者尋找出路，反對兼併戰爭等，這些在當時都具有積極意義。但也有侷限性，把小私有者互助的精神擴大為人與人之間普遍的愛，陷入了泛愛的空談，是一種幻想。

（三）哲學思想

在認識論上具有濃厚的科學思想，在世界觀方面陷入宗教的泥坑，這是由於他的小生產者地位決定的。

1. 在認識論上具有濃厚的科學思想。

（1）外部客觀物質世界的實在性，在名實關係上，強調名從屬於實，有實才有名。

（2）重視感覺經驗，耳目之實是認識的來源和根據。

（3）提倡判斷事物的是非要有標準，言必立儀。他確定了三個標準：本，上本之於古者聖王之事；源，下原察百姓耳目之實；用，發以為刑政，觀其中國家百姓人民之利。

其侷限性是片面誇大感性認識的作用，陷入狹隘的經驗主義。

2. 在世界觀方面陷入宗教的泥坑。

沒能擺脫傳統的宗教思想，認為宇宙間有鬼神，鬼神有意志，且能給人以賞罰。他想用天鬼制裁當時荒淫的統治者，一方面反映了他們對統治者的反抗和對美好生活的追求，另一方面也反映了小生產者本身的軟弱無力。

二、墨子論教育的作用和目的

（一）教育的作用

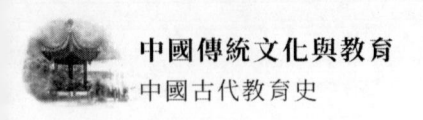

墨子認為要推行其主張「兼愛」，必須實施教育。他一生從事上說下教的活動。

1. 他認為教育能統一思想，主張強說教；這種調和矛盾的辦法是有消極意義的。

2. 他認為環境對人的影響很大。「染於蒼則蒼，染於黃則黃，所入者變，其色亦變。」

3. 他反對教育為貴族所壟斷。他說：「官無常貴，民無終賤。」這反映了當時小私有者要求取以地位，有進步意義。

（二）教育的目的

培養為義的兼士。兼士的要求：

1. 要有從政的能力。

2. 要有生產勞動的知識和技能。

3. 要有交相利的道德品質；要能犧牲自己，成全別人。

具體要求：

①自食其力；

②能強志博察；

③能先人後己，捨己為人。

三、教育內容

（一）道德教育

提出墨子「十論」作為主要教育內容。十論：「兼愛」「非攻」「尚賢」「尚同」「節用」「節葬」「非命」「非樂」「天志」「明鬼」。要求人人以利為重，強調義，反映了當時勞動群眾的要求，這與當時的社會環境條件是分不開的。

（二）科學知識的教育

除了把物理學、數學作為教材內容外，還重視邏輯學，在邏輯思維上提出了「類」和「故」兩個概念，強調以理服人，思維嚴密；生產知識和自然科學知識也很多，並能運用於生產實踐中。墨子強調讀書，但不強調讀多，而在於精微。

（三）勞動教育

這與儒家思想相對立。

四、教育方法

墨子當時是一個教學法大師，在教學過程中積累了許多經驗，以「三表法」為基礎，主要有以下方法：

1. 不扣必鳴（主動說教）。

2. 重視實踐，強調言必成行；特別反對說空話。

3. 強調志功合觀，即動機和效果的統一。

4. 提出以見知隱；在教學中以直觀的方法、比喻來說明抽象的東西。

5. 量力而學，還注重因地制宜的教材。

重視學生的能力差異，在教學中要「擇務而從事，量力而分工」，同時還強調要專心，指出「深其深，淺其淺」。這些是有進步意義的。

本章複習思考題

1. 春秋時期士階層的特點。

2. 春秋時期私學是怎樣產生的？

3. 孔子的教學思想和治學經驗。

4. 孔子在中國文化史上的地位和作用。

5. 墨子的教育思想。

6.「四書」「五經」「十三經」分別是什麼？

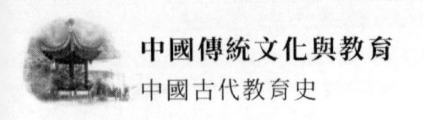

7.「學而優則仕」「有教無類」「仁」「禮」「兼以易別」「志功合觀」等思想。

第三章 戰國時期的教育

第一節 戰國時期的概況

一、經濟、政治概況

戰國是中國封建社會的開始。

（一）經濟

人口增長很快，七個主要諸侯國已有約兩千萬人口，對經濟發展有很大促進作用。

1. 農業上，廣泛使用鐵製農具和耕牛，採用深耕、施肥、選種等生產技術，出現了許多大規模的水利工程。

2. 手工業上，冶金、煮鹽有很大發展，已產生了煉鋼的技術。手工業分工很細，除官營外，民間有很多私營手工業。

3. 商業也有很大發展，標誌：

（1）出現了很多大都市，如各國的都城。

（2）交易擴大了，全國東、南、西、北都可以互相交換東西。

（3）貨幣種類很多，證明商品交換的發達。

（4）出現了經商的理論，白圭專門研究了一套「人棄我取」的經商理論。

（二）政治

由於生產力的發展，生產關係也有很大變化，統治階級有殘存的奴隸主、商人、地主和依附於他們的士，被統治階級有奴隸和其他人民。

政治上的特點：

1. 奴隸主貴族的統治崩潰，世襲制遭到破壞，如魏國李悝提出要採取「食有勞而祿有功」的政策，「盡地力之教」。

2. 土地私有制逐漸確立和鞏固，新興統治階級開始掌握政權。

3. 代表各階級利益的「士」階層在戰國時有很大發展。

4. 社會的主要矛盾是奴隸主貴族和新興地主之間的矛盾。

二、百家爭鳴

（一）出現百家爭鳴的原因

1. 當時社會處於大動盪、大分化、大改組時期，不同階級、階層的代言人在思想上開展爭辯，來維護本階級、階層的利益。

2. 處於社會交替時期，奴隸主政權崩潰無人管理，新興統治階級來不及管，因此處於思想上的自由時期。

3. 當時奴隸主貴族已沒落，私學有了更大發展，文化普及到民間，為「百家爭鳴」奠定了基礎。

4. 當時社會上產生了許多亟待解決的問題，促使學者、思想家進行研究、思考。

5. 社會生產力有較大發展，使更多的人脫離體力勞動而從事腦力勞動。

6. 交通較發達，書籍增多，為各家交流思想提供了物質條件。

（二）諸子百家

子是中國古代對男子的美稱，諸子泛指多，他們著的書形成諸子書。

對戰國時學派的劃分，有不同的分法：

1. 最早是莊周在《莊子·天下篇》中提出按人頭分為六派：

（1）墨家（墨翟）；

（2）宋鈃、尹文；

（3）慎到、田駢；

（4）老聃；

（5）惠施；

（6）莊周。

2. 荀子在《非十二子》中將之分為六家：

（1）田駢、慎到；

（2）墨子；

（3）惠施；

（4）子思、孟軻；

（5）陳仲；

（6）魏牟。

3. 司馬遷之父司馬談在《論六家要旨》中，按學術性質把戰國時的學派分為儒、墨、道、法、陰陽、名六家。這種分法要科學些。

4. 班固在《漢書·藝文志》中在司馬談的基礎上，按學術性質加上了四家：縱橫、農、雜、小說。後來，人們反對把小說家劃分一家，因此就形成了戰國時的諸子百家，即主要指九家，又叫「九流」，這是「上九流」；此外，醫、卜、星、相、皂、妓、修腳師、理髮師、屠夫叫「下九流」。

各流派為了抬高自己的地位，都找一個老祖宗，分別是：儒（堯）、墨（禹）、道（黃帝）、法（鄧析）等。

（三）各家的主要思想及其對教育的影響

儒、墨兩家重視教育，詳見第二章。

1. 道家：基本上代表沒落奴隸主貴族階級的利益，創始人是楚國人李耳，曾著書《道德經》5000字，集中反映了道家的政治、哲學思想。李耳又叫老子，是中國古代的一位智慧的思想家，用民間歌謠的形式寫成的韻文《道德經》，揭示了事物之間的矛盾，他把其稱為「道德」。「道」是從事物中抽

象出來的自然法則和規律，離開人的意識而獨立存在，不斷運動變化、互相轉化，他說道是「獨立而不改，周行而不殆」的；「德」指宇宙間一切具體事物所包含的特徵，不能脫離具體事物而存在。

老子還是一個無神論者，認為天是沒有意志的，是自然無為、公平無私的，不能給人以賞罰。但在政治上，老子的思想是落後的，悲觀厭世，基本對傳統文化全盤否定，提倡「小國寡民」的思想。他思想中也神祕的思想，否認認識來源於實踐，認為不出門便可以知天下，具有先驗思想。

後來人們把道家學說稱為「黃老學說」，魏晉時又稱為「老莊學說」。莊子的思想出於老子，但比老子更消極。

2. 法家：戰國時代表新興統治階級利益，反對儒家。先秦法家代表人物韓非，著書《韓非子》，是一個集法家思想之大成的人物，創立了以法制為主體，法、術、勢相結合的政治思想體系。魏國商鞅在秦國推行法制，鄭國申不害主張術，趙國人慎到認為一個人要樹立絕對的權威。但這種思想不符合中國的情況，因此，古時法家並不享有崇高的地位。

韓非反對天命，反對儒家的禮，提出「法不阿貴」，體現了法律面前人人平等的思想萌芽；反對復古，認識論上繼承了先秦思想，認為人有可能認識世界；在人性問題上，認為人是自私的，提出「侈而墮者貧，力而儉者富」。

3. 陰陽家：在古書中最早講陰陽的是《周易》，《尚書洪範》最早講五行。這實際是中國古代解釋宇宙、自然現象的兩種哲學思想。陰陽是相互的辯證法，用陰陽的對抗解釋風、雨、雷、地震等自然現象；五行包括五方（上、中、下、左、右；東、西、南、北、中）和五材（金、木、水、火、土）。戰國時，齊國人鄒衍把二者合起來給予神祕的解釋。

4. 兵家：研究、總結作戰經驗和作戰規律的學派，其成果有《孫子兵法》《尉繚子》《吳子》等兵書，具有辯證法的思想。

5. 雜家：代表作《呂氏春秋》，呂不韋召集門人所著。

6. 農家：代表人物為許行等，其思想可以從《孟子》中窺之一二。農家代表當時人民的思想和利益，有農業空想社會主義的思想，還提出平均主義。

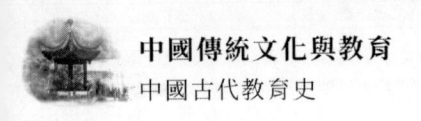

各家對教育的影響：

儒家對傳統文化全盤接受，墨家有所取捨。道家從「右」的方面否定傳統文化，如反對禮，認為「夫禮者，忠信之薄而亂之首」，反對智慧和接受傳統文化，認為「絕聖棄智，民利百倍，絕仁棄義，民復孝慈」，認為一切科技的進步是人的墮落，走向一個極端。法家則相反，從「左」的方面否定傳統文化，認為學習傳統文化是虱，是五蠹，提出「以法為教」「以吏為師」。儒、墨兩家認為教育有很大作用，而道家、法家則否認教育的作用。「百家爭鳴」到秦始皇「焚書坑儒」而結束。

三、戰國時的文化

（一）文學、藝術

散文有了更大的發展，這是由於諸子之學的興起。詩歌，在中原地區不如以前，因為墨家否定詩歌，道家也反對，但在南方卻有很大發展。楚辭是一種想像力豐富的新型詩歌，文體熱情奔放。

藝術上也有發展，1935 年在河南出土的《水陸攻戰紋鑑圖》，有 40 組圖案、286 個人物，形象逼真，反映了當時生活的各個方面，可見當時藝術成就之高。

（二）科學技術

天文學、曆法、醫學、製造技術都有很大發展。

從天文學上看，有楚人甘德、魏人石申合著的《甘石星經》。由於交通的發達，地理也有很大發展，《山海經》的《山經》詳細記載了全國各地的物產、地形、氣候等地理情況。醫學也很發達，已有內、外、婦、兒等科，藥有湯藥、酒藥、針灸等。

名醫扁鵲總結的「望、聞、問、切」沿用至今。醫書有《黃帝內經》。製造技術也很發達，《周禮》記載數百種製造技術，出土文物證明大都正確，《考工記》記述了許多工具的製造，出現了許多能工巧匠。但道家、儒家一定程度上阻礙了科學技術的發展。

（三）教育

1. 沒有統一的制度和設施。

2. 官學不發達，學校教育主要在私家進行。

3. 由於社會的需要，崇師、養士成為風尚。

4. 出現了一些專為「百家爭鳴」提供場所的機構，也是從事教育、學術研究的機構，如齊國的「稷下學宮」。所謂「稷」，指齊國國都臨淄的稷門，齊國在稷門下所設的學校稱「稷下之學」。

第二節 孟子的教育思想

一、孟子的生平、政治思想、哲學思想

（一）生平

孟子叫孟軻，戰國時鄒國（山東鄒縣）人，生卒年不確定，約公元前372—公元前289年。他是魯國孟孫氏的後代，出生不久父喪，靠母親教養成長。其母賢淑，為了教育兒子多次搬遷，「孟母三遷」成為古代廣為流傳的佳話。

孟子曾遊說列國，但政治主張不被採納，各國對他敬而遠之，晚年退而專心著書講學。

思孟學派。「思」指孟軻的老師子思，是孔子的孫子，一說孟子學於子思的門人。思孟學派發展了孔子的哲學思想，形成了一整套理論，對後世影響很大，是儒家的學派。

戰國時儒家學派主要以孟子和荀況為代表，後來儒者推崇孟子，抑制荀況，孟子自己也認為是儒學的主要代表。到唐代時，由於一些理學家的推崇，把孔子和孟子的學說合稱為「孔孟之道」，這是不太確切的，實際上，孟子發展了孔子的思想。

（二）政治思想

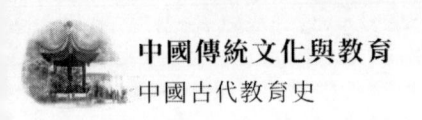

孟子政治思想的核心是仁政。他站在奴隸主貴族的立場上，面對當時大動盪的社會，發出哀嘆，提出實行仁政。

1. 反對新興統治階級提出的法制和耕戰政策；他說：「以力服人，非心服也，力不贍也。以德服人者，中心悅而誠服也。」他還提出：「故善戰者服上刑，連諸侯者次之，辟草萊、任土地者次之。」

2. 主張「制民之產」，即要恢復奴隸制社會的井田制，他說：「夫仁政，必自經界始。」

3. 反對代表新興統治階級利益的楊朱和代表庶民小生產者的墨翟。他說：「楊氏為我，是無君也；墨氏兼愛，是無父也。無父無君，是禽獸也。」

4. 提出「勞心者治人，勞力者治於人」的反動主張，為封建統治者壓迫、剝削人民提供理論依據。

5. 也有一些具有進步性、人性的積極因素。

（1）提出了「民貴君輕」的民本主義思想。

（2）對當時荒淫的統治者進行了痛斥，說他們是「獨夫民賊」，如「賊仁者謂之賊，賊義者謂之殘。殘賊之人謂之一夫。聞誅一夫紂矣，未聞弒君也」。

（3）在君臣關係上，提出互相對等的主張，如「君之視臣如手足，則臣視君如腹心；君之視臣如犬馬，則臣視君如國人；君子視臣如土芥，則臣視君如寇仇」。

（4）提出省刑罰、薄稅斂的主張，富有人性。

（5）對當時社會的黑暗進行了深刻的揭露和痛斥，如「庖有肥肉，廄有肥馬，民有飢色，野有餓莩」。

（三）哲學思想

1. 在人性上，認為「人性本善」，這是他仁政思想和教育思想的基礎。「惻隱之心，仁也，羞惡之心，義也，恭敬之心，禮也；是非之心，智也。仁、義、禮、智，非由外鑠我也，我故有之也。」

2. 孟子是一個歷史循環論者，把偶然的社會現像當作普遍規律，他說「五百年必有王者興」。

3. 在世界觀上是個天命論者。他認為天人相通，人的本性是上天賦予的。此觀點對後世影響較大，漢代董仲舒的「天人感應論」就受其影響。

4. 認識論上是個先驗論者。認為人生下來就有不學而能的「良能」，不經考慮就知道的「良知」。他認為人心、善性是良知、良能的具體表現，他說：「心之官，則思，思則得之，不思則不得也。」心之官是大體，耳目之官是小體。孟子以此為基礎，建立起了「盡心—知性—知天」的哲學體系，為後來的心學、理學奠定了基礎，有很大的欺騙性。

積極意義：「人皆可以為堯舜」，對世襲的貴族是一個否定，客觀上有進步意義。

二、教育的作用、目的

（一）作用

1. 人本是好的，之所以社會上有好人、壞人，起根本作用的是環境，教育的作用是改造環境。

2. 教育的主要作用還在於求放心。他說：「學問之道無他，求其放心而已矣。」

（二）目的

1. 繼承了孔子培養聖人、賢人的教育目的，提出學校教育的目的是明人倫。人倫指君臣、父子、兄弟、夫婦、朋友的關係，「明」即懂得，並正確處理它們。還說學校教育是「申之以孝悌之義」。

2. 透過教育得民心。他說：「善政不如善教之得民也……善政得民財，善教得民心。」

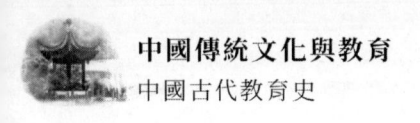

三、教育的原則、方法

（一）因材施教

他歸納出五種教育方法：一是「如時雨化之者」，二是「有成德者」，三是「有達財者」，四是「有答問者」，五是「有私淑艾者」。

（二）啟發自得

孟子重視對學生的啟發，也強調要透過努力，刻苦學習，才能有所收穫。他說：「君子深造之以道，欲其自得之也。自得之，則居之安；居之安，則資之深；資之深，則取之左右逢其原。故君子欲其自得之也。」強調啟發既不要太難，也不要太累，反對注入。還強調自得要有正確的態度。他說：「盡信書，不如無書。」

（三）易子而教

把自己的子女送到別人家裡去受教，他不僅這樣做，而且給予理論說明。他對學生解釋易子而教的原因是：「勢不行也。教者必以正，以正不行，繼之以怒，繼之以怒，則反夷矣。」反映出身教和示範的重要性。

（四）不屑之教

「挾」「貴」「賢」「長」「有勳勞」「故」求教的，孟子都不屑教他們。

四、論學習

1. 要求學習要主動積極。

2. 要專心。人要學得成功，必須要專心致志。

3. 循序漸進。不能求急，他把學習比作流水，認為「其進銳者，其退速」。

4. 要堅持不懈，要有恆心、信心，克服自暴自棄的思想。

5. 強調由博返約。要大量閱讀書籍，然後概括總結其中的經驗。他說：「博學而詳說之，將以反說約也。」

五、道德修養

（一）內容：仁、義

仁，人心也，即人的本質；義，人路也，即人要走的路。孟子的仁的思想對後世的影響很大。

（二）方法

1. 立志。

要持志、尚志。尚志指要使自己的動機和行為不要超越仁，持即要用理性統率感情，不要感情用事。「志，氣之帥也。」我們應認識到其顛倒了主、客觀的關係，但重視志是有積極意義的。

2. 反求諸己，改過遷善。

重視自反、改過。自反就是內心反省，特別是失敗時要多自反，不要錯怪別人，他說：「愛人不親，反其仁；治人不治，反其智；禮人不答，反其敬；行有不得者，皆反求諸己。」改過即主動改正自己的過錯。

3. 培養和鍛鍊堅強的意志。

教育的目的是培養為統治階級服務並維護其利益的「大丈夫」。他要求「大丈夫」要「貧賤不能移，富貴不能淫，威武不能屈」，甚至還進一步提出要「捨生取義，殺身成仁」。提出培養堅強的意志要經過艱苦磨煉，他說「生於憂患，死於安樂」，這些思想現在看來也是具有意義的。

第三節 荀子的教育思想

一、荀子的生平、政治思想、哲學思想

（一）生平

荀子名荀況，戰國末年趙國人。作為戰國末年的私學大師，他曾兩次到稷下遊學，並且由於學術地位很高，三次作稷下學宮的祭酒，被人尊為卿，因此人們又叫他荀卿。漢代時有人把他叫做孫卿。據考證，一說避漢宣帝劉詢之名，另一說漢代時孫、荀同音。荀子曾到秦、齊、楚等國遊學，受到楚國春申君黃歇的重用，讓他在蘭陵做縣令，後死於蘭陵。荀子的作品在漢代

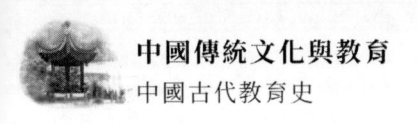

叫《孫卿新書》或《孫卿子》，唐代楊倞為《孫卿子》作註釋，後簡稱為《荀子》。

這是儒家最早的個人著作，是儒家注述體的開始，共三十二篇二十卷，絕大部分出自荀子之手，《大略》篇以後由其學生們所寫，梁啟超考證其最後一篇不是荀子的，亦不是他的學生所寫。在先秦諸子中，除韓非以外，荀子最後一個對先秦諸子學說進行了全面的總結批判。他不僅是先秦儒家學說的一個集大成者，也是先秦諸子百家的一個集大成者，他的思想體系龐雜，內容廣泛，也存在許多矛盾。他主要是繼承了儒家思想，當時與孟子齊名，但他的思想與孔子的思想有很大區別。

（二）政治思想

其主要內容是禮、法。基本上代表新興統治階級利益，對孔子的德政、仁政有進一步發展，發展了儒家等級制的思想。

1. 從理論上論證了封建社會等級制的合理性。

他說社會上人能合群，即認識到了人的社會性，又指出，人不僅能群，還能分。分指社會地位的不同和分工的不同，分的標準是義和禮。義指封建倫理道德。他的這種思想在當時具有進步性。

2. 強調隆禮。

他提出禮的目的在於解決社會上的分配、供應問題，認為人都有求生的慾望，都要追求物質利益，這種追求超出界限就會引起混亂，因此統治者制禮使各人安於自己的地位。他還從禮的角度論證了封建社會的等級制和剝削制的合理性。

他認為禮是制定一切社會的法律和規則的準繩。他說：「禮者，法之大分，類之綱紀也」「禮者，人道之極也」。這反映出他把禮、法聯繫起來的思想，這種思想是從孔子的禮制思想向法制思想過渡的橋梁。

3. 正名主義。

這是孔子正名思想的發展，認為各人應安分守己，臣對君忠順而不懈，子對父敬愛，妻對夫應順從，士、農、工、商也應安分守己，這就是最大的平等。荀子基本上發展了儒家的絕對君權和集權的思想，這在當時有一定積極作用，但也有消極影響，成為封建社會「上治下、君治臣」的理論依據。

（三）哲學思想

1. 自然主義的天道觀。

主要吸收道家的天道觀，認為天是自然的，提出「天行有常」「制天命而用之」的寶貴思想，認為天是不可怕的，且沒有意志，不可能主宰人類，人的吉凶禍福完全取決於自己。同時，還提出人對自然界不是完全無能為力的，只要發揮人的主觀能動性，就可以改造自然。「制天命而用之」包含有「人定勝天」的思想，這種思想的產生與戰國時期的政治、經濟、文化、科學，特別是生產力的發展有關，對後世思想家有很大影響，反映了新興統治階級對前途充滿信心。

2. 認識論。

荀子拋棄了道家不可知論的思想，並認為客觀事物是可以被認識的，人有認識客觀事物的能力。他說：「凡以知人之性也，可以知物之理也。」還提出認識事物首先要透過眼、耳、口、鼻與外界事物接觸，認識的第二階段是用心進行思維。天官受心的統率、支配，心有徵知的作用，即對天官獲得的知識能進行檢驗，徵知（理性認識）要依靠天官的感知（感性認識）。

他理論的侷限性是沒有再深化，停留於實踐—理論的階段，有些還屬於形而上學。

3. 人性惡。

這是孔子「習相遠」的思想的發展。他的人性惡觀點與其自然主義的天道觀和他的政治思想都有聯繫，他認為人性就是情慾（好吃、懶惰，願聽好的、看好的，好逸惡勞）。他的人性論在當時有一定的積極意義，看到了情慾在人類社會中的負面作用，這是很深刻的，同時也為他的政治主張禮、法的實施奠定了基礎。

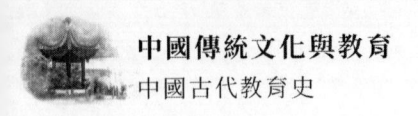

二、教育的作用、目的

（一）作用

1. 因為人性是惡的，所以善在於人為。人與人的區別不是先天決定的，而是後天的環境、教育作用的結果，強調環境在教育中的作用，他說：「君子居必擇鄉，遊必就士，所以防邪辟而近中正也。」

2. 特別強調教育的作用，他說：「我欲賤而貴，愚而智，貧而富，可乎？曰：其唯學乎。」反映了當時儒家的一些上進思想，也有教育萬能論的因素，他把主動進行教育叫「積」。

3. 認為教育是政治爭鬥的一個重要手段，教育對統一思想、鞏固封建統治都有很大作用，他說：「不教誨，不調一，則入不可以守，出不可以戰；教誨之，調一之，則兵勁城固，敵國不敢嬰也。」

（二）目的

培養士、君子、聖人。「彼學者，行之，曰士也；敦慕焉，君子也；知之，聖人也。」

三、教育的內容、方法

（一）內容

荀子的教育內容沒超出儒家傳統的詩、書、禮、樂，他特別強調禮、樂，指出要「以禮教人，以經取士」。禮是從外面對人加以約束，樂是從內心感染、陶冶人。強調「以經取士」是很重要的，自此以後，中國封建社會都採取「以經取士」，把儒學變為了經學。

（二）方法

1. 善善、惡惡。讓人們劃清是非界限，知道什麼是好的，什麼是壞的，進而做好的，厭惡壞的，這在道德教育裡是很重要的。從善的方面吸收好的，從惡的方面吸取教訓，達到從善、疾惡如仇的目的。

2. 善假於物。重視學習方法。強調把自己掌握的知識作為獲得新知識的憑藉。

3. 問而後告。基本繼承了孔子啟發教學的方法，他說：「不問而告謂之傲，問一而告二謂之囋。傲，非也，囋，非也，君子如向矣。」

4. 謹順其身。對不該進行教育的人施行教育是一個大的錯誤，認為「非其人而教之，齎盜糧，借賊兵也」「禮恭，而後可以言道之方；辭順，而後可以言道之理；色從，而後可與言道之致。故未可與言而言，謂之傲，可與言而不言，謂之隱；不觀氣色而言，謂之瞽。」

四、論學習的過程和方法

（一）過程

聞、見、知、行。聞、見是最基礎的，知是聞、見的深化，行是它們的重要結果，認為「不聞不若聞之，聞之不若見之，見之不若知之，知之不若行之，學至於行之而止矣」。他把聞、見、知、行形象地表達為「入乎耳，著乎心，布乎四體，行乎動靜」「心者，形之君也，而神明之主也」。

（二）方法

1. 虛一而靜：因為心也要受矇蔽，於是提出虛一而靜。虛：空虛、虛心；一：專一、集中。「目不能兩視而明，耳不能兩聽而聰。」靜：控制力、注意力。

2. 全之盡之：全、盡，完全徹底。學習不能淺嚐輒止，要徹底明白並且要牢固掌握，要達到此目的，就要「誦數以貫之，思索以通之」。

3. 鍥而不捨：要有恆心，要堅持不懈。鍥：用金屬去雕刻東西。

五、論教師

（一）教師的作用

教師對一個人的影響很大，不僅能教給人知識，而且能在感情上給人以陶冶。他說：「非我而當者，吾師也；是我而當者，吾友也；諂諛我者，吾賊也。」他認為要「隆師親友」「禮者，正身也；師者，正禮義也」。

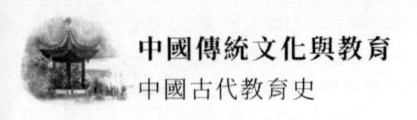

(二) 教師的地位

荀子十分重視教師的地位，最早把師的地位抬高到與天、地、君、親同等的地位，他說：「天地者，生之本也；先祖者，類之本也；君師者，治之本也。無天地惡生？無先祖惡出？無君師惡治？」這反映了新興統治階級要求實行中央集權的強烈願望。同時，他還認為一個人任何一句話都要談到老師，他說：「言而不稱師謂之畔，教而不稱師謂之倍。倍畔之人，明君不內，朝士大夫遇諸塗不與言。」反映了新興統治階級企圖透過師法來實行專制統治的要求。

(三) 教師的條件

1. 要有很高的威信。

2. 要有豐富的經驗和崇高的信仰。

3. 要循序漸進。

4. 要能精通細微道理並加以發揮。

他說：「師有四術，而博習不與焉。尊嚴而憚，可以為師；耆艾而信，可以為師；誦說而不陵不犯，可以為師；知微而論，可以為師。」「國將興，必貴師而重傅；國將衰，必賤師而輕傅。」

荀子的思想是戰國時期的產物，反映了新興統治階級的要求。他納法入儒，可以說他是一個啟蒙思想家，對中國的辯證法的發展有很大的影響。

第四節 《大學》《中庸》《學記》的教育思想

一、概述

這三篇文章均出自《禮記》，且為儒家思孟學派的作品，總結了儒家的基本教育思想，在中國思想史和教育史上都影響很大，其中一些東西在今天仍有影響。《大學》發揮了儒家的教育目的論，即教育與政治、經濟的關係；《中庸》發揮了儒家的宇宙觀，對中國後世思想有很大影響；《學記》總結了包括儒家在內的先秦各家教學的基本經驗，對後世教學的影響很大。

對這三篇作品的作者,歷史上人們眾說紛紜。《大學》,宋代儒家學者認為是曾子所述,門人記之;郭沫若認為《大學》實際上是孟學,是孟子的學生樂正克所作;馮友蘭認為是荀學。

《中庸》與孟子思想相吻合的很多,大家比較一致地認為是子思所著。

《學記》是一篇總結中國古代教學經驗的文章,與《大學》的思想相吻合的較多,在戰國末年到秦漢之際寫成的;郭沫若認為是樂正克所著。

《論語》《孟子》《大學》《中庸》被稱為「四書」,是中國封建社會的基本教材。

二、《大學》的教育思想

1.《大學》是談古代大學教育的一本書,中心思想是談教育和政治的關係,即大學之道,後人把這歸結為「三綱領」「八條目」。

2. 教育的任務、目的。

實際上就是明明德、親民、止於至善,這也可以說是作者給「大學」下的定義。

明明德:是發揚人們天生固有的善性,這是教育的作用。親民:透過發揚天生的善性,培養統治階級的人才。止於至善:作者解釋,「為人君,止於仁;為人臣,止於敬;為人子,止於孝;為人父,止於慈;與國人交,止於信」,實際上是封建的倫理道德標準。

3. 教育的過程。

教育過程即「八條目」,格物、致知、誠意、正心、修身、齊家、治國、平天下。

(1) 格物、致知:宋學者解釋為「即物求理」,研究並掌握事物的規律。

(2) 誠意、正心、修身:個人的道德教育。

(3) 齊家、治國、平天下:政治教育。

其中修身是最根本的,還提出修身的方法是慎獨和絜矩之道。

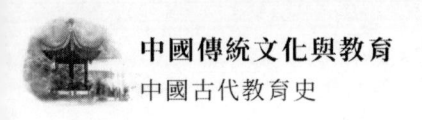

4. 作者提出的「三綱領」「八條目」，不僅為封建道德，而且為封建制度服務。

在經濟思想上，他認為「生財有大道，生之者眾，食之者寡，為之者疾，用之者舒，則財恆足矣」。

三、《中庸》的教育思想

1. 《中庸》主要為漢代儒學的神學化打下了基礎，在社會上流行時間長，範圍廣，影響大，在政治上，發揮了孔子「忠恕之道」的思想。

在哲學上販賣「天人合一」。

「喜怒哀樂之未發，謂之中；發而皆中節，謂之和；中也者，天下之大本也，和也者，天下之達德也」，希望透過中庸來調和當時的社會矛盾，作者曾哀嘆戰國末年社會上的那種大動盪。

2. 對教育下的定義：「天命之謂性，率性之謂道，修道之謂教。」人性是天命決定的，按照這種天命的人性去行動就符合正道，按這種封建道德進行修養就是教育。

3. 在教育目的上：提出「至誠、盡性」。「誠」，由於對五倫關係的實踐使自己在思想上獲得反映，一切行動都不超越五倫的標準。作者把「誠」說得很玄，認為達到誠就可以掌握萬事萬物，甚至可以變成神。

4. 人的認識能力：認為人有「生而知之」「學而知之」「困而知之」三種，行為有「安而行之」「利而行之」「勉強而行之」三種。強調困而知之和勉強而行之，即強調困知勉行，重視人的主觀能動性，這是有積極意義的。

5. 關於學習過程：發展了孔子的學、問、思的思想。提出「博學」「審問」「慎思」「明辨」「篤行」學習過程的五個階段。強調在這個過程後「雖愚必明，雖柔必強」，這個思想是很進步的。

四、《學記》的教育思想

（一）產生的時代背景

《學記》是中國古代第一部教育專著，寫於戰國末年，即公元前四世紀至公元前三世紀。戰國是奴隸制逐漸解體、封建制逐漸形成的動盪時期，生產力發展，新的生產關係也逐步形成，社會政治、經濟都迫切需要人才。為了滿足生產發展要求，有必要系統地總結前人培養人才的經驗，總結如何透過學校教育為國家培養人才的問題，在這種情況下，《學記》產生了。

（二）內容

《學記》共1226字，涉及的教育思想廣泛，談到了當時教育的目的、制度，論證了一些教學的原則、方法，是研究中國古代大學教育實踐和大學教學方法的一部專著，它使中國古代教育學說從哲學、政治、文學中獨立出來。其內容豐富，可以歸納為以下三部分：

1. 關於古代大學教育的實際情形，如「大學之教……」，可能部分有事實根據。

2. 作者對當時教育提出的意見，如「大學之法……」

3. 記錄了一般傳說或作者的一些想像，並非真實的東西。

（三）關於教育思想

1. 教育的作用和目的。

一開始即指出教育的作用，從人性本善的觀點出發，指出「玉不琢，不成器，人不學，不知道」。這說明教育是發展人的善性的最好途徑，是為國家培養人才的必由之道。

目的是「化民成俗」，使「近者悅服，遠者懷之」，求學是為了「學為君也」，這是從必要性來談的。

文章最後進一步強調統治階級要務本，教育可以幫助統治階級建國君民。

2. 教育制度。

（1）學校制度：「古之教者，家有塾，黨有庠……」記錄了傳說和作者之想像。

(2) 視導制度：統治階級定期派人到學校視察，也是想像的。

(3) 教育綱領：提了七點，「……此七者，教之大倫也」。

3. 教育、教學的原則。

(1) 教學相長，「雖有嘉肴，弗食，不知其旨也……」看到了教、學是矛盾的兩個方面。

(2) 課內外結合（勞逸結合）。「時教必有正業，退息必有居學。」課外是課內內容的補充和延伸。

(3) 預防性原則：「大學之法，禁於未發之謂豫。」並講了為什麼要「豫」的道理。

(4) 及時施教：「當其可之謂時」「時過然後學，則勤苦而難成」。

(5) 循序漸進：「不陵節而施之謂孫」。

(6) 觀摩性原則：「相觀而善之謂摩」。

(7) 啟發性原則：是《學記》中關於教學的中心原則。

「君子之教，喻也。道而弗牽，強而弗抑，開而弗達。道而弗牽則和，強而弗抑則易，開而弗達則思。和易以思，可謂善喻矣。」

(8) 長善救失。含有揚長避短的意思。發揚優點，克服缺點，還有「因材施教」的含義。

「教也者，長善而救其失者也。」還指出當時教育存在的毛病，「使人不由其誠，教人不盡其材……」

4. 教學方法。

(1) 問答：教學的基本形式，要善問也要善於回答問題。

(2) 講解：教師的口頭表達能力和知識的組織。講好的標準是：「其言也，約而達，微而臧，罕譬而喻」。

（3）練習：作者沒明確講，但從字裡行間可以看出此意思。講出了練習中基礎知識和示範的重要性，並說明練習要逐步進行。

（4）比較推理。

5. 關於教師。

作者重視教師，其觀點可歸納為以下幾點：

（1）教師的作用：教師是教人為君的。

（2）教師的條件：

①首先要有淵博的知識；

②具有高尚的道德品質；

③要掌握高超的教學技能。

（3）尊師的必要性。強調尊重知識。

總之，《學記》不愧為中國教育學的第一部專著，它不僅在中國，而且在世界上也是最早的教育專著。

公元一世紀古羅馬昆體良著書《雄辯家的培訓》，是西方公認的教育學專著，時間沒《學記》早，內容也沒《學記》完整、深刻。

本章複習思考題

1. 戰國時期出現「百家爭鳴」的原因是什麼？它主要包括哪些主要流派？

2. 孟子論教育方法。

3. 荀子論學習過程和方法。

4. 《學記》提出了哪些教育原則？

5. 「民貴君輕」的政治思想，荀子的「制天命而用之」的思想，《大學》的「三綱領」「八條目」的內容，《中庸》論學習過程。

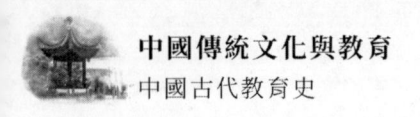

第四章 秦漢時期的教育

第一節 秦漢時期的教育政策、制度

一、秦代的文教政策和教育思想

（一）秦代的經濟、政治概況

公元前 221 年，秦始皇用武力統一六國，解除了舊領主的政權，在政治、經濟上代表新興統治階級的利益，建立起中央集權的專制主義封建王朝。為了鞏固統治，實行了一系列改革的措施，制定了一整套制度，中國兩千多年來的封建制度都是秦制的演變。

在經濟上：

(1) 廢井田，開阡陌，確定土地私有制。

(2) 開鑿南北大運河，發展灌溉事業。

(3) 實行「車同軌」，發展交通事業。

(4) 統一度量衡和貨幣制度。

在政治上：

(1) 建立中央集權制。

(2) 設郡縣制，全國 36 郡（一說為 40 個郡），郡下設縣。郡守、縣令由皇帝直接任免。

(3) 頒布秦律。

(4) 修築萬里長城。

秦朝只有 15 年（公元前 221—公元前 206 年），秦滅亡的原因：

(1) 沉重的賦稅、徭役和兵役，迫使人民起來造反。

(2) 嚴酷的刑罰，如「連坐」「族誅」等。

(3) 大規模的對外用兵。

(4) 統治者荒淫、奢侈，大修宮室和墳墓。

(5) 秦二世更加殘暴。

(二) 秦代的文教政策

1. 書同文（即統一文字）。最初周代各地使用的文字叫「大篆」或「籀」，字形複雜，筆畫繁多，不便書寫。戰國時，齊魯文化比較發達的地方，又通行一種較為簡易的字體，稱為「蝌蚪文」，但還是很不統一。到了秦代，李斯依據上述兩種文字，改造成筆畫簡省而劃一的「小篆」（或秦篆），從此統一了文字。後來程邈在獄中花了十年的工夫，專心根據小篆製成筆畫簡單、字體分明的文字，稱「隸書」，成為今日通行方體楷書的藍本，從此字體劃一、書寫簡便。這對於推廣文化技術，起了極大作用。

2. 編統一教材。李斯作《倉頡篇》，還有戰國末年初級識字課本《史籀正》，趙高作《愛歷篇》，胡毋敬作《博學篇》，通行全國。

3. 置博士官。秦代設置博士，種類很多，據《史記·秦始皇本紀》及《前漢書·郊祀志》記載，博士達 70 人，他們的職責是：或備諮詢，或掌故籍。由此看來秦代博士有職無權，主要是做陪襯，經常隨皇帝出遊，為皇帝歌功頌德。

4. 以法為教，以吏為師。韓非子所著《五蠹》中說：「明主之國，無書簡之文，以法為教，無先王之語，以吏為師。」足見設立吏師制度的主張最早為法家所倡導，並非出於李斯一人。

5. 焚書坑儒。秦朝的許多政治措施遭到一些儒生的反對。公元前 213 年，秦始皇為了加強思想控制，採納李斯的建議，下令把秦國以外的歷史書和民間收藏的詩書以及諸子百家書全部燒燬。後來一些方士和儒生背後罵秦始皇貪權專斷，濫施刑罰。秦始皇於公元前 212 年下令把 460 多個儒生全部活埋。這兩件事歷史上合稱為「焚書坑儒」，它箝制了思想，摧殘了文化。

(三) 秦代的教育思想

《呂氏春秋》成書於公元前 229 年，歷時 20 多年才寫完。

(1) 呂不韋有野心，他想流芳百世，仿效戰國末期四公子召集門客寫書。

(2) 呂不韋見到荀子的弟子著書立說，他也召集門客著書。

《呂氏春秋》分十二紀、八覽、六論，現存一百六十篇，二十多萬字，在歷史上被列為雜家作品，書裡記有儒、道、墨、法等各家思想。

(1) 政治、哲學上把儒家、道家的世界觀和宇宙觀結合起來，強調理性，反對法家嚴刑峻法，也拋掉了墨家的宗教思想。

(2) 教育上也反映了雜家思想。

①在教育作用上，《呂氏春秋》說教育可使品德惡劣的人改變成好人、善人。

②對教師提出很嚴格的要求和比較明確的標準：

a. 要有淵博的學識；

b. 有高尚的道德；

c. 熱愛學生；

d. 使學生樂於學習。

③學生方面：

a. 提出要善於從師；

b. 要有強烈的求知慾；

c. 專心致志；

d. 明辨是非。

註：《呂氏春秋》的教育思想主要集中在《誣徒》《用眾》《尊師》等章節裡，可參考之。

二、漢代的文教政策、學校制度

(一)「罷黜百家，獨尊儒術」

從漢代開始到清代,統治階級都實行軟硬兩手,一面實行文教專制,另一面又實行崇儒尊孔的政策。

公元前196年,漢高祖經魯地時用太牢祭孔,開始重視儒家,厚待儒生。

1. 建漢後,統治階級吸取秦亡之教訓,實行「無為而治」。政治上首先釋放奴隸,對匈奴採取和親的政策,還採取了一些措施安撫流民,對當時安定社會、恢復生產起了很大作用。經濟上採取「重本抑末」的政策,鼓勵農業生產,減輕賦稅,使農民農業生產的積極性提高,生產發展極快。漢代人口大量增加,西漢末年全國人口約六千萬,這是經濟發展的重要標誌。

在思想領域,漢初基本是百家爭鳴的局面,但主要是道家和儒家之爭。

2. 儒道之爭。

(1) 統治階級重視道家,提倡儒家思想。

竇太后與儒生轅固辯論,反映了她重視黃老學說的思想。儒道之爭的實質是反映了統治階級內部要求集權和分權之爭。

3.「罷黜百家,獨尊儒術」。

漢武帝繼位,憑藉父輩積累的雄厚資產,一方面大量用兵,擴大疆土,另一方面加強中央集權。儒生董仲舒上書三次,主張大一統,符合漢武帝的思想,於是被採納。公元前136年,漢武帝宣布立五經博士,正式獨尊儒術。董仲舒的奏書為漢武帝實行中央集權制提供了理論依據,但漢武帝本身並不十分相信儒學,而是借它來濟法之本,實行「王霸道雜之」的政策。此政策對中國影響極大。

積極因素:

(1) 在漢代造成了強化中央集權制的作用。

(2) 為後代進步的政治家對抗封建統治提供了依據。

消極因素:

（1）徹底結束了「百家爭鳴」的局面，整個封建社會奉行「三綱五常」的思想，「三綱五常」成了統治階級的精神支柱。

（2）阻礙了中國文化的自由發展，對封建社會的影響也很惡劣；官辦、私辦的教育都被侷限於儒學，「三綱五常」成了道德教育之主要內容，「四書五經」成了必修課。對科學知識、生產勞動的輕視，使中國封建社會知識分子思想貧乏，因此封建社會生產長期停滯不前。

（二）漢代的學校制度

漢代初期主要是私人講學，到西漢末年，開始在中國形成了從中央到地方的學校制度，中央設「太學」，地方上此時還沒有學校。

1. 官學。

（1）中央官學。

①太學：公元前 124 年，漢武帝在國都長安附近設「太學」，為中國歷史上最早的高等教育機構。太學內設祭酒、博士，修有宿舍、講舍（30 多公尺長，7.8 公尺寬）。

a. 太學的教師叫博士。博士的意思一是指古代管教育的官吏，最早在戰國時就有了，《史記·循吏列傳》對此有記載；二是指古代專精一藝的學者，如醫博士、文學博士等。

漢代博士的來源：徵召、薦舉和選試。最早是徵召，即由皇帝聘請，待遇較好，並常有賞賜，地位高、生活安定，同時也能參與給皇帝出主意等，於是很多人爭當博士；後來開始實行嚴格的舉薦，保舉人還要寫保舉狀；到東漢時還要經過考試，擇優選取。

b. 太學的學生。

來源：在京都附近選擇十八歲以上的貴族子弟或中小地主階級的子弟，要求儀態端正；地方官吏推薦一些有道德、有知識的人到太學學習，條件是好文學、敬長上、肅政教、順鄉里。

太學開始時只有五十個人，後來發展很快。太學的學生可以免服役，學一年後考試及格者即可以任官，因此許多人都企圖透過太學進入仕途，之後太學發展到三百多人，規模極大。再後來太學學生不但學習，還熱心政治，這是中國知識分子的優良傳統。

c. 太學的教學和學習方法。

教學方法：學生多，教師少，因此多採取大班上課，學生互教，向校外專家或知名人士學習，自修。

d. 太學的教材。

主要是《詩》《書》《易》《禮》《春秋》。為了統一標準，蔡邕給漢靈帝建議統一教科書，請石工將「五經」刻在石碑上並立在太學門前。蔡邕寫《熹平石經》，共二十多萬字，於公元175年開始刻，八年後刻成，成為全國統一教材，這是中國最早的統一教科書。

e. 太學的考試制度。

考試很嚴，西漢時一年一次，到東漢時兩年一次，叫「設科射策」。這是中國文化史和世界教育史上的一件大事。

②四姓小侯學。

貴族性質的學校，東漢明帝時為了照顧外戚樊、郭、陰、馬四家，專門為這四家族設立學校，設備完善，教師水準也高。後來範圍擴大了，凡貴族都可在此入學。

③鴻都門學。

東漢靈帝在公元178年在洛陽鴻都城門處建立。實際上是太監宦官為了培養自己的支持者，與四姓小侯學相對抗，要挾皇帝建立的，主要研究文學、藝術，可以說是中國，乃至世界上第一所藝術專科學校。專門招收出身微賤的豪強，並提拔他們做官，與士族相對抗，在中國教育史上有進步意義。

④宮廷學校。

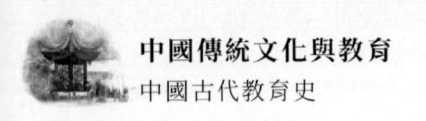

東漢鄧太后很重視教育，除把持太學外，還辦有宮廷學校。

(2) 地方學校。

蜀郡太守文翁於公元 150 年在成都設立學校，是中國最早的地方學校。西漢末年漢平帝時，約公元 3 年正式下令在全國各地建立學校，主要進行思想道德教育。

2. 私學。

(1) 中國封建社會歷代統治階級都提倡私學。漢代私學是很發達的，很多是「全學制」學校，教學內容從啟蒙識字到高深的經學。

(2) 私學的教育內容。

①識字教育：秦代時識字教育的教材有《倉頡》《博學》《爰歷》，周代是《史籀》，漢代時是《倉頡》《凡將》《急就》；後來到唐宋以後一直都是《三字經》《百家姓》《千字文》，簡稱「三百千」。

漢代《倉頡》在秦《倉頡》《博學》《爰歷》的基礎上編成，四字為一句，十五句為一章，共約 3000 字，主要是一些生產生活常識。

識字教材的特點：有韻，便於學生記憶，切合實際，與當時的生產、生活緊密聯繫，集中識字。

②寫字教育：漢代規定，十七歲以上的青年能背誦經文、能寫幾千字即可做官吏，並規定上書時寫錯字要受罰。

③學儒家經典。

④學詩文、對聯。

⑤有些基本的自然科學知識，如數學知識、天文曆法等。

(3) 私學的教學方法和學習方法。

從漢代開始，私學的教學方法就變得多樣化了，概括之：

①說經或辯論，即帶有問答式的討論。

②實行小先生制，即以高徒授弟子，如馬融、鄭玄等私學大師就採用這種方法。

③更多的形式還是個別口授。

馬融、董仲舒很注意課間休息，馬融還重視絳帳女樂。

學習方法：主要是自學和死記硬背，即教、背、溫、誦。

許多人反對這種死板的學習方法，如崔學古就極力反對，他說：只有口耳，不用心思。興至，則如罵架，如蛙鳴；興衰，則如蟲吟，如蠅鳴。

（4）私學的形式。

中國私學的形式主要有三類：

①坐館。

②設館：

a. 一些知名人士為了培植自己的勢力而設館。

b. 一些不能做官的人以設館教學作為一種職業。

③捐資興學。

（5）私學的管理。

按封建的專制制度實行監獄式的管理，實行棍棒教育。

《儒林外史》《官場現形記》《聊齋誌異》等對私學的管理都有記載和描述，可參考之。

逃學是當時學生的一種消極反抗形式，也有一些積極的反抗。

三、鄉舉裡選（漢代的選舉制）

（一）概述

這是漢王朝制定的一種補充其官僚機構的用人制度，具體而言，指地方官吏把地方上一些有才幹的人推薦到中央，經過一定的考試後授官，當時地方上的標準以道德方面為主。這種選舉制度，對鞏固漢封建等級制和維護統

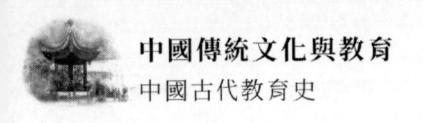

治階級的長遠利益有一定作用，一方面調節了統治階級內部各階層之間的關係，另一方面對百姓也有欺騙和麻醉的作用。這種制度既有選拔統治階級人才的作用，同時又是對大多數人進行限制的一種制度。

（二）選舉制度的種類

公元前178年（漢文帝二年）選舉開始，名目繁多，往往根據國家的臨時需要和皇帝的好惡而定。

1. 賢良方正（賢良文學）。

從公元前178年開始，到漢武帝時正式形成一種制度，規定地方應定期向中央提供人才，如董仲舒等即透過這種方法而被推選出來。

2. 孝廉（孝悌力田、廉吏的簡稱）。

漢武帝採納董仲舒的建議，公元前134年，正式命令一個郡國每年都應向中央推薦這樣的人。西漢時，這種制度發展得很完善了，規定被舉的人要具有以下條件：

（1）德行高妙，志節清白。

（2）學通行修，經中博士。

（3）明達法令，足以決疑。

（4）剛毅多略，遭事不惑。

漢代這四條標準又叫「光祿四行」，符合這四個條件的孝廉就稱為「茂才」或「秀才」，這是東漢時的一個重要選舉制度。

3. 童子科。

將各地12～16歲的那些天資敏捷、博通經學的少年任命為地方官吏或送至太學深造，此制度最早起於西漢。蕭何認為：兒童可背千字的可以為吏，考六體（六藝）取得優秀成績的可以為尚書。

4. 辟除。

漢代的一種用人制度。高級官吏可以自己徵用屬員，然後向中央報表備案，有一定積極意義，但也有許多弊病。

（三）選舉制度的弊病

選舉制到後來完全被地方豪強把持，選不出真正的人才，並成為地方豪強擴大政治勢力的工具。當時民間流傳這樣的歌謠：「舉秀才，不知書；舉孝廉，別父居；寒素清白濁如泥，高第良將怯如雞。」它生動、深刻地揭露了漢代選舉制的弊病。但選舉制也有很大的影響，主要有以下幾點：

（1）大大提高了儒生的地位，加強了獨尊儒術的文教政策。

（2）選舉、考試，規定了標準，含有科舉制的啟蒙因素。

（3）選舉出的人當官後聯絡當時的外戚形成一個龐大的士族官僚集團，成了左右東漢政局的重要力量，一直延續到魏晉南北朝。

四、漢代的經學（漢學）

（一）什麼叫經學？

以整理、傳授、註釋儒家典籍為主的一種新儒學，是中國封建社會早期統治階級所提倡的官方哲學。經學在研究發展中，又分為今文經學和古文經學。

（二）今文經學和讖緯

用隸書書寫的經文叫今文經。今文經學家的代表人物在漢代是董仲舒，他研究《公羊春秋》，在研究中，他把先秦陰陽家鄒衍的思想與《公羊春秋》結合起來，給予神祕的解釋，鼓吹「天人感應論」，主張「君權神授」，主要講微言大義，經世致用。今文經學的進步性也在於講實用。

《易》《書》《詩》《禮》《樂》《春秋》《孝》七種緯書，具體內容是在經書內容外附會一套迷信的東西，鼓吹符籙瑞應，用神學來解釋經書。緯書出現後，又逐漸出現一種書，完全是隱喻式的寓言，內容是用經書上的話預測人世間的吉凶禍害。

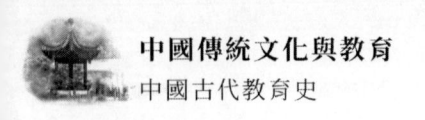

讖緯的出現，表明統治階級已日暮途窮了，不得不求助於天的幫助。由於統治階級的提倡和宣揚，整個社會烏煙瘴氣。公元 79 年，漢章帝召集全國儒生討論五經異同，最後形成了《白虎通義》，作者是一個研究古文經學的人，這說明今文經學在學術上根本沒什麼造詣。《白虎通義》成為封建社會特別是漢代的精神支柱。

(三) 古文經學

劉向、劉歆父子在整理《尚書》的過程中，發現一套用小篆寫成的《左氏春秋》，以後又陸續發現了一部《毛詩》、一部《禮記》、一部《尚書》，都是用篆文寫成的，因此認為它們是先秦的藍本，主張立為博士，遭到今文經學博士的強烈反對，統治階級也採取壓迫的態度，因此古文經學沒取得統治地位。

但古文經學在社會上流傳廣，影響極大，許多私學大師都講古文經學，古文經學注重名物訓詁和考證，比較樸實，在這方面有成就的是許慎著的《說文解字》（收集了 9353 個字，給予解釋，這是古文經學的最大成就）。

由於今、古文流派之爭，形成了師法和家法。所謂師法，就是對經文的最早的、直接的解釋；而家法則是對師法的解釋或進一步解釋，是支流。

(四) 今文經學和古文經學的爭鬥

今文經學的特點：微言大義，解釋經文主觀武斷，不拘泥於經文本身，利用陰陽五行學說宣傳迷信，在政治上迎合統治階級。

古文經學的特點：按字義講經，不創新說，註釋、傳習都注重考證，比較客觀，重視歷史事實，不講迷信，在政治上主張復古，考試有些煩瑣。

二者的爭鬥實際上是統治階級內部在朝派和在野派之爭，今文經學代表在朝派，古文經學則代表在野派。

五、漢代的文化科學技術成就

(一) 史學

在兩漢四百多年的時間裡，由於一系列原因，文化及科學技術取得了巨大成就。

最早的史學專著是《春秋》，最早的史學家是孔子和左丘明。漢代司馬遷繼承前人的優點，花了二十多年時間寫成了《史記》，標誌中國史學界自孔子以來的巨大進步。「史家之絕唱，無韻之離騷」，這是魯迅對《史記》的高度評價。

司馬遷：漢代偉大的思想家，少年時勤勞好學，青年時遊歷了全國的名山大川，繼承其父的舊業後閱讀了大量古今書籍，學問淵博，富有創造性。因為為降匈奴的李陵辯護，被處以宮刑，他忍受奇恥大辱，發憤著書，其目的是：「通古今之變，究天人之際，成一家之言。」寫《史記》時，司馬遷排除了經學的干擾，頌揚反抗，同情被壓迫者，把他以前習得的科技文化知識記載下來，給後人留下了極其寶貴的遺產。

繼司馬遷《史記》以後，劉向、劉歆父子編撰了中國最早的目錄書《七略》，保存了中國的傳統文化。

班固等著的《漢書》，開創了斷代史的先河。

（二）文學

出現了一種新體裁——賦，也出了許多名家。

枚乘、賈誼、司馬相如、揚雄等，賦都寫得很好。但漢賦是宮廷文學，主要是為皇帝歌功頌德。

詩歌在楚辭、《詩經》的基礎上也有進步，出現了樂府，在東漢時達到高潮。

漢代的石刻有很大發展。著名的有《熹平石經》。

（三）科學技術

1. 天文曆法方面：出現了「三統曆」，張衡製造的渾天儀、地動儀等，比歐洲早一千七百多年。

2. 數學方面：代表作《九章算術》，談了二百四十六個應用題，包括現在的代數、幾何、算術等方面的內容，還有分數的運算，開平方、立方等。

3. 醫學：張仲景的《傷寒雜病論》，包括《傷寒論》《金匱要略》。涪翁的《針經》是針灸方面的醫書。華佗發明了麻醉藥麻沸散、五禽戲等。

4. 紙的發明和利用。

公元一世紀已大量出現原始的紙，公元七到八世紀才透過非洲傳入歐洲。

相傳，在東漢宦官蔡倫領導下，宮廷大量製造紙，叫蔡侯紙，實際上早在這以前就已有紙存在了。《三輔舊事》記載，漢武帝之子見他時以紙掩鼻，這是公元前100年左右；公元前12年，漢成帝時，包藥要用赫蹏，赫蹏是小紙；102年，鄧太后要求地方供應紙。

從地下出土文物看，1957年在陝西西安灞橋附近出土的紙叫灞橋紙；1933年，考古工作者在新疆羅布泊附近發現公元前40年的紙；20世紀70年代發現了公元前50多年的居延紙。以上事實說明，在西漢後期已有紙。蔡倫對紙的改進是有功績的。

從公元二世紀開始，紙從東方傳向西方，以後才逐漸傳入非洲，進而傳到歐洲。

第二節 董仲舒的教育思想

一、董仲舒的生平、政治思想、哲學思想

（一）生平

董仲舒，河北廣川（現河北省衡水市景縣廣川鎮）人，漢景帝時曾做過博士，漢武帝時，透過三次對策，受到漢武帝的賞識和重視，名氣大增，老年後退而專事教學。其思想主要反映在其作品《春秋繁露》中，「繁露」的意思是借用事物連貫地表達自己的思想。他的三策又叫《天人三策》，也表達了他的思想。

他是研究春秋「公羊說」的大師，是今文經學的創始人，是第一個用陰陽五行說解釋儒家經典的人，被稱為「漢代的孔子」。他又是一個大教育家，學習勤奮，「三年不窺園」「乘馬不知牝牡」，說明了他的專心。

(二) 哲學思想

1. 世界觀

認為天是有意志的，是至高無上的，是宇宙的主宰，是人的創造者。他說：「天者，群物之祖也，萬物非天不生。」人的形體、德行都與天是一樣的，所以天人是一致的、合一的。天不僅是人的創造者，而且還是監督者，天對人的態度取決於人對天的態度。

指出皇帝是「德伴天地」「天佑而子之」，是上天的兒子。提出道，是天地之常，是封建社會的根本法則，是政治應遵循的原則，並且是不變的。他說「道之大原出於天，天不變，道亦不變」，實際上論證了封建社會等級制的合理與不變。

2. 認識論

他認為認識的目的是認識天意，而不是求得知識，表達天意的是名、號，即天加給客觀事物的，它們是一個東西，只是發現的形式不同。他說：「名號異聲而同本。」即說天決定人的意識，人的意識又決定萬事萬物。

3. 人性論

他把人性分成三等：聖人之性、斗筲之性、中民之性。聖人是情慾很少的，不教而善，天生的好性；斗筲之人是天生惡的，教育改造也不會有效果；中民是可以經過教化改造好的。後人把這歸納為董仲舒的「性三品說」，實質是說皇帝是天生的聖人，是上天派來教化人民的。

(三) 政治思想

1. 用陰陽五行學說提出陽尊陰卑的思想，並根據此思想建立「三綱五常」的倫理觀，表現為君臣、父子、夫妻的關係，提出「君為臣綱、父為子綱、夫為妻綱」，這種「三綱」的服從關係表現為「仁、義、禮、智、信」五常。

2.提出儒家的仁政學說和大一統的思想，要求加強中央集權，德法並用，提出要正法度、嚴賞罰。

3.提出了一些有利於人民或反映人民疾苦的思想。

對豪強兼併土地的現象，提出有名的「富者田連阡陌，貧者無立錐之地」，揭露了當時社會的黑暗，反映了人民的疾苦。

二、教育的作用和目的

1.作用：防民從利，為了加強中央集權，鞏固統治階級的政權，必須注重教化。

2.目的：化民成性，使被教育的人民知道從義而遠利。

培養的具體目標是「正其誼，不謀其利，明其道，不計其功」，使之成為死心塌地為統治階級服務的士大夫。

3.提出要透過國家的力量，採用政治手段來實現他提出的目的。

（1）罷黜百家，獨尊儒術。

（2）興學校，他提出興學校的目的是防奸和養士。

（3）實行選舉，籠絡知識分子為統治階級效勞。

此三條成為漢代重要的文教政策。

三、教育的內容和方法

繼承先秦《學記》的內容。

1.內容。

六藝，即六經，並且作了些說明。《詩》《書》的主要目的是培養人的志向；《禮》《樂》的作用在於使人純正和美，陶冶人的性情；《易》《春秋》使人順應陰陽，明確封建統治階級的思想。

2.方法。

（1）提出教師要注重實際，根據學生的能力安排教學進度。

(2) 教師要勤於考問。

(3) 學生學習要從容，不能急促，同時要專一，能連貫整合、博約適度。

第三節 王充的教育思想

一、王充的生平、哲學思想、政治思想

（一）生平

王充是東漢的思想家，也是一個教育家，浙江會稽人（今浙江省紹興市一帶）。他出生於小商人家庭，祖父輩有任俠的傳統，與當地豪強結了怨，被迫遷到上虞，到王充時家庭已衰敗。他六歲開始唸書，八歲正式上書館，一天可以背熟一千多字，沒多久便學完了儒家經典，二十歲左右，被保送到太學，拜班彪為師，不久便學成，後坐到街上賣書處博覽群書。後做過地方小官，他剛正不阿，因而被罷，於是便在家裡招收學生，辦起私塾，也著書，寫成《論衡》，共八十五篇，二十多萬字，當時未能公開發表，直到唐代才正式發表。

這是中國古代一部戰鬥性很強的無神論著作，充分表現了作者對當時的正統思想所持的批判態度，作者自己說寫此書的目的是為了「疾虛妄，權輕重之言，立真偽之稱，以譏世俗」，對董仲舒的天人感應論予以了無情的揭露和批判，對孔孟提出質疑，一掃當時的讖緯的腐朽學風。

（二）哲學思想

1. 在世界觀上堅持元氣的觀點。

認為天地由氣組成，是物質，無好惡，無意志，人也是由物質組成的，「人，物也，物，亦物也，雖貴為王侯，性不異於物」，否認君權神授的思想，與當時的迷信思想進行了針鋒相對的爭鬥。

2. 在認識論上，認為人必須透過感官與外界事物接觸才能獲得知識，他說「如見，則無所」，並認為認識不能停在感覺的層面上，而要深化，提出要開心思，進行理論思維；而且還認為認識是否正確還要經過效驗。

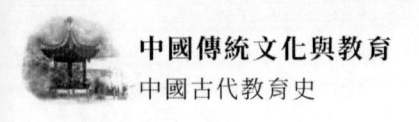

（3）他關於人性論的觀點基本是錯誤的。

他說人性有善惡，就像人的才能有高下一樣，性善的可以變惡，惡的可以變善，中人之性不可變，中人以上的為善，中人以下的為惡。構成人性善惡的根本原因是由於氣的多少厚薄不同。

（三）政治思想

1. 認為現在比過去好，批判了古是今非的觀點，這是進步的。

2. 提出國家的治亂與人的關係不大，完全受自然規律支配，不以人的意志為轉移，「昌衰興盛皆天時也」。

3. 提出歷史上的治亂與人的生活很有關係。「世之亂治，是由穀金乏絕」，王充看到了飢寒交迫是引起人民反抗的原因。「倉廩實而知禮節，衣食足而知榮辱。」「讓生於有餘，爭起於不足。」他把自然規律與社會規律融合在一起，擺脫了神學論，但又陷入了悲觀的宿命論，這與他當時所處的社會環境有關。

二、關於教育的作用和目的

王充特別強調環境的作用，繼承了先秦墨子、荀子的思想。他同時認為教育的作用很重要。「骨曰切，象曰磋，玉曰琢，石曰磨，切磋思索乃成寶器。」認為人不同於骨象玉石，因而接受教育後必定會成為更好的人才。

關於教育的目的，他提出「盡材成德」的思想，這比以前的思想都更進步。具體的培養目標是：儒生、通人、文人、鴻儒。

三、關於道德教育的認識和內容

1. 關於道德教育的認識。

認為「聖人可勉成」，這是很寶貴的。一個人的智力發展與道德觀念的形成有密切聯繫，智力發展是道德形成的基礎。

2. 道德教育的內容。

要有獨立的人格，要有高尚的理想，而且能為之奮鬥，提出要能「憂世濟民於難」。

要用禮樂使人有崇高的理想。「性有卑、謙、辭、讓，故制禮以適其宜，情有喜怒哀樂，故作樂以通其敬。」

同時又提出要在飽食暖衣的條件下，禮樂才能發揮作用。「禮義在身，身未必肥，禮義去身，身未必瘠而化衰；以為有益，禮義不如飲食。」

四、論學習

根據他的思想和關於人性的觀點提出了對學習的一些認識。

1. 否定生而知之的觀點。他認為人的一切知識是學而知之的，一個人的聰明反映在後天學習的敏捷，掌握知識的迅速，他說：「不學自知，不問自曉，古今行事未知有也。」

2. 肯定實踐和練習在學習中的重要性。要學得好，就要反覆學習，反覆練習。

3. 看出了學習是個間接的過程，認識到了教學過程的特殊性。任何知識不可能都透過實踐來獲得，因此要多學和多問。

4. 在教學中大力提倡批判和問難的精神，反對「信師而好古」。

五、關於教師的論述

（一）要有淵博的知識和高尚的道德

一個教師應廣泛涉獵經藝傳書和百家之言，不要孤陋寡聞，博覽群書才能見「宗廟之美、百官之富」，也才可能教育學生。一個沒有淵博知識的教師像郵人之過書，門者之傳教也。

高尚的道德修養要求：

1. 要言行一致，對教育熱心，要積極。

2. 特別讚揚孔子「學而不厭，誨人不倦」的精神。

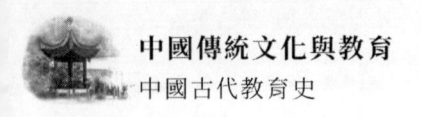

（二）要有較高的技能技巧

1. 要能順應學生的自然本性，量力而教，反對揠苗助長。

2. 教育學生應堅持不懈、循序漸進。

3. 教師的論點必須前後一致，批判孔子、孟子論點的不一致。

第五章 魏晉南北朝時期的教育

第一節 文化概況

一、經濟、政治概況

（一）概述

東漢末年，黃巾之亂，狠狠打擊了當時的統治者，但被地主豪強所鎮壓。歷史進入三國時期。公元263年，魏滅蜀。公元265年，司馬炎篡魏，建立晉政權，稱西晉。後發生「八王之亂」，公元316年垮台。西晉王朝的一個親屬司馬睿在南方建立東晉，後在南方先後出現宋、齊、梁、陳四個朝代，在北方出現五胡亂華的局面。

經過了120年，後由拓跋氏建立北魏政權，統一北方，後來又分為東魏、西魏、北齊、北周。公元581年，外戚楊堅取代北齊，建立隋朝，後來逐漸消滅北周、東魏、西魏，公元589年，統一全國。

這個時期是自戰國以來的一次大分裂時期，也是一個民族大融合的時期。

（二）經濟情況

1. 社會生產力受到破壞，土地無人耕種，人口流散。

2. 統治階級採取了一些恢復生產的措施，如曹操的「屯田」措施。

3. 佛教在全國廣泛流行，出現了一些僧侶地主階級。

（三）政治情況

1. 士族制度的出現。

士族地主和外戚聯合打擊宦官的現象,在三國時出現,到魏晉南北朝時有更大發展,逐漸形成士族制度,這是南北朝長期分裂的禍根。

2. 出現了民族融合。

南北朝是中國歷史上第二次民族大融合時期。北方的少數民族的做法:

建立封建生產關係,大量使用漢人做官,建立完整的政治機構,以農業代替畜牧業,與漢人通婚等。

3. 三次大的戰爭。

共同特點是以小勝大,以弱克強。

(1) 公元 220 年,袁曹官渡之戰,奠定了曹操統一北方、建立魏政權的基礎。

(2) 公元 208 年,曹操對東吳的赤壁之戰,奠定了三國鼎立的局面。

(3) 公元 383 年,淝水之戰,十六國時期前秦皇帝苻堅糾集九十萬人攻打東晉,東晉謝玄帶兵 11 萬在淝水與敵軍背水一戰,打敗了前秦軍隊,奠定了南北朝對峙的局面。

二、文化概況

(一) 思想概況

1. 特點。

(1) 思想上的束縛減輕。

(2) 儒家思想仍占統治地位,但出現了儒、佛、道、玄四家融合、爭鬥的局面。

士族富有的生活,奠定了寄情山水的物質基礎,同時在悲觀失望中又需要一種逃避現實的虛玄、頹廢、放任的人生哲學。因此儒學不適用了,只有道家思想能滿足這種要求。

2. 玄學。

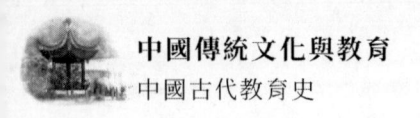

它的出現，是對東漢末年黃巾之亂在思想上的一種反叛，也是對西漢崇儒政策的一個反映。

3. 佛教的傳播和范縝的《神滅論》。

佛教發源於印度，西漢末年傳入中國，南北朝時大量流行。最早在中國流行的小乘教，其教義是：

a. 人死精神不滅；

b. 輪迴，即因果報應；

c. 布施。

當時這在中國迷惑了許多人，成了統治階級麻醉人民的精神支柱，一度代替了玄學。但統治階級並不相信，只是把佛教作為愚弄人民的工具。

范縝（公元450—515年），著《神滅論》，沉重打擊了佛教的神不滅論，主要內容是：

（1）明確指出了精神和物質的關係，物質第一性，精神是物質派生出來的。物質好比刀的鋒，精神好比刃，刃不能離開鋒而獨立存在。

（2）指出產生思維的器官是心，否認思維的基礎是靈魂。

（3）批判了「人死但神不滅」的靈魂不滅論調。

統治階級認為范縝的學說是違經背親的，給他加上莫須有的罪名，把他流放到廣州。

在統治階級的支持下，這次佛教和科學的爭論以佛教獲勝而告終。

（二）文學藝術

士族生活優裕，佛教傳入後，思想束縛減輕，文學藝術有很大發展，造成了繼漢開唐的作用。

1. 史學。

出現了通史、斷代史、地方志、人物傳記、史注,其中斷代史和人物傳記特別多。

其代表有:陳壽的《三國志》、范曄的《後漢書》、常璩的《華陽國志》。出現了《竹書紀年》和《穆天子傳》,這是由一個盜墓者發現的。這與學校教育專門開設史學有很大關係。

2. 文學。

建安文學,以曹氏父子為代表;西晉也出現了許多文人,如陶淵明。賦的成就很大,如左思的《三都賦》。

南朝時還產生了幾部對後世影響較大的文學著作:劉義慶的《世說新語》,主要記載了一些清談家的言行;肖統的《昭明文選》,是中國現存的最早的詩文總集;鐘嶸的《詩品》,是中國第一部討論五言詩的專著;劉勰的《文心雕龍》,是中國第一部文學批評著作。

北朝最有名的作品《木蘭辭》《敕勒歌》《哀江南賦》。

3. 藝術。

書法和繪畫有很大發展。統治階級在太學開設書法、繪畫課。雲岡石窟、龍門石窟是中國巨大的石刻寶庫。

(三)科學技術

南朝:祖沖之,南齊人,大數學家,計算出圓周率 π 在 3.1415926 和 3.1415927 之間,給《九章算術》作注,寫《綴術》,精通機械、曆法、數學。

北朝:賈思勰,中國古代傑出的農學家,著《齊民要術》,收集了許多農諺,總結了當時農業上取得的成就和積累的生產經驗,被譽為農業百科全書,《齊民要術》至今仍受到重視。酈道元,地理學家,著《水經注》,是一部關於中國古代的地理名著,並且是一部優美的散文著作。

此外,醫學、機器製造上也有很大進步。

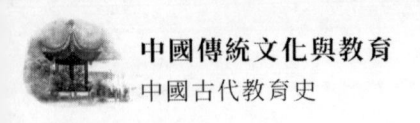

第二節 教育制度

一、學校制度

以「五經」為正宗的官學不怎麼發達，時興時廢，徒具形式或名存實亡。私學比較發達。

1. 三國。

公元 217 年，曹操建立泮宮；曹丕繼位後，在公元 224 年，又下令興學，學校有一定發展，但教師水準低，教材陳腐，也沒多大成就。

2. 晉朝。

西晉時，統治階級辦了太學，規模很大，達 7000 人，還設了一些貴族學校，即國子學。晉武帝在太學中設置書法博士。

3. 南朝。

宋、梁情況稍好。宋建立了儒學、文學、玄學、史學四種不同性質的學校，反映了當時的社會實際，也是當時文學、史學發達的重要原因。

梁武帝在京師除設太學、國學外，還設五館，專門研究「五經」，同時學生入學條件不限，願者即可上學，國家為學生提供食宿，因此學校教育有了一定發展。

北魏統一後，教育有一定發展，在平城（今山西省大同市）設太學，達 3000 人，並規定州、郡設學校。另一方面，私學很發達，徐遵明招收一萬學生。家學，這是中國的傳統，也是當時的重要特點。

二、選舉制度

主要是「九品中正制」的選士制度。

「九品中正制」的來源：公元 220 年，曹丕接受吏部尚書陳群的建議，任命中正官，中正官到郡縣召集有才能的人，按其才能高低分為兩等九品，上等（一品至三品），下等（四品到九品），把他們的名字列在一個表上，

需要時就任其做官。很多人的升降榮辱掌握在中正官手裡，後來還要看家世。當時有人揭露這種選士制度是「上品無寒門，下品無士族」。

這實際上是統治階級內部分權的一種方法，大官為士族獨占，為學校教育帶來破壞，進一步鞏固了士族制度，阻礙了中下階級從政的機會。

第三節 教育思想

一、徐幹的教育思想

徐幹，「建安七子」之一，本是文學家，對教育問題也頗有研究，他的《中論》中的《貴言》《修本》《治學》三篇就涉及教育問題。

1. 關於教育的作用。

啟發人的智慧，指引人求知的方向。

2. 道德和知識對一個人很重要，知識尤其重要，認為知識豐富的人道德就高尚。認為一個人才敏過人、博辯過人、勇決過人，均不足貴也。「君子之所貴者，遷善懼其不及，改惡懼其有餘」，可見他對道德的重視。

3. 一個好的教師對學生的心理狀態要進行仔細的觀察和分析，有的放矢地進行教育。「度其心志，本其器量，視其銳氣，察其墮衰。然後唱焉以觀其和，導焉以觀其隨。」

「導人必因其性」，才能夠「功無敗而言無棄也」。如果不從學生的實際情況出發，就會引起反感，收到相反的效果。

4. 學者首先要立志和努力：「雖有其才，而無其志，亦不能興其功也。志者，學之師也；才者，學之徒也。」「為之者億兆，而成之者無幾。」還提出學習要不限於章句，應廣泛地學習，掌握知識的基本點、要點。同時還提出要虛心，不能驕傲自滿，寫有《虛道篇》。

二、顏之推的教育思想

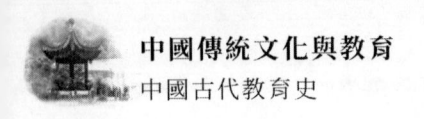

從挽救封建統治階級出發，顏之推寫了著名的《顏氏家訓》，共二十篇，以儒家思想為中心，摻有一些佛家思想，指出封建貴族子弟在封建社會應怎樣為人處世。後來《顏氏家訓》被捧到很高的地位。

《顏氏家訓》產生的背景：

士族風氣敗壞，貴族沉溺於酒色，無一技之能。為了給貴族們以告誡，顏之推寫成《顏氏家訓》。

《顏氏家訓》的主要內容：

1. 以實際的知識、技能教育士大夫和他們的子弟：「人生在世，會當有業。」此思想有積極意義。

2. 兒童教育思想。

（1）繼承了儒家傳統，重視胎教。

（2）提出要學前教育，並談了很多道理。在兒童能認識顏色，知道喜怒時就施以教育，因為這時教育兒童，他們容易形成好的習慣。「少成若天性，習慣為自然。」少時精神專一，大時則分散。

（3）對兒童不要偏愛、溺愛，更不能姑息。偏愛會造成兄弟不和，溺愛會使孩子形成壞習慣。

（4）潛移默化。「與善人居，如入芝蘭之室內，久而自芳也；與惡人居，如入鮑魚之肆，久而自臭也。」強調環境對兒童的影響。

3. 學習態度和方法。

「要博覽機要，以濟功業」，要「經世致用」；方法上提出要多聞多見，增加生活經驗。

本章複習思考題

1.「九品中正制」產生的原因，選士辦法。

2. 徐幹的教育思想。

3. 《顏氏家訓》中關於兒童的教育思想。

第六章 隋唐五代時期的教育

第一節 文化概況

一、政治、經濟概況

（一）隋代的興亡

隋初出現繁榮的景象。楊廣是個昏君，藉其父建造的功業，開鑿大運河，修築長城，對外用兵等，使一度繁榮的隋朝很快衰敗下來。

（二）唐朝的興亡

1. 唐朝的建立。

618 年，李淵在長安起兵，建立唐王朝。他吸取隋亡教訓，採取了一系列有利於生產和人民休養生息的措施，特別是李世民繼位後，使唐朝成為整個封建社會經濟文化發展的頂峰。

（1）均田制；

（2）減輕賦稅；

（3）府兵制。

2. 貞觀之治。

3. 安史之亂是統治階級內部爭鬥的總爆發，自此唐朝由盛轉衰。

公元 874 年，黃巢之亂。

公元 907 年，唐王朝垮台，整個中國又陷入分裂狀態，出現了五代十國，梁、唐、晉、漢、周。

（三）唐朝時民族融合

唐代是中國歷史上各民族間友好關係進一步加強的時代。各少數民族在漢族的先進經濟文化的影響下，其社會進步了，同時他們對漢族也有影響。

1. 公元 640 年，唐王朝在吐魯番、龜茲等地區建立安西都護府。公元 702 年，建立北庭都護府。

2. 在東北，公元 713、公元 721 年先後在黑龍江、松花江一帶建立黑水都護府。

3. 在雲南，公元 738 年，封南詔首領皮羅閣為雲南王。

4. 公元 641 年，吐蕃首領松贊干布向唐朝提出和親，文成公主進藏。在文成公主的主張下，松贊干布派人進行專門研究，創造了 30 個藏文字母。

（四）唐王朝對外的經濟文化交流

據史書記載，有 40 多個國家與唐朝建立關係。當時有七條水陸交通道路。

1. 唐朝和朝鮮的關係。

2. 唐朝同日本的關係。

3. 唐朝和亞洲、非洲各國的關係。

（五）小結

1. 經濟文化交流是人類的正常活動，是加速社會發展的捷徑。只有透過交流才能彌補歷史、自然給社會帶來的侷限性。

2. 先進文明是人類的共同財富，世界各國的經濟文化發展總是互相影響的，沒有一個民族是不受影響而發展起來的。人類社會的歷史就是在各民族的影響中發展起來的，妄自尊大、閉關自守，既違背了生產力發展的要求，又違背了人類歷史發展的規律，是很有害的；與外界隔絕的民族總是遠遠落後於別的民族，所以輸出文化、吸收文化都是正常的，也是必要的。

二、文化概況

（一）思想方面

1. 基本上採取以崇儒尊孔為主，儒、佛、道三家並存的政策，因此出現了三家互相爭鬥、吸收的局面。

呂才、柳宗元等企圖把自然發展規律和社會發展規律加以區別，同時還探索宗教迷信的歷史根源和社會根源。

2. 崇儒尊孔。

唐王朝為了加強對人民思想的統治，大力提倡佛道，但傳統儒學作為思想統治的工具更為統治者所重視。

唐太宗曾說：「朕今所好者，惟在堯舜之道，周孔之教，以為如鳥有翼，如魚依水，失之必死，不可暫無耳。」唐太宗命孔穎達、顏師古編《五經正義》，帶有統一學術的色彩，成為統一教材。公元739年，追封儒家創始人孔丘為文宣王（素王）。

3. 佛教的傳播。

統治階級提倡佛教，當時流行的是華嚴宗和天台宗，其特點是教義很艱深，不利於向百姓傳播；後來又流行禪宗，採取問答法，淺顯易懂，當時很有市場。隨著佛教的傳播，出現了僧侶地主階級。

4. 提倡道教。

唐玄宗曾命令全國每家每戶要有一本《老子》，並規定地方科舉要加試《老子》。公元741年，在長安成立崇玄學，招收學生研究老子、莊子的一些書籍。在後來的科舉考試中，專門設道舉科。

（二）史學和文學藝術

1. 史學。

這一時期，史學取得了很大成就，中國古代二十四史，唐朝編撰八部。統治階級也很重視歷史。李世民說：「以銅為鏡，可以正衣冠；以古為鏡，可以知興替；以人為鏡，可以知得失。」當時史學上的成就有以下幾點。

（1）國史官修。

（2）除已有體裁外，還出現了會典、會要，即分門別類地記載歷史上的典章制度。

(3) 出現了一批傑出的史學家。劉知幾，史學批判家，著《史通》，對唐以前的史書都進行了評論，提倡直書（有什麼寫什麼）。杜佑，其著作《通典》是一部政治經濟專史。

2. 文學藝術。

唐朝，詩最為發達。唐詩不僅數量多而且質量高，擺脫了齊、梁宮體詩靡靡之音的特點，其內容豐富，出現了許多著名詩人，如李白、杜甫、白居易、李賀等。

唐代散文也很發達，代表人物如韓愈、柳宗元，特別是韓愈成就更為顯著。

唐代的音樂、舞蹈、雕刻、繪畫都很發達。敦煌石窟擺脫了佛教的影響，反映了當時社會生活的各個方面。唐代設教坊、梨園專門培養藝術人才。繪畫方面，王維的山水畫影響很大，如《江山雪霽圖》。

（三）科學技術

1. 天文學方面。

隋代大天文學家劉焯最早把數學中的內乘法引進天文學的計算，取得了歲差常數75年差1度的成績（已接近精確的數值）。

僧一行，與人合作製造渾天儀，組成十三個小組，測量子午線的長度。

2. 數學方面。

天文學的發展，商業的發展，對數學提出了更高的要求。王孝通著《緝古算經》，使幾何學系統化，還提出二項式方程的方法。李淳風校注《算經十書》。

3. 醫學方面。

隋代巢元方編《諸病源侯總論》，舉了1729個病例，加以分析，第一次提出了外科腸吻合手術，也是世界上最早鑑別天花和麻疹的人。

唐代藥王孫思邈著《千金要方》。他對一些特效藥很有研究，並在食物療法等方面作出了貢獻。

唐朝政府也很重視醫藥，公元 659 年，唐中央政府頒布藥典《本草圖經》，比西方早 800 多年。

4. 建築方面。

李春設計的趙州橋，是世界上最古老的石拱橋，在 1300 多年後的現在仍很堅固。它是古代人智慧的結晶。

第二節 教育制度

一、學校制度

（一）隋代的學校

隋文帝楊堅很重視學校教育，設立國子學、太學、四門學、書學、算學，還成立了國子監，設祭酒領導學校。這是一個創舉，對後世影響很大。十年後，楊堅又下令解散學校。

（二）唐代的學校

1. 概況。

生產的發展需要人才，朝廷需要補充官吏，因此學校多，內容充實。統治階級也很重視，從經濟上大力支持，唐朝教育呈現出繁榮的景象。

2. 中央的官學。

中央有「六學二館」，「六學」有國子學、太學、四門學、律學、書學、算學，「二館」指弘文館和崇文館。

唐代學校的特點是限定了入學人的資格，並且收的名額有限制，年齡也有規定，18 歲以上才可以進律學。除「六學二館」外，還有具有藝徒性質的教育機構，如太醫署、司天台、太卜署等。

公元 624 年，唐代還規定地方上（各州、郡、縣）置學校，設醫學，按人口多少設醫生並招收學生。

3. 學校制度。

（1）考試制度：十天一次旬考，一年一次歲考。

（2）放假制度：旬假、田假、授衣假。

（3）行束脩之禮：學生入學時要給教師一些禮品，並規定各等級學校的學生禮品多少不同，教師獲得的禮品也分等級。

（4）學生待遇：供給膳宿，免除徭役。

4. 學校的特點。

（1）等級性。

（2）以儒學為主。

（3）形式多樣，科技教育較發達。

（4）擔負了向國外傳播文化的任務。

（5）教學、科學研究、行政機構三結合。

二、科舉制度

它是中國封建社會統治階級籠絡、控制知識分子的手段和工具。

（一）科舉制度的產生

1. 科舉：選士不經過推舉，而是由中央政府透過考試錄取人才。

2. 階級根源：代表了廣大中小地主階級的利益。

科舉制開始於公元 606 年（隋煬帝大業二年），經過唐、宋、元、明、清，直到 1905 年止，持續 1300 多年。隋朝時只設進士科，到唐代時發展得更完善了。

科舉制自隋代後成了封建統治階級選拔人才的主要辦法，也是在統治階級內部不斷地實行權力再分配，以加強統治階級對廣大被統治者的統治的手段。

(二) 科舉考試的程序、科目、內容、方法

1. 程序。

唐代時參加考試的人有兩種，一種叫生徒，即當時的太學、國子學、四門學等中央官學推薦出的；另一種是鄉里推薦出來的鄉貢，推舉出來後到禮部報到並被聯名擔保，參加禮部的考試，即省試（唐代時省試也要到中央去考），然後參加殿試。考中後叫進士，取得此學位後就有做官的資格了。唐代時第一名進士叫狀元，第二名叫榜眼，第三名叫探花。

2. 科目。

唐代考試科目特別多，大體分為制舉和特舉。制舉就是比較固定的考試，大致是一年一次，其中又有進士、明經、明算等科；特舉是不定期的考試，根據國家的臨時需要或皇帝的好惡而設置，如博學鴻詞科、賢良方正科等。

3. 內容。

(1) 主要是儒家經典，如《五經正義》等。

(2) 時務策：對當前國內的重大事件的見解。

(3) 詩賦。

4. 方法。

(1) 帖經。

拿一本《五經正義》隨便翻一頁，把其餘部分貼上，只留一些個別的字，叫考者填。由於參加考試的人很多，因此考得很偏、很難。

(2) 墨義。

即問答，問《五經正義》中的內容。

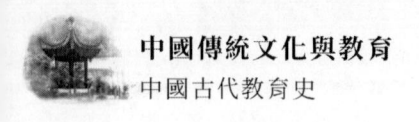

(3) 策問。

也屬於問答，內容是當前的時事政治，包括國家的政治、經濟政策等，回答是代聖賢立言。

(4) 詩賦。

有嚴格規定，只能按一定的格律要求來寫，用詞要求華麗、典雅，實質上是為統治階級歌功頌德。

進士科此四類均考，明經科只考前三類。考中後有做官的機會，如果官運亨通，二十來年後就可以位列廟堂，因此有「十載寒窗無人問，一舉成名天下知」的說法。

(三) 科舉考試的流弊

1. 科舉制有其進步性，但也存在一些弊端，主要表現在以下幾個方面。

(1) 在當時敗壞了社會風氣。

名義上說以考試成績錄取，但許多人到京城應試一開始就去投師干謁，實際上就是行賄。不僅一般的士子這樣做，就是才華卓著的名士也在所難免。

(2) 迷惑了廣大百姓。

如制度聲稱不分階級、不分等級，因此寒門子弟都埋頭讀書，這一定程度上緩和了當時的社會矛盾。但是即使偶爾有少數寒門子弟考中，他也變成了統治階級而不會再為人民著想了。同時由於統治階級吸收了一些被統治階級中的先進分子，所以當時的統治更穩固了。

(3) 形成了空疏無用的學風。

考中的人，做官不知所措，才疏學淺，知識淺陋，只背誦一些無用的經書。沒有考中的人，肩不能挑，手不能提，沒有一技之長，成為社會的包袱。

(4) 造成了重科舉、輕學校的風氣，學校教育不發達，學校成為科舉的附庸。

2. 但必須承認，科舉制也有一些長處，外國人說中國的科舉制有人文主義精神和民主精神。

（1）同中國過去的選舉制比較，要進步一些，具有一定的民主精神。

（2）比較能夠滿足中小地主階級的利益，使他們有從政的機會，統治階級的基礎擴大了，使廣大中小地主階級都擁護統治階級的政權。

（3）是實行中央集權的重要工具。此制度的實行，使全國的教育形式一致，要求統一，有利於中央政府的領導。

三、禪林教育

（一）產生

魏晉以來，佛教盛行，寺院遍布全國，僧侶很多，寺院內有清規。

唐代時懷海禪師在江西百丈山搞了個百丈清規，其中有關於僧侶的學習、教育制度，這對後來的書院教育有很大的影響。

（二）形式

1. 講經：寺院中聲望高的負責人的講演，場面很隆重。

2. 小晚參：晚飯後小規模的講演。

3. 普說：較隨便，有討論的性質。

4. 朔望吃普茶：初一、十五大家在一起討論，較隨便。

5. 入室請益：到學問淵博的僧侶住處求教。

禪林對知識的傳播很嚴肅，對教育者很尊敬，後三種形式使教育者和被教育者能相互瞭解、深入鑽研。禪林教育還注重理解，不提倡死記硬背。

第三節 教育思想

隋唐時有創見的思想家不多，能稱為教育家的人更少。較著名的有隋朝的王通、唐朝的韓愈和他的學生李翱等。本節主要介紹韓愈的教育思想。

一、韓愈的生平，政治、哲學思想

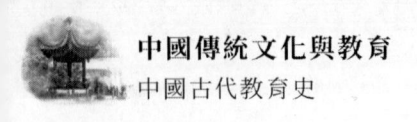

（一）生平

韓愈（768—824），河南人，祖籍是昌黎郡（今遼寧錦州地區），因此又稱為「昌黎先生」。出生於官僚地主家庭，七代前祖父曾封過王，父親也做官。幼時孤苦，三歲父母即亡故，伯兄韓會撫養他，但十歲時，伯兄被貶至韶州，三年後伯兄去世，由其嫂撫養。讀書刻苦，二十五歲中進士，但仕途並不順利，三次考博學鴻詞科都沒有考上，曾做過縣令、刺吏等官，在中央做過刑部、吏部侍郎等官。韓愈長期從事教育，做官時曾被貶至潮洲，熱心教育，當時人們都以能作為韓門弟子為榮。

（二）政治思想

《諫佛骨表》《與孟尚書書》《原道》《原毀》等作品可以反映他的政治、哲學思想。

1. 排斥佛老，崇儒衛道。

2. 在批判佛老的基礎上，提出正名的思想。

3. 提倡古文，提倡文以載道，反對詞藻華麗、無病呻吟、描寫風花雪月的東西。他還主張學習先秦的寫法。

（三）哲學思想

有神論的天命論者，認為天有意識，能給人獎懲。人性論上也是繼承了董仲舒的「性三品」說，目的是說明統治階級等級制度的合理性。

二、教育的作用

在於維護道統，恢復儒學，明先王之教。明先王之教即：「博愛之謂仁，行而宜之之謂義……其文：《詩》《書》《易》《春秋》，其法：「禮、樂、刑、政……」

三、道德教育

好的道德品質的標準是：重以周，輕以約。

對自己的要求應嚴格全面，對別人的要求不要多，不要苛求。「重以周，故不怠；輕以約，使人樂為善。」對自己要重以周，看到別人的長處就應努力去學習，日久天長，就可以用別人的長處來彌補自己的短處；對別人要輕以約，首先要看到並充分肯定別人的長處，別人才能樂於為善。

當時的社會現實與他的想法要求則相反，對別人要求詳，對自己則廉，要求別人多則使別人難以為人，要求自己少是自欺欺人；主要原因是怠與忌，這恰是自己不能上進而又要毀壞別人的罪惡根源。

四、關於學習方法和教育方法

（一）學習方法

1.要取得好的學習成果，最基本的是要勤，他說：「業精於勤，荒於嬉。」在《進學解》中對勤有詳盡論述。

怎樣才算勤？他說：「口不絕吟於六藝之文，手不停披於百家之編」，即勤讀、勤寫、勤練。他進一步指出學習不但要勤讀、勤練，還要「記事者必提其要，纂言者必鉤其玄」，即要分析、綜合、歸納、總結。勤動腦，勤歸納，勤總結。

2.要貪多務得，細大不捐，即要廣泛地學習，由博返約。

（二）教學方法

基本繼承先秦儒家的教學方法，著重指出要因材施教。用木工和醫生來作比喻。

五、關於教師的論述

《師說》一文反映了他關於教師的論述，基本繼承了儒家的思想並在此基礎上有一些發揮。

1.教師的任務：傳道、授業、解惑。解惑是為了授業，授業的最終目的是傳道。

2.提出師道的觀點：「道之所存，師之所存。」

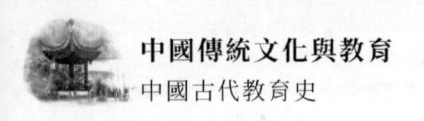

3. 提出無常師，不恥相師的觀點。沒有固定的教師，「聖人無常師」。不以互相學習為恥。應該向一切有知識、有才能的人學習。

《師說》中也存在一些錯誤，如輕視勞動和人民，輕視小學教師等。

本章複習思考題

1. 唐代官學的種類及其特點。

2. 科舉制的流弊及其歷史意義。

3. 韓愈《師說》的主要思想。

4. 禪林教育和科舉制產生的原因。

第七章 宋遼金元時期的教育

第一節 文化概況

一、政治、經濟概況

公元 960 年，後周趙匡胤發動兵變，逐漸統一全國，建立北宋（960—1127 年）。由於北方的侵擾，宋朝南遷，建立南宋（1127—1279 年），宋滅後建元（1279—1368 年）。

（一）政治概況

1. 中央集權進一步加強。趙匡胤建立北宋後，把軍權、財權都收到一個人手裡，對大地主則採取優撫的辦法。為了緩和統治階級內部矛盾，特別是大地主之間的矛盾，讓他們儘量占田，放任土地兼併，破壞了以前的均田制，農民對土地的人身依附相對減輕，但地主對農民的剝削沒有減輕。

2. 全國起義此起彼伏。有北宋初年的王小波、李順起義，末年的宋江、方臘起義。

3. 統治階級內部大地主和中小地主之間的矛盾衝突時有發生。著名的有王安石和司馬光的矛盾。

4. 民族矛盾非常尖銳。

（二）經濟概況

1. 南方封建經濟有很大發展。宋王朝南遷以後，南方經濟突飛猛進，遠遠超過了北方。

2. 商業、手工業較發達，出現了一些大城市。出現了紙幣「交子」，這是資本主義發展的早期萌芽。景德鎮是當時著名的城市。

二、文化概況

（一）思想領域

宋代的理學和反理學的爭鬥，是中國思想史上的一個重要事件。

1. 思想界存在著兩條路線。

理學代表：周敦頤、程顥、程頤、朱熹、陸九淵。

反理學代表：王安石、張載、葉適、陳亮。

思想領域占統治地位的是程朱理學，並成了官方哲學。

2. 理學的含義。

宋代的理學，是關於儒家經典的義理之學，它吸收佛家和道家的思想成分，是發揮儒家的倫理思想和政治哲學，把宇宙問題（世界觀、本體觀）和心性問題、認識問題、社會問題、人生問題統一起來進行解釋。

本體論是由老、莊思想蛻變而來的，心性論又進入佛家學說的範圍。所以理學是一種融合佛、老、孔、孟思想，解釋物質與精神關係的新的哲學體系。

早期理學又叫道學，主要思想是以天命論為核心，認為人的貧賤富貴是天命決定的，天命決定人的一切。理學後來發展了，又稱為心學，陸九淵是主要代表。理學在明代有很大發展。

3. 理學的形成和產生的原因。

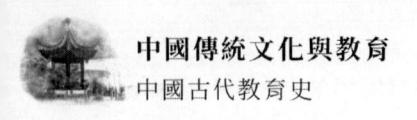

(1) 理學的形成。

①道士陳博編太極圖，陳博是五代十國時後唐的知識分子，幾次參加科舉不中，隱居後，編太極圖。

②北宋周敦頤在太極圖的基礎上寫太極圖說，糅合道家的陰陽五行學說和儒家的《周易》的繫辭，提出「無極而太極，太極動而生陽，太極靜而生陰」的觀點。

③周敦頤的學生「二程」（程頤、程顥），繼承了他的思想，提出「氣是形而下者，道是形而上者；形而上者則是密也，天下萬物皆可以理照，有物必有則，一物須有一理」，發展了周敦頤的思想。

④程頤的四傳弟子朱熹繼承並發展了他們的思想，提出「總天地萬物之理便是太極」。

⑤程顥的弟子陸九淵提出「萬物皆備於我」，主張冥思苦想。

(2) 理學產生的原因。

理學的產生不是偶然的，有它的政治、社會和思想根源。

①經濟上。

兩宋時封建經濟有所發展，擴大了人們的眼界，促進、刺激了新思想的誕生。

②政治上。

存在著複雜的社會階級關係和矛盾：大地主和中小地主的矛盾，農民和地主的矛盾，小手工業者和大商人的矛盾，尖銳的民族矛盾等。這些矛盾反映在思想領域內，各階級、階層的思想家從自己的立場出發進行哲學研究，促進了艱深複雜的理學的形成和發展。

③從思想發展史來看。

漢代的訓詁學（漢學）已不足以維繫人心，不適應統治階級的需要，所以當時的思想家有必要另外找尋革新思想的途徑，研究正統思想的方向，於

是「納佛老於儒」，從更深奧的角度來發掘儒家適合統治者需要的精神成為必然，因此從物質與精神的關係方面，從萬物的發生、發展方面來推論社會發展變化的理學便應運而生了。

4. 理學的流派及其中心思想、特點、政治意義。

（1）理學的流派：濂、洛、關、閩（蜀、朔）等。

①濂。周敦頤曾住在江西廬山蓮花峰的濂溪，因此以他為代表的派別叫濂派。

②洛。以「二程」為代表的派別，因他們當時住洛陽。

③關。以張載為代表，他是陝西人。

④閩。以朱熹為代表，因朱熹生於福建。

南宋以後主要是朱陸之爭。

（2）理學的中心思想。

理、氣、心、性的關係，是理學的中心思想。理、氣屬於宇宙問題，即本體論，心、性是認識問題。

（3）理學的特點。

①理是永恆存在的。

②理是天下萬物都要遵循的普遍原則，不僅是自然界也是社會的最高原則。

③物是由理生的，理先於物而存在，在理和氣的關係上，理是第一性的，氣是第二性的。理先於氣，理不是客觀規律，它既能生物又能制物，在哲學上，理是一種絕對的觀念。

（4）政治意義。

用精神世界支配物質世界，把自然界道法化。

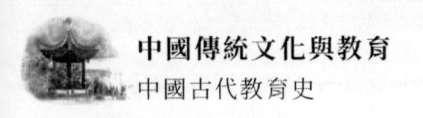

程朱理學繼承了孟、董的觀點，力圖混淆自然現象和社會現象。朱熹提出：「存天理，滅人欲。」這論證了封建社會等級制的合理性，以維持當時社會的倫理道德。

5. 反理學的爭鬥。

王安石、張載、葉適、陳亮雖出身於統治階級，反對革命起義，但在思想上吸取了古代思想，接受了當時的科學發展。他們在政治上受到壓迫，有時站在人民的立場上，從自己的需要出發，在政治上反對「存天理，滅人欲」，在哲學上反對有一個超越世界的天理本體的存在。

王安石：「天變不足畏，天道自然，無言，無欲。」

（二）文學藝術

1. 詩文革新運動。

這一運動早在唐代就提出，但成就不顯著，宋代發展到高潮，出現了許多有名的文學家，如「三蘇」（蘇軾、蘇洵、蘇轍）、王安石、曾鞏、歐陽修，他們都取得了巨大的成就。其中，蘇軾的成就尤其顯著，在詩、詞、賦上都有很高的造詣。由於政治上的失意，使他有更多的機會接觸下層人民，寫出了許多富有生活氣息和現實意義的詩詞。

2. 詞：蘇軾的詞開闢了豪放的風格，在中國文學史上占有重要地位。宋詞的代表人物還有辛棄疾、陸游。

3. 話本：宋元時期出現的一種新的民間文學體裁形式，推動了中國文學發展，明、清時期的許多優秀小說在這時就已有了雛形。

4. 戲曲：在唐代的基礎上發展起來的。元代的雜曲是中國戲曲的開始。戲曲是將唱歌、舞蹈、完整的故事情節綜合起來的藝術。關漢卿、王實甫、馬致遠是元代戲曲的代表人物。

（三）史學

1. 出現了許多大史學家和重要的史學著作。

司馬光《資治通鑑》、鄭樵《通志》、馬端臨《文獻通考》。

2. 出現了以記事為中心的新的體裁：《通鑑記事本末》。

3. 比較注重考古，出現了《金石錄》。

4. 編地方志。

5. 注意記載當代的事件。

（四）科學技術成就較大

這時期科學技術成就較大，表現在：

1. 天文數學方面。

（1）公元 1054，1056，1181 年分別發現了三顆新星。

（2）宋代傑出科學家蘇頌發明天文鐘，這是現代鐘錶工業的祖宗。

（3）郭守敬等創制的《授時曆》，計算出了地球繞太陽轉的歲差是 365.2425 天，與現在的科學測量數據只差 26 秒。

（4）楊輝（南宋人）發明了二項式求係數的解法，比西方早 300 多年（歐洲人在 1527 年發明巴斯角三角形的作法）。

（5）秦九韶總結前人成果，得出比較完整的方程式的基本運算方法，比西方早 500 多年。他所著的《數書九章》中還發明了大衍求一術，稱為中國剩餘定理。

2. 醫學。

（1）國家都有比較完善的衛生機關。

（2）專門的醫學教育比較發達。

（3）出現了許多有名的醫學家。宋慈編《洗冤錄》，分四部分，總論談驗屍的程序並附有一張圖表，第二部分是對各種外傷的死因加以辨明分析，第三部分記載了可能用的毒藥，第四部分寫急救法和解毒法，比國外同類的

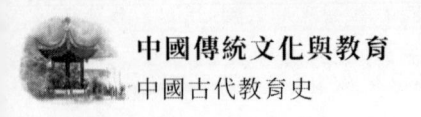

書早300多年並且內容要豐富得多，被譯為八種外文。十九世紀末年，日本、朝鮮主要按此書解決法醫的問題。

3. 建築技術。

4. 手工業生產技術和三大發明。

沈括的《夢溪筆談》綜合記述了手工業生產技術的成就。

雕版印刷、指南針和火藥術是中國這一時期的三大發明。

第二節 教育制度

一、宋代的官學制度

（一）概況

承襲唐制，中央官學比唐更發達，除唐代有的外，還有畫學等。等級制不太嚴格，對教育對象限制不嚴。地方上的學校更發達，並取得了較大的成就。

（二）王安石的教育改革

王安石主要代表中小地主階級利益，改革的原則為富國強兵，理財整軍。

推進青苗法、保甲法等新法。

1. 概況：為了推行他的政治主張，大力提倡官學，嚴格選擇教師，要求實際、有用的知識，反對死記硬背，主張習武。

2. 頒布《三經新義》（《詩》《書》《周禮》）作為太學教材，以利於培養有用的人才。

3. 改革科舉制度：提出學校可以直接授官，提高了學校的地位，改變了學校成為科舉附庸的局面。

4. 改革了太學的教育制度，實行「三舍法」，在太學內分外、內、上舍，分別為700，200，100人，外舍成績好可升內舍，內舍成績好可升上舍，上

舍成績好可授官。注重平時表現，重平時考察，各舍設的「行藝部」是一個創舉。

王安石雖當政不久，但在教育上的一些創舉值得肯定。

（三）宋代醫學、繪畫教育

1. 宋代醫學比唐代發達，設有一所專門學校，分內科、外科、針灸科，培養專門人才。

據史料記載，王維一開始用圖形教學生扎針，後他根據實踐的需要，做了兩個男性銅人模型，並在原來 313 個穴位的基礎上增加了 41 個，並用此教學生和考查。這是中國乃至世界上第一次使用直觀教具教學。

王維一著有《銅人腧穴針灸圖經》，是學針灸的重要參考書。

宋代醫學取得巨大成就與醫學教育的發達是分不開的。

2. 宋代的繪畫也比較發達，至今仍有許多畫保存下來。宋徽宗喜愛畫畫，宋代有專門的畫院，學生分士流和雜流，畫院教學和考試的一個很大特點是提倡創新，經常以詩作為命題叫學生作畫，如「萬綠叢中一點紅」等。

（四）宋代地方的官學

1. 蘇湖教法。

胡瑗（993—1095），江西如皋縣人，祖籍是陝西安定，因此又叫胡安定。1034 年他在蘇州一帶教授經學，有一定名氣後，由范仲淹推薦，在蘇州、湖州主持教學。任教時，他創造了一些新的教學方法，被稱為「蘇湖教法」。1049 年他的教法被太學推廣，1052 年他被請到太學任祭酒。

2. 蘇湖教法的內容。

（1）培養目標：培養明體達用的人。「體」指封建社會的倫理道德，「用」指在實踐活動中應用這些準則。他說學校是「育人才，明教化，成風俗」的基地。

(2) 教育內容：培養通經致用的人，除儒家經典外，還要教授實際知識，如水利、軍事、算學等。

(3) 教育制度：實行分齋教學法，有現在的分年級教學方法的萌芽。他把學校分為經義和治事兩個齋，治事齋主要研究實科，經義齋主要研究儒家經典，提倡主兼制度，這很有創造性和現實主義，改變了學而無用的弊病。

(4) 教學方法：強調學校教育要有詳盡周密的計劃，不能盲目進行，主張分專業討論，教師著重指導。

(5) 很注重音樂教育。

(6) 強調教師的示範作用，教師嚴格要求自己，師生關係融洽。

(五) 太學學生運動

從漢代開始，學生關心政治是一個傳統。1125年，以太學學生陳東為首的幾百名學生到皇宮請願，無效果。1126年，陳東再次帶領同學請願，懇求懲罰賣國賊，啟用愛國將領李綱，在社會上影響很大。

二、宋代的書院

(一) 書院的性質和產生原因

1. 起於唐末五代，唐玄宗時設立正書院，是整理書籍的機構，主要是藏書、修書，不具有學校組織形式。

2. 書院產生的原因。

(1) 是當時的社會經濟基礎變化的反映。唐末出現的庶族地主，要求參加政治活動，有自己的學校和教育機構。侯遺建茅山書院，曹成建應天府書院。

(2) 是理學發展的結果。理學十分艱深，過去的教學方式不足以幫助學生理解。研究理學，需要充分討論，於是書院應運而生。

（3）也是官學衰敗的標誌。一些統治階級選擇風景優美、環境幽靜的地方修一些房子，拿出自己的藏書辦書院。科舉制的腐朽也對書院的產生有影響。

（4）受禪林教育的影響。

（二）書院的組織和教學

書院的主持人叫山長或洞主，也要負擔教學，此外還有助教、講書等。

山長（洞主）一般都是名儒。書院供給學生食宿。除上述人擔任教學外，觀點不同的人也可到書院講學。祭孔是書院的定期活動。書院一般藏書很多。

（三）書院的教學目的

用明心見性去研究儒家的義理，並要身體力行。「講明義理，以修其身。」在教學上反對「務記覽為辭章，以釣聲名利祿」。

（四）書院的教學內容和方法

1. 內容主要是儒家經典，但又與漢代的訓詁、注疏不同，要以理學的精神來研究。

2. 方法比較突出、別緻。

（1）教師比較自由，願講什麼就講什麼。明代以後有人把書院的教材也統一起來了。

（2）對學員著重個別指導，師生共同研究、討論。

（3）教師注重身教，強調學生要身體力行，重視道德品質修養。在教學上的突出特點，概括之，可以表述為：

①教學靈活、多樣，以問難、辯論為主；強調學生獨立鑽研、提出疑問，提倡多寫筆記、多思考，培養學習的興趣。

②講者和聽者都來去自由。

③既是教育、教學組織，又是研究單位。

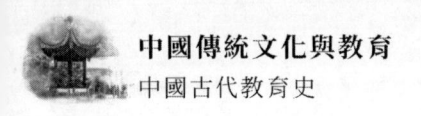

④教師注重身教，師生關係好。

（五）宋代的主要書院

一說四大書院為：岳麓書院、白鹿洞書院、應天府書院、嵩陽書院；一說六大書院，在前面四大書院的基礎上，加上茅山書院、石鼓書院。

1. 石鼓書院：在湖南衡陽，810 年創立。

2. 白鹿洞書院：在江西廬山五老峰下面，唐末李渤在此避難，養有白鹿一頭，故名。

3. 岳麓書院：976 年建立，今湖南大學的前身，朱洞在潭州任太守時興建的。

4. 應天府書院（即睢陽書院）：在河南商丘，1009 年小地主盛同文建立的。

5. 茅山書院：1024 年侯遺創建。

6. 嵩陽書院：在河南登封建立的。

（六）歷代書院情況簡介

元代：開始不太重視，1291 年下詔在各地興建書院，由禮部委派山長、洞長，插手管理，把書院辦成官辦性質的學校。

明代：初期壓制書院，後來時興時廢。後期有人把書院當作抨擊當時政治的基地，因此統治集團對書院多次採取鎮壓手段。

（1）1537 年，御史游居敬上奏，稱學者湛若水廣收無賴，在地方辦書院，建議解散，準奏。

（2）1538 年，吏部尚書許贊上書，稱地方多所書院為非作歹，要求禁止辦書院，被採納。

（3）1575 年，宰相張居正上書萬曆皇帝，不許建書院抨擊時政，被採納，下令把全國的書院改成廁所。

(4) 明末天啟年間（1621—1627年），又掀起大肆銷毀書院的浪潮。這實際上是政治爭鬥在學術上的反映。

清代：繼承了元代以來官辦書院的特點，主要宣揚程朱理學，書院也很多。

（七）書院的意義

書院是中國封建社會出現的重要教育組織，對當時政治、歷史、社會的發展起了重要作用。

1. 在政治上比較接近人民群眾，在一定程度上能反映人民的要求，代表著社會的輿論。

2. 具有反科舉的進步意義，反對學習只是為了獵取功名利祿，而且主張認真研究學問，注重道德修養。

3. 在教學方法上，強調學習者的主觀努力，比當時官學中教條的教、死記硬背的學的方法有了進步。

三、元代的學校

沿襲舊制，開始不太重視，後來逐漸重視學校，教學內容主要是用程朱理學精神解釋儒家經典。封孔子為大成至聖文宣王。

（一）中央學校

1. 國子學。

學生並不一定是貴族子弟，這是國子學的特點。

(1) 性質和組織情況：1269年，已建有國子學，這時元朝還未統一全國，建立中央集權。1287年，正式建立國子學，學習的主要內容是漢學，國家負責學生的所有費用。國子學還有一些學田，學制三年，不分種族，但民族歧視一直存在，把當時的中國人分為四等：蒙古人、色目人（西域的人）、漢人（黃河以北）、南人（長江以南，南人又稱蠻人）。最初國子學規定招

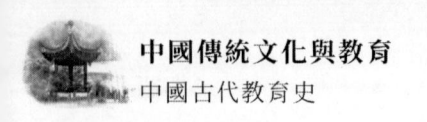

400人，後來擴大到800人，十一歲以上的貴族子弟和民之儁秀者可入學。組織較完善，設有祭酒、司業、博士、助教、正錄、典籍、典給等。

（2）國子學的教學組織，模仿王安石的「三舍法」。國子學內分上、中、下三等和六個齋。下：遊藝、居仁。中：據德、志道。上：時習、日新。各齋教學內容不同，遊藝、居仁齋主要是講書，講《孝經》和《小學》；據德和志道齋學「四書」（朱注「四書」）、詩律（以朱注的為標準）；時習和日新齋的學《易》《書》《詩》《春秋》。

（3）考試制度：月考和季考。考試的內容主要有「四書」、解經、策問。

具體辦法：博士出題，學生回答，由助教記分，最後博士審查而登記之。文理俱優給1分，文優理平的給0.5分，兩年後，若能每年都得8分且沒犯規即可當高等生，國子學內只能有高等生40個，蒙古人10個，色目人10個，漢人、南人20個。

坐堂三年，經考試合格後，蒙古人可以授六品官、色目人七品，漢人副七品。還有升齋考試，下齋優者升中齋，中齋優者升上齋。

（4）懲罰辦法。

①不努力學習和違反校規者，第一次犯扣1分，第二次犯扣2分，再犯就除名。

②高等生犯規的，初犯停考一年，再犯開除學籍。

③每個學生一年內坐齋不滿半年的，除名。

④漢人坐齋三年不能通一經的人除名。

2. 蒙古國子學，回回國子學。

蒙古國子學是於1271年開設的貴族學校。1289年設回回國子學，培養翻譯人才，學亦思替非文字（即阿拉伯語），畢業後到各衙門任官。

3. 元代國子學的特點。

（1）組織嚴密、完備。

（2）助教要住進學生宿舍，每人分守一齋。

正錄的任務是申明規矩，督習課業（相當於現在的輔導員）。

（3）學校教育在程朱理學的指導下進行。

（4）種族歧視很明顯。

（5）分齋教學有班級授課制的萌芽。

（二）地方學校

元代的行政組織：路、州、府、縣。

路、州、府、縣都有普通學校，還有醫學、陰陽學、蒙古字學，元代地方學校比較發達。

地方上還有社學，1286年開始下令建立。當時是五十家成為一社，選一社長，社長要從事勸民積極生產、交納賦稅、安分守己等活動。社學具有教育機關的性質，但不能算作是正規學校。

四、宋元時期的科舉

承襲唐代舊制，但也有不同。

1. 宋代科舉無民族歧視，元代就很嚴重，蒙古人、色目人考兩場且題較易，漢人、南人考三場且題目較難。

2. 元代只設進士科，宋代則很多。

3. 考試內容：元代是程宋理學，宋代有一段時間考王安石的《三經新義》、五經、九經。

4. 元代參加考試的範圍寬，限制不嚴，規定倡優之家出身的人不能參加考試，患傳染病、十惡姦盜的人不能參加考試。宋代規定除上述人外，大逆不道者、僧道歸家者等也不能參加考試。

5. 元代取士的名額較少，一般三年考一次，每科只取五六十人。宋代取士的人很多，有時達六七百之多，甚至一千人。

6. 元、宋兩代都有童子科，但管理辦法不同。宋代考取後可以授官並有許多獎勵，但元代則不這樣，考取後送到國子學學習。

7. 「糊名」：成立一個組織把考卷重新抄寫一遍，以防止舞弊。這是宋代考試的一個創舉，沿用至今。

第三節 教育思想

一、朱熹的教育思想

（一）朱熹的生平及其政治、哲學思想

1. 生平。

朱熹（1130—1200 年），南宋人，字元晦，祖籍江西，出生在福建。幼時父親管教嚴格，18 歲中進士，先後在江西、湖南、湖北等地任地方官，後三十年從事私人講學，大力提倡興辦書院。在他從事私人講學時，曾一度被攻擊為「偽學」，但他仍堅持。

2. 政治思想。

提出外攘夷狄，反對妥協投降，主張積極抗金。

主張內修政治，選舉有才能、賢德的人做官吏，要求緩和階級矛盾，反對土地兼併，規定民間土地不能買賣，按人口占田，但這是不可能實現的。

推行社倉法。這在當時有一定進步意義，學術界對此爭論很大，他說社倉可以堵塞禍源，防止官逼民反。

朱熹在一定程度上代表和反映了人民的利益，如抗金、反對剝削等都具有進步意義。

3. 哲學思想。

體系龐大，內容複雜，基本繼承了二程，是封建理學的一個集大成者。

（1）理氣二元論。朱熹哲學的基本範疇是理和氣。理繼承了二程，氣繼承了張載，他把二者糅合起來，形成了自己的哲學體系。「天地之間，有理

有氣。理也者，形而上之道也，生物之本也；氣也者，形而下之器也，生物之具也。是以人物之生，必稟此理，然後有性，必稟此氣，然後有形。」在理氣關係上，先有理，後有氣，理是第一性的，氣是第二性的，理和氣又是密切聯繫的。

（2）心性論。與他的理氣二元論是一致的。認為性是離開物質實體心而單獨存在的精神，性就是天理。有天命之性，它是由於理的構成而產生的；還有氣質之性，是由物質的氣構成的。天命之性都是善的；氣質之性有善有惡，原因是氣的厚薄不同，氣厚則善，薄則惡。朱熹的心性論論證了封建社會倫理道德的合理性，這是它的政治意義。

朱熹的哲學思想是對封建思想的理論總結，對鞏固、加強封建統治起了很大的作用，對後世歷代統治者影響很大。他的哲學思想，自宋代起成為統治階級的官方的御用哲學，具有不可動搖的地位。

朱熹一生著作很多，是個多產的作家，有《周易本義》《楚辭集注》《四書集注》等。他平常講學的講義和語錄等由弟子整理、編撰成書，有《朱子語類》140卷，還有《朱子遺書》《晦庵文集》等。

（二）朱熹的教育思想

強調教育的主要目的是恢復人的天命之性，使人學為聖人，明人倫，使教育為維護封建統治服務。

他一生長期從事教育活動，積累了豐富的經驗，有許多值得我們借鑑的地方，特別是他總結的讀書法，在今天仍有著很大的現實意義。

2. 朱熹論各個階段的教育。

從學為聖人的目的出發，把教育分為幾個階段：

（1）胎教，繼承了儒家的傳統思想，但講得更詳細，懷孕的母親一切言論活動都必須嚴守禮法，這樣才能形成胎兒善良、順正的天性。

（2）注重學前教育。小孩出生後，對保姆要進行嚴格選擇，保姆要溫良、恭敬、謙遜，還要有知識。從小孩六歲起就要教數數。

（3）兒童應八歲入小學，學習的內容是灑掃應對進退，要養成隆師睦友的道德品質，同時還要進行知識教育。

（4）十五歲入大學，學習目的是使學生達到明德、親民、止於至善，學習內容主要是禮，要致知、格物，培養忠、信、孝、悌的道德品質。

3. 求學的方法（讀書法）。

朱熹長期從事教育工作，總結了一套好的讀書法。

（1）要立志。志是心之所向，決定學習目的。無學習目的。則無著力處。「書不記，熟讀可記；義不精，細思可精。唯有志不立，直是無著力處。」

（2）要虛心和專一。指出當時的人讀書有兩個毛病：主私意，有先入之見。他認為這樣不能好好學習，應不斷吸收新知識，不要固執己見，抱殘守缺。

（3）要循序量力。匆忙學習不會取得成功，學習應該「量力所致，約其課程而謹守之，字求其訓，句索其結旨，未得手前，則不敢求其後，未通於此，則不敢志乎彼」，即學習要由淺入深，由近到遠，由此到彼；要打好基礎，要紮實，步步為營。要循序量力，不要好高騖遠，要寧詳勿略，寧下勿高，寧拙勿巧，寧近勿遠。

（4）要熟讀精思。「大抵觀書，須先熟讀，使其言皆若出於吾之口；繼以精思，使其意皆若出於吾之心，然後可以有得爾。」

（5）要存疑。讀書讀得好要抱有懷疑態度，這樣才能有所獲益。「讀書無疑者，須教有疑；有疑者，卻要無疑，到這裡方是長進。」「讀書始讀，未知有疑；其次，則漸漸有疑，中則節節是疑。過了這一番，疑漸漸釋，以至融會貫通，都無所疑，方始是學。」

（6）要博專結合。朱熹本人是博專結合的典範。「博學，謂天地萬物之理，修己治人之方。」提倡博的同時更強調專。

4. 教學方法。

(1) 教師的任務是指引和輔導，學習要靠學者自己的努力。他說教師在學生學習上做個引路人，當個證明人。「指引者，師之功也。」「示之於始，而正之以終。」

(2) 強調知行結合。「窮理以致其知，反躬以踐其實。」

①先知後行。

②知、行輕重關係，行重於知。

③知和行互相影響，不可能分開。

(3) 教學上少用消極方式，要積極引導。要讓學生深明義理，心悅誠服，不要單靠規則約束學生。「苟知其理之當然，而責其身以必然，則夫規矩禁防之具，豈待他人設立而後有所持循哉。」這對學生道德品質的培養有積極意義。

(4) 教學必須有序、有計劃，立下一個簡易可行的課程表，天天依此進行，避免盲目性。

5. 影響（教育領域內）。

(1) 是後世教育的一個標準。南宋以後，官學、私學、書院等在教學計劃上都受他的影響，教學內容是朱注「四書五經」。

(2) 在教學過程中編纂了一些教科書，綜合封建道德思想，形成了一整套教本，成為歷代封建統治階級的標準教科書。在教學方法上，只讀書，脫離實際。

(3) 他在長期實踐中提出的教育原則和方法，可供我們批判地繼承，特別是讀書法，對後世影響很大。

(4) 他的思想在國外影響也很大，特別是日本、朝鮮、越南更受朱子學說的影響。日本現在還有三個研究朱熹思想的學派。

二、許衡的教育思想

(一) 許衡生平，政治、哲學思想

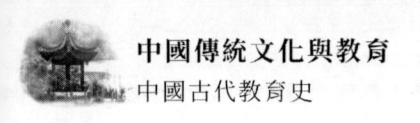

1. 生平。

許衡（1209—1281），生在金元時期，號魯齋，家在河南。少年時期在戰亂中度過，家庭貧窮，自己躬耕務農，後來從姚樞那裡得到一些朱熹的書，開始如飢似渴地學習，他學習的範圍很廣。中年時，經姚樞介紹在秦王（忽必烈）管轄區任教官，元世祖時曾任祭酒，1271 年，成為集賢大學士兼國子監祭酒。

元代，許衡在政治、教育等方面都享有較高地位。程朱理學在北方的傳播，許衡起了很大作用。

2. 政治思想。

1264 年，給元世祖上奏的一封信裡可以反映其政治思想。

（1）建議元蒙統治者要實行漢法。

（2）為政的大要在於用人和立法。

（3）君主要修德、用賢、愛民。用賢：知人善任。愛民：適當減輕剝削。

（4）厚待農民，發展生產，使民各安其業；廣設學校，施教化。

3. 哲學思想。

承襲程朱的哲學思想：「存天理，滅人欲」。

（二）教育思想

1. 教育的作用、目的。

目的：要培養甘於貧賤的志士仁人。

作用：使人明白五倫之道，上下和睦，社會安寧。

2. 教育內容。

以朱熹的《四書集注》《小學》《五經》為主要教材，此外還要講經傳、子史、禮樂、名物、兵刑、水利、星曆等。這是他的獨創之處。

3. 教學方法。

(1) 注重從實際出發進行教育。「因覺以明善，因明以開蔽，相其動息以為張弛。」

(2) 強調持敬。敬：朱熹解釋為不逐物，即強調人的內心克制，不要為外界的物慾所引誘。這在政治上發展下去，就成為「存天理，滅人欲」。

(3) 強調思考，指出要慎思。

①凡是所見所聞都要認真思考。

②要慎思，要認真、嚴肅地對待事物，思無邪。

(4) 強調治生。意即一個人無論從事什麼事情，總要有物質基礎。這是對以前的傳統——儒學的一個突破，提出為了謀生，務農、經商都可以，這種思想比較實際，有獨特性。

本章複習思考題

1. 理學產生的原因，理學的主要內容及其流派。

2. 書院的教學方法。

3. 王安石的教學改革及胡瑗的蘇湖教法。

4. 宋元科舉的異同。

5. 朱熹的教學方法和求學方法。

6. 許衡的教學方法。

第八章 明、清中葉時期的教育

第一節 文化概況

一、政治、經濟概況

元朝統治野蠻，民族歧視嚴重，民族矛盾、階級矛盾尖銳，起義此起彼伏，直至推翻元王朝。朱元璋建立明王朝。明末李自成起義推翻明王朝。1644年，清王朝建立；1840年，鴉片戰爭爆發，以後為近代史。

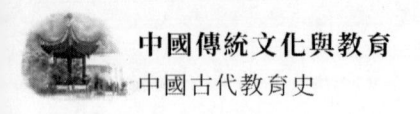

（一）政治

1. 整個明清時期，中國封建社會已發展到衰落階段，各種矛盾日趨激化。

2. 這個時期的統治階級竭力推行強化中央集權的政策，典型表現是實行特務統治，如明代的錦衣衛。

3. 民族矛盾和階級矛盾更加激化。

4. 統治集團內部的矛盾也比較尖銳，如明代的黨爭。

（二）經濟

1. 統治階級為了緩和矛盾，採取了一系列措施，封建經濟有很大發展。

2. 商品經濟也發展較快，出現了較多的商業城市和手工業生產的作坊。

3. 孕育了資本主義的萌芽因素。

二、文化概況

（一）思想方面

1. 思想領域的特點。

（1）思想上占統治地位的仍是程朱理學。明代主要是王陽明的心學占統治地位，清代是程朱的理學占統治地位。

（2）明清之際到鴉片戰爭以前這個時期，王廷相、李贄、顧炎武、黃宗羲、王夫之等對理學進行了爭鬥，後三者還創立了與理學相對抗的漢學。他們在思想上對理學進行了批判，在政治上提倡民主，反對專制主義，反對民族壓迫；在學術領域強調重證據，主張經世致用，反對理學家空談心性。

（3）西方的傳教士到中國進行活動，他們一方面幫助統治者鎮壓起義，妄圖用西方封建正統的神學（經院哲學）中的僧侶主義和矇昧主義來奴役中國人民的思想；另一方面他們把西方的科學技術知識也帶到了中國。

2. 漢學。

是一個學術派別，又叫樸學、考據學。

（1）清代漢學的產生。

清王朝建立後，對漢族採取殘酷壓迫。一些有識之士就不得不脫離現實而鑽入古書中去考證真偽，利用這種消極辦法與清政府的利誘手段和宣揚的程朱理學相對抗，後來從事這種工作的人形成一個學術派別。

這種考據學起源於明末清初，顧炎武是始祖，到乾嘉時期發展到極盛，出現了許多名家如閻若璩、毛奇齡、戴震、焦循等。漢學考證出了許多假書，如證明劉歆《古文尚書》、子貢的《越絕書》（實際上是漢代袁康寫的）都是假的，這些都是經過大量考證得出的。

（2）漢學的特點。

①在研究方法上採取大膽存疑、不迷信、不盲從；注重邏輯的、系統的、充足的證據，反對欽定，對一切沒有證據的作品都抱懷疑態度，因此也有流於主觀、煩瑣的弊病。

②缺點：

a. 主觀性；

b. 脫離現實，鑽入故紙堆；

c. 煩瑣的考證。

3. 清代的經學。

士大夫階層的先進分子面對資本主義列強的入侵，感到封建統治已趨於滅亡，主張改制變法，反對考據的漢學，提倡漢代的今文經學，企圖以此尋求改革政治的理論基礎。

18至19世紀初，出現了以龔自珍、魏源為代表的經學家，揭露封建統治的腐朽，大聲竭呼改制變法；後來出現了以梁啟超、康有為為代表的改良主義。

（二）文學藝術和史學

1. 小說和戲劇：明清時期的小說取得了劃時代的成就。

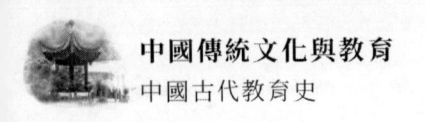

明代的小說：羅貫中的《三國演義》塑造了眾多的人物，充滿了智慧。施耐庵的《水滸傳》，藝術地再現了起義的發生、發展和失敗的過程。吳承恩的《西遊記》。許仲琳的《封神演義》。

明代的戲劇：湯顯祖的「玉茗堂四夢」（《還魂記》《邯鄲記》《南柯記》《紫釵記》）。

清代的小說：曹雪芹的《紅樓夢》、吳敬梓的《儒林外史》、蒲松齡的《聊齋誌異》清代的戲劇：洪昇的《長生殿》、孔尚任的《桃花扇》

2. 史學。

明代李贄不僅是個思想家，而且還是個史學家，流傳至今的有《焚書》和《藏書》。清代大史學家章學誠著《文史通義》《章氏遺書》。

明、清時期編寫地方志達到高潮，清代尤其如此，出現了許多有名的學者。

編寫了一些大型圖書，如《康熙字典》《佩文韻府》《古今圖書集成》《四庫全書》等。

3. 繪畫藝術。

（三）科學技術

1. 天文、數學。

天文：有較大發展，有《崇禎曆法》。

數學：程大位著《算法統宗》專門講珠算，因切合實用，300多年來通行全國，書中的一些口訣，至今還在沿用。

2. 藥物學。

李時珍花了三十多年時間編成190多萬字的《本草綱目》，在中國、世界上的影響都很大，載有1800多種藥物，曾被譯成各種文字流行全世界。痔瘡療法（結紮法治療痔瘡沿用至今）也是一個很大的發明。

「人痘接種法」比西方早三百多年。

3. 農業。

徐光啟的《農政全書》，共六十卷，五十多萬字。特點是作者除吸取前人的經驗、總結古今中外的農業知識外，全書還貫穿著治國治民的「農政」思想。

4. 手工業。

宋應星的《天工開物》共三卷十八篇，內容豐富，並有一百多幅插圖。

5. 地理。

《徐霞客遊記》對石灰岩地貌作了詳盡的描述。

6. 建築技術。

明清時期有很大成就。建築了許多大規模的城市（如北京、南京）。圓明園是園林建築的代表。

第二節 教育制度

一、文教政策

1. 大力提倡理學，以此麻醉人民的思想。明成祖時編《性理大全》作為學生必讀書，清代編有《性理精義》。

2. 積極推行科舉制度來籠絡知識分子。

3. 實行文化專制主義，大興文學獄。

如明史案，呂留良案，查嗣廷科場試題案。

4. 篡改、銷毀圖書。據不完全統計，乾隆時就燒了二十四次書。

二、明代的官學

（一）中央官學

中央國學，又叫國子監。

1. 關於國子監的組織和管理。

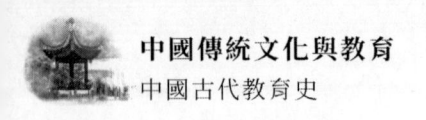

組織較完備和嚴密，國子監內設有祭酒，總攬國子監事務；設有監丞，協助祭酒管理學校（相當於副校長）；設有掌饌，管理後勤；有典籍（相當於圖書館長）。教學人員有直接從事教學的博士、助教和相當於教務人員的學正、學錄。

管理嚴格，有人說像監獄一樣，制定了監規五十六條。監規是第一任祭酒宋訥制定的，當時他為了迎合朱元璋的專橫統治，制定的監規是十分苛刻的，約束著國子監內師生的自由。例：犯錯誤的師生輕者警告，稍重者送至繩愆廳打板子，再重者發配雲南充軍或殺頭。

2. 國子監的學生來源和待遇。

（1）來源。

①官生：本國貴族，國內少數民族土司、頭人的子弟，國外留學生。

②平民生：地方上中小地主階級的子弟。

③捐生：地方上一些有勢力者的子弟用錢買入學資格，這實質上是用錢買官。

（2）待遇優厚。

國子監學生有統一服裝，國家供給伙食並免除徭役，有家眷者供給糧食，逢年過節賞給一定物品，畢業合格可直接授官。

3. 國子監的教學、教材和考試制度。

（1）教學：繼承元代傳統，分等級教學。

入學前進行一次編級考試，分出初、中、高三等，初等又分為廣業、崇志和正義三堂，中等分為修道、誠心兩堂，高等是率性。

通「四書」還未讀經者入初等三堂；坐堂一年半以上，通經入中等一堂；坐堂一年半以上，經史皆通者升入高等率性堂；坐堂七百天，考試合格者可授官，不合格者繼續學習。

(2) 實行積分制。每月考一次，文理暢通給一分，理通文劣給半分，理文皆不通者不給分，一年積滿八分即合格。

歷事制度：率性堂滿後，學生到官府、衙門等地方做事，要記成績，相當於現在的見習或實習。

(3) 教材：「四書五經」是最基本的教材。御製大誥和大明律令也是必讀教材。特點：把政治標準放在第一位。

4. 國子監的特點。

(1) 教育對象不像過去那麼嚴格，範圍擴大了。

(2) 實行考試分堂學習的辦法，已具有比較明顯的班級授課制的萌芽。

(3) 考試的積分法和畢業生的歷事史制度都比元代規定得更具體，使教學更加嚴密。

(4) 國家對師生的待遇很優厚，成績好者不經科舉直接授官；但學校實行特務統治、監獄式的管理，壓制師生思想自由。

(5) 地方學校和中央大學銜接起來了。

(二) 地方府州縣學

洪武二年（1572 年）正式下令全國辦地方學校，詔書中有「治國以教化為先，教化以學校為本」。

地方學校也不服勞役，由國家供給膳食，教材與中央官學相同，朱元璋還下令全國每戶要有一本御製大誥，甚至還規定家藏此書者犯罪可減一等。

地方學校管理嚴格，校門立有臥碑，刻有校規，最基本的內容是不准師生談論國事。

比府州縣學還要基層一些的社學，是一個社會教育機構，向人民灌輸安分守己的奴才思想，主要學御製大誥和大明律令，四書五經都被排除在外。後來地方官吏利用這種權力向人民敲詐勒索，搞得很亂，引起廣大人民的不滿，朱元璋知道後，下令取消社學。

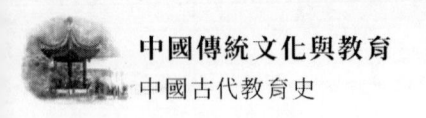

清代除中央官學外，還有八旗學校，收滿族的貴族，這是清代官學的特點。

清代地方學校也很多，但沒有明代好，許多是流於形式。因此，清代的教學大多是在書院和私塾進行。

三、明清的科舉和八股文

（一）明代的科舉

1. 科舉考試的程序。

（1）郡試：考取合格者叫秀才。

（2）鄉試：又叫省試，考取合格者叫舉人。

（3）省試（會試）：中央禮部主持的考試。

（4）廷試（殿試）：皇帝本人或委派人主持的考試，廷試的錄取又分三甲，一甲三人，都叫進士，依次為狀元、榜眼、探花；二甲若干人都叫進士出身；三甲若干人都叫同進士出身。考中一、二、三甲的都叫進士及第。

2. 考試內容：四書、五經。

（二）明代的八股文

1. 來源：是由明太祖朱元璋和大臣劉基商量制定的，據記載，主要是仿效經義，要以古人的語氣來寫文章，體裁要用排偶，這就叫八股或制義。八股文嚴格地規定了一套機械的文章格式的體裁，是從駢體文蛻化而來的。

2. 特點：

（1）行文必須用排偶；

（2）一定要用古人的語氣，代聖人立言，不許有自己的見解，也不許違反體裁。八股文實際上是統治階級壓制知識分子的手段。

3. 八股文的內容。

一篇標準的八股文要由以下八部分組成。

（1）破題：只能用兩句話，可明破、暗破、正破、反破、順破、倒破，最後一個字只能寫「也」「矣」「已」。

（2）承題：承接破題，可以寫三到六句，正破反承，反破正承，開頭要用「夫」「甚矣」「蓋」，接尾要用「夫」「耳」「焉」「哉」。

（3）起講：概述全文，才算議論開始，只有三句話，宜寫虛，不宜寫實，開頭用「意謂」「嘗恩」「今夫」。

（4）入手。

（5）起股。

（6）中股。

（7）後股。

（8）束股（落下、大結）。

此八部分還嚴格規定了字數。

入手、起股、中股、後股一定要分別寫兩段，每段話一定要互相對照，共八股，叫做八股文。

結尾叫束股、落下或大結。

4. 八股文的題目。

八股文的題目出得很怪：

（1）有時甚至出一篇文章作為題目，如「學而為政……」作為一個題目。

（2）有時從兩句話中抽出一個詞，如從「及其廣大，草木生之」中抽出「大草」作為題目。

（3）斷章取義地出題目，如以「學而時習之」為題。

歷代許多進步知識分子抨擊八股文，《儒林外史》《官場現形記》等對八股文的弊病有深刻揭露和辛辣諷刺。

5. 八股文的流弊。

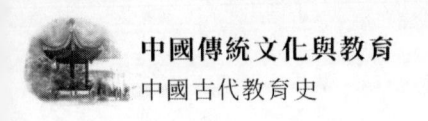

禁錮了知識分子的思想，敗壞了學風，嚴重地摧殘了人才，使學校教育更加腐敗，學校更進一步成為科舉的附庸。

（三）清代的科舉基本與明代相同

每試考三場，第一場考三篇作文、一首詩；第二場考五篇作文，題目在五經中各選一題；第三場策問三題，內容是社會政治問題，要求用儒家觀點回答，特別注重四書五經。

八股文推行了五百多年，在清末1905年才廢除。

第三節 教育思想

一、王守仁的教育思想

（一）生平、政治思想、哲學思想

1. 生平。

王守仁，字伯安，別號陽明，浙江餘姚人，出生在一個統治階級家庭。父親王華曾做過吏部尚書，他自己曾做過兵部尚書，對明王朝是有功的，在平定內亂、鎮壓起義中，他起了很大作用。

他大力提倡理學，想以此麻痺人民，維護反動統治。生前被封為新建伯，死後被封為文成公，並與孔子陪祭。著作有《王文成公全集》，共三十八卷。

他也是一個大教育家，有許多見解，集中表現教育思想的有《傳習錄》《大學問》（均收集在《王文成公全集》中）。

他一生大部分時間為官，五十歲以後告老回鄉講學。任官期間，大力主張辦學，走一地，興書院、辦學校，十分熱心於教育活動。

2. 政治思想：他站在統治階級立場，忠實地維護明王朝的統治。在鎮壓起義中，總結出經驗：「破山中賊易，破心中賊難。」這也成為他大力提倡興辦教育的原因之一。

3. 哲學思想。

王守仁基本繼承陸象山的心學，心學比較通俗，直截了當。他的哲學思想十分龐雜，可概述為以下幾方面：

（1）心即理：在陸象山的基礎上加以說明和發展，認為朱熹提出的「即物窮理」是不對的，理在吾心，不能求理於事物之中，他說，「心外無物，心外無理」，一切都存在於自己的心中。這實質上是強調了精神世界支配物質世界，否定了客觀存在的真實性，認為一切存在的東西都是人們觀念所派生出來的一種幻想。這種絕對的主觀主義必然會導致為我主義。

（2）致良知：良知就是心，即天理，指的是先天的封建倫理道德觀念；致是修養。「致良知」即修養先天的道德觀念。這種思想實質上與「明明德」是一致的。知是心的本體，心就一定有知。天生的良知人人都具備，不教而會，是天地間萬物的源泉，教育的作用就是發展人的良知。他說，只要存得此心常在便是學。

（3）知行合一：是他致良知的一個方法。知、行都限於一種道德觀念，「知是行之始，行是知之成」，用知代替行，行只是知的體現，知決定行，這實質上否定了客觀實踐，否認知來源於行。王守仁的知行合一的哲學思想對後世影響很大，後來許多教育家的哲學思想都是在這基礎上的翻版。

（二）教育思想

1. 教育的目的是發揮人內心固有的良知，學校的主要任務就是成德，要培養明人倫、安分守己的人。教育的內容是五倫之教和儒家的傳統經典。

2. 關於兒童教育的思想。

（1）揭露了當時兒童教育的一些錯誤做法。

（2）認為應該用涵養、栽培的辦法來啟發兒童的智慧，用詩歌、行禮、讀書來教導兒童。

（3）對兒童教育要因材施教，強調德治，要使學生對學習無厭苦之憂而有自得之樂。

（4）把兒童學習的時間作了計劃安排，一天內分為五部分：

①考德；

②誦書；

③習禮，主要是一些活動，可以讓兒童懂得規矩，又可以鍛鍊身體；

④復誦書，講書；

⑤詩歌。

3. 關於師生關係的問題。

（1）強調師生關係要自然和諧。

（2）要求學生不要懼怕教師。

（3）要求教師要帶頭求善，鼓勵學生對教師提出批評指責。

4. 在學習態度上：提倡獨立思考，提倡批評、問難的精神。

二、黃宗羲、顧炎武、王夫之的教育思想

黃宗羲、顧炎武、王夫之都是明末清初具有民主思想的愛國思想家。

（一）黃宗羲

浙江餘姚人，明末清初具有愛國思想和民主思想的學者。他的政治思想和教育思想在清朝末年，特別是舊民主主義革命階段到戊戌變法這一時期，影響很大。

黃宗羲對歷史、天文、數學都有較精深的造詣，著有《明儒學案》，是中國學術思想史上一部重要著作；還寫有《明夷待訪錄》，表現了他的政治、教育思想，特別是表現了他重民權、棄君權、尊律法的思想，充分表現了黃宗羲的民主與法制思想。

教育上強調實用（主張改革科舉），教學內容要有利於國計民生，反對程朱的靜坐、空談，提出要廣博地學習。

（二）顧炎武

江蘇崑山人,是一個具有愛國思想的反理學學者,又叫顧亭林,炎武是自己取的,以示反抗滿族統治。

其重要著作有《天下郡國利病書》和《日知錄》,前者是關於地理方面的書,後者是關於經義、政治、世風、禮制、科舉等方面的讀書筆記,反映了正己、正人、治國平天下的思想,提出有名的「天下興亡,匹夫有責」(有人考證說是梁啟超讀顧氏《日知錄》某一篇文章後,說顧氏提出了上述的話)。反對科舉和八股文,認為八股文對人才的破壞有甚於咸陽之郊(指「焚書坑儒」);特別重視實地考察、旁證。

(三) 王夫之

湖南衡陽人,中國十七世紀偉大的學者,也是一個具有愛國思想的思想家,高舉反清復明的旗幟,主張聯合李自成、張獻忠等平民武裝力量抵抗清軍。後隱居湖南西部金蘭鄉石船山,著作有《石船山遺書》。

他在哲學上繼承張載的思想又有所發展,肯定客觀世界是離開人的意識而獨立存在的。「有氣才有道」,肯定物質存在的永恆性。

王夫之在人性上統一了天理和人欲,認為天理在人欲之中,沒有人欲就沒有天理,反對絕欲、禁慾的思想。在社會歷史上堅持進化觀點,認為社會是從野蠻發展到文明的,是不斷發展的。

王夫之在教育上,認為環境對人的影響很大,主張人皆可以為堯、舜,人人都可以成聖人。他的思想對譚嗣同的影響很大。

三、顏元的教育思想

(一) 生平、政治思想、哲學思想

1. 生平。

河北博野人,原字易直,更字渾然,號習齋。顏元出身於農民家庭,長期生活在農村,並自幼參加農業勞動。其父自幼過繼給一家姓朱的地主,因此他幼時又叫朱邦良,成年後改姓顏。他三歲時其父不堪忍受虐待逃至關東,其母改嫁,他隨祖父母生活,十分清苦。十九歲考中秀才,後研究程朱理學、

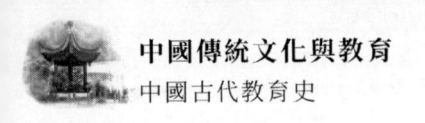

醫學等。母親去世後，逐漸開始反對理學，研究周孔之道，改書房為習齋。二十四歲開始教書並兼行醫，直到老死。晚年曾任教於漳南書院，主持講學。

由於他長期生活在農村，接近百姓，比較瞭解人民的疾苦，所以堅決反對理學，主張從實踐中學習，長期的教學活動使他總結出了許多教學經驗。他反對著書，《四存編》是他寫的。《四書正誤》《習齋記余》《習齋先生言行錄》都是學生寫的。

2. 政治思想。

（1）站在中小地主階級立場，顏元早期非常嚮往三代的王道政治，晚年明確提出他的政治經濟綱領。

以七字富天下：墾荒、均田、興水利。

以六字強天下：人皆兵、官皆將。

以九字安天下：舉人才、正大經、興禮樂。

提出要實行分封制。同時要求恢復嚴刑峻法，具有復古主義思想。

（2）他主張文武結合，反對程朱理學重文輕武的思想，認為正是由於朱熹倡導理學，重文輕武才使國家潰弱。他指出要寓兵於農，還提出一些精闢的見解，如「軍者天下之至榮者也」，這在當時是很先進的。

（3）顏元反對歧視婦女，主張男女平等的民主思想。

（4）他反對科舉制，重視學校教育。

「學術者，人才之本也」，沒有人才就沒有政事（賢明政治），「八股行後天下無學術，八股之害勝於焚坑」。

3. 哲學思想。

（1）宇宙觀：在世界觀上，堅持理在氣中的一元論世界觀。

「若無氣質，理將安附？」他強調物質是根本的，是第一性的，而理只是依附於它的，「理者，水中之紋也」。

(2) 顏元在認識論上很重視經驗，提倡親身實踐，主張從實際的事物中獲得知識。

顏元曾堅決批判「程朱」主張靜坐、空談的觀點，他說四百年來率人們於故紙堆中，做弱人、病人、無用之人，耗盡身心，皆晦安（朱熹號）為之。他認為朱熹的理學是虛學，提倡實學。

(3) 在人性論上，他針對「存天理，滅人欲」提出批判，認為人性與氣質是不可分的，「無氣則無性」，氣質是依附於人的，性是物質的一種具體性質，「明者，目之性；聽者，耳之性」。他認為人之所以有性惡、性善之分，是因為環境與教育的不同所致。他在人性論上也有一些形而上學的觀點，沒有揭示出人的本質。

(二) 顏元的教育思想

與他的政治、哲學思想密不可分。

1. 教育目的、內容。

(1) 顏元從維護封建統治出發，認為教育的目的是培養聖人、賢人和通儒，能崇仁義、明道。

(2) 內容。

與傳統的學說不同，顏元強調實學，提出聖人、賢人的一個標準是能利濟蒼生。提出六府、三事、三物。「六府」按照傳統觀點指金、木、水、火、土、谷。「三事」指正德、利用、後生。「三物」指六德、六行、六藝。「六德」指知、仁、聖、義、忠、和；「六行」指孝、友、睦、姻、妊、恤；「六藝」指禮、樂、射、御、書、數。

2. 道德教育。

(1) 內容。

顏元認為道德教育一定要同道德實踐結合起來，空洞的說教是不行的，高尚的道德要經過實踐才能培養起來。「提醒身心，一齊振起，諸欲自然退聽。」強調力行，目的是要治心。

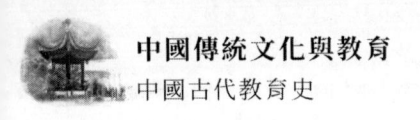

「人不作事則暇，暇則逸，逸則惰，則疲，暇、逸、惰、疲，私慾乘之起矣。習工學夫，安可有暇？」

（2）方法。

道德品質的培養要循序習行，不能要求太高，也不能要求過急。

「人日為一善，三年可積千善；積善何難，人病不求耳。」他強調啟發人道德修養要主動，要積極地遷善改過。「遷善改過必剛而速。」他認為遷善改過是作為聖賢的第一條原則。

顏元認為，道德品質的培養要堅持易獎不易責，「數子十過，不如獎子一長」。他認為提出缺點，兒童不改正，這樣就傷了相互間的感情；獎勵兒童的優點，他容易接受，「數過不改也，徒傷情；獎長易勸也，且全恩。」

3. 強調習行，反對死讀書。

反對宋明理學家脫離實際、學究式地學習。「誤人才，敗天下者，宋人之學。」指出學習書本知識是最不可靠的，讀書最易自欺欺世。主張學習實際知識。「書之病天下久矣，使生民被讀書者之禍，讀書者亦受其禍。」

他不僅反對死讀書，甚至反對著書，認為著書是「空言相續，紙上加紙」，「文墨之禍，中於身則害身，中於心則害心，中於家國則害家國」。教導學生不要死讀書，要重視習行，要獲得真正知識要親下手一番，應用力一二於書本，用力八九於力行。他的這些思想在當時是有進步意義的。

（三）漳南書院的教學組織

郝文燦多次邀顏元去其家鄉辦書院，顏元應邀後，主持漳南書院的教學，不久，因書院遭水淹而廢。持教期間，顏元總結了一些教育、教學經驗。

把漳南書院分成文事、武備、經史、藝能四齋，並附設有理學齋和貼括齋，各齋教授課程不同，分別為：

文事：書、數、天、地、禮、樂。

武備：黃帝、太公、孫子兵法、攻守、陣營、水陸戰法。

經史：十三經、歷史、誥、制、旦、詩文。

藝能：水、火、工、農、錢、穀、曆法。

「理學和八股是吾道之敵對，非周孔本學，暫收之以示吾道之廣，且以應時制。」這是顏元在書院內設理學齋和貼括齋的原因。

漳南書院規模較大，組織完備，貫穿經世致用的思想。

（四）顏元在教學中制定了嚴格、完備的學規

學規共二十一條，各條內又有具體內容，分述於後。

1. 孝父母：對父母要和睦，無狎無怠，昏、定、晨請安問候。

2. 敬尊長。

3. 主忠信：存實心，言實言，行實事，違者責。

4. 申別義：遵守一些行為規範，如男女授受不親，夫婦應相敬如賓。

5. 禁邪僻：勿施財修淫祠，勿拜神佛。

6. 肅衣冠。

7. 慎威儀：行走或在校時都應端正。

8. 勤學：不要遲到，要早到，違者責。

9. 重詩書：讀書時要鋪巾端坐。

10. 禁字紙。

11. 習書：每天飯後要寫半張紙的字。

12. 講書：晨時溫習考試的書，然後講四書。

13. 做作文：每月二、七日做作文，題目不拘，內容體裁不論，但要用心思維，題理通暢。

14. 習六藝：「余雖未能，願共學焉。」

15. 六日課數：即課程表，三、八習禮，四、九習樂（唱歌），五、十習射。

16. 行學儀：每日清晨、飯後在老師座前鞠躬。

17. 序出入。

18. 輪班當值。

19. 善和睦：禁止以大凌少，以小欺長。

20. 貴責善。

21. 戒曠學。

從以上可以看出，顏元制定的學規有如下特點：

（1）學規嚴密、完備，對學生德、智、體、美各方面都有要求。

（2）有教學計劃，這是一個很大的進步。

（3）明確提出不信宗教、不拜神佛並規勸他人，這具有叛逆精神和科學的民主思想。

（4）體現了經世致用的教育目的。

（5）教規的實質是為封建統治服務的，因此也充滿了封建禮教和形式上的內容。

此學規可以分為四類：

（1）道德教育4條。

（2）行為舉止4條。

（3）教學學習9條。

（4）社交、處事、為人4條。

總結：封建社會統治階級教育的要點、特徵及其影響。

一、要點

1. 從教育目的來看，是為防奸養士，培養統治階級的知識分子，為統治階級國家造就官吏。達到此目的的方法是透過歷代的官學、私學、書院來進行教育，透過選舉和科舉予以選拔。

2. 從教育內容看，從董仲舒提出「獨尊儒術」以後，主要是以明人倫為中心，實施「三綱五常」的封建道德教育，自然科學知識不被重視，教材以儒家的《詩》《書》《易》《禮》《春秋》為主。宋以後更注重朱注四書，內容更狹窄了，專門性質的學校地位極低，不被重視，許多大的文藝家、科技人才多數來自民間，不是由封建國家造就的。

3. 教育思想：自漢以後以儒家為正宗。在封建統治者的扶持下，占統治地位。作為教育遺產來看，在中國古代教育家的教育思想中也有一些有積極意義的東西，他們的整個思想體系傾向須予以批判，但他們的個別教育觀點具有人性的一面，在教育理論、教學方法上也提出了一些好的見解，總結了一些好的經驗。

二、特點

1. 儒學獨尊。只注重修己治人，對自然科學知識不重視甚至是排斥的，因此也只能成為封建統治的工具。

2. 教育與生產勞動是分離的。封建社會士階層的特點是四體不勤、五穀不分，孟子的「勞心者治人，勞力者治於人」的思想是其根據。

3. 學校有很強的等級性。

4. 學校教育是為選舉和科舉服務的，選舉和科舉所確定的標準直接影響當時的學風。

5. 整個教育脫離實際，學校培養出來的人絕大多數都缺乏實際知識、實際鍛鍊，是一些書生而不是經世致用的人才。

6. 教育非宗教性，這是中國封建教育的一個很大特點。

三、影響

1. 廣泛地傳播了儒家思想和封建道德，使得儒家思想成為中國封建社會的精神支柱。

2. 由於教育脫離生產，輕視勞動，在整個社會養成了輕視勞動的思想，形成了「萬般皆下品，唯有讀書高」的社會風氣。

3. 經過長期的封建教育，封建主義的道德觀、社會觀、政治觀在人們思想中根深蒂固，成為阻礙社會前進的絆腳石，殘餘的封建意識在社會生活的各個領域都大量存在。因此，肅清封建思想的殘餘仍是我們當前教育工作的重大任務，不可忽視。

本章複習思考題

1. 明代國子監的教學制度及其特點。

2. 什麼是八股文？為什麼明清統治者要以八股文取士？

3. 王守仁的兒童教育思想。

4. 顏元的經世致用的思想在他的教育實踐中是怎樣體現的？

5. 中國封建社會的教育特點及其影響。

附 要掌握一些基本事實

1. 歷史線索。

每個朝代的順序，大致起止年月，一般發生了些什麼大事，有什麼著名人物等。

2. 空間觀念。

歷史上，主要朝代的疆域、首都等以及在版圖上的大致位置。

3. 歷史上的一些主要基本人物（主要指與教育有關的）

例：

孔子。

瞭解各教育家關於教育目的和教育內容的認識。重點掌握他們教育思想中的教學方法，特別是道德教育的方法。他們普遍都重視修己、安人、治國、平天下，這對於形成中國傳統的文明禮儀可以說是起了很大的作用。

4. 學校教育和選舉制度。

（1）官學。

①夏、商、周奴隸制官學的特點：政教合一、官師合一、文武合一、教育和生產勞動相分離。

②春秋戰國時官學的衰敗，私學的興起。

③秦漢時期的官學。

秦代基本取消學校教育，以法為教，以吏為師，這是秦始皇的丞相李斯提出的。

漢代的官學概況：太學發達，此外還有一些專門性質的學校，如四姓小侯學、鴻都門學。

公元 175 年頒布《熹平石經》，作為全國統一教材。

④隋唐。

隋代設國子監（相當於現在的教育部，是一個專門的教育行政機構）領導全國的學校，設祭酒（相當於現在的教育部長）。

唐代官學種類很多，六學二館。

⑤宋代。

掌握王安石的「三舍法」、胡瑗的「蘇湖教法」。

醫學、畫院的設置。

⑥明代。

明代的國子監的設置，其教學方法和特點。明代的歷事制度。

（2）私學。

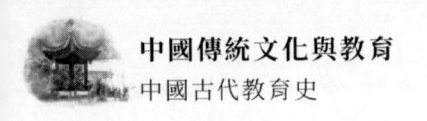

歷代私學的蒙學教材：史—三倉—三百千（指《三字經》《百家姓》《千字文》，《千字文》出現於南北朝初期）。

私學的教法和管理。監獄式管理。

（3）書院。

形成於五代禪林，興於北宋，南宋時發展到高潮，一直延續到元、明、清。掌握書院的教學方法，宋代的四大著名書院。

（4）歷代的學術思想。

①春秋戰國時的「百家爭鳴」。

②漢代的「罷黜百家，獨尊儒術」，今文經學、古文經學之爭。

③魏晉的玄學。

④宋明的理學。

⑤清代的考據學。

（5）歷代的選舉制度

①春秋戰國的養士，當時士階層的特點。

②漢代的鄉舉裡選。

③魏晉「九品中正」。

④隋唐及以後的科舉制度。

5. 中國文字發展的脈絡。

遠古的「國畫文字」—商代的甲骨文—周朝特別是西周出現的鐘鼎文（甲骨文和鐘鼎文稱之為古文）—東周、秦（春秋戰國時）出現了大篆，又叫籀文—秦出現小篆，並出現了程邈發明的隸書—魏晉時出現楷書，同時出現的還有草書，行書，八分書等—不斷簡化，沿用至今。

中國文字發展的規律：由繁到簡，從象形發展到形聲、會意。

改漢字為拼音的問題，一直都有爭論。「士室食獅史」，要是用拼音寫出來就幾乎不可能理解到這句話的真正意思，因為其聲母、韻母皆同，僅僅是聲調上的差異。

6.掌握一些基本的名詞、警句、常識。

華夏文化，禮教，《論語》中一些常用的句子，三綱五常，四書五經，理學，八股文等。

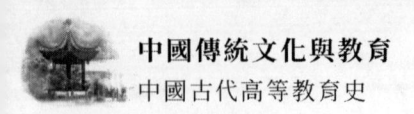

中國古代高等教育史

▎第一章 先秦時期的高等教育

第一節 文化概況

中國是世界上文化發展最早的國家之一，有文字可考的歷史就有四千多年。早在距今約 5000 年的時候，中國就開始進入奴隸社會。中華民族和世界上許多別的民族一樣，在遼闊的大地上經歷了漫長的沒有階級的原始社會，由原始人群社會到母系氏族社會，再發展到父系氏族社會。在父系氏族社會的末期，曾經發生過幾次大規模的部落戰爭（如黃帝與蚩尤之間的涿鹿之戰，后羿射日，舜葬四凶，禹伐三苗等），這些部落戰爭為原始社會向奴隸制社會過渡創造了條件，到禹時初步奠定了文明社會形成的基礎。

在禹以前是中國奴隸制社會形成的初期階段，據考古學的研究發現，大約在山東大汶口文化（距今約 6000～5000 年）時期和馬家窯文化（距今 5000～4000 年）的後期，中國已經出現奴隸及奴隸制的雛形，是一個有五千年歷史的文明古國。

教育是隨著人類社會的產生而同時產生的一種社會現象，是從人類最早的社會組織——「原始人群」時期開始的。

在原始社會，人類的祖先過著群居的集體勞動的生活，他們處在洪荒時代，與自然爭鬥，十分艱苦，1929 年，從周口店發現的多個殘留下來的北京猿人（距今約 50 萬年，他們已能製造粗製石器和用火）的遺骨化石研究表明，其約有 40% 活不到 14 歲就死去了。這些從動物界分離出來的原始中國猿人，人口稀少，力量薄弱，「真是爪牙不足以自衛，肌膚不足以禦寒」。但是在困難面前，他們沒有退卻，而是力爭在人與自然的關係上能夠獲得更多的自由。

正是對自由的需求促使他們開始對年輕一代進行教育，使下一代能夠較快地掌握勞動和生活的經驗，增長與自然戰鬥的本領。在勞動過程中，創造

和使用工具（石器），都需要成年人對兒童進行指導，同時在勞動過程中所產生的語言，也就變成教育新生一代的重要內容和工具。兒童為了掌握製造和使用這些工具的本領，就需要看、聽和練習，這樣就產生了原始社會早期的教育。

所以，可以說，地球上自從有了人類就有了教育，教育作為人類特有的一種社會現象，一開始就是有目的的活動。在原始社會，教育具有全民的性質，並且是與生產、生活、宗教、藝術等活動密切聯繫著的。由於原始社會還沒有文字，所以教育的手段主要是口耳相傳和實際行動的模仿，教育的主要目的是為了培養勞動者。

在中國的古書中，曾記載過一些關於原始社會情況的傳說：有巢氏茹毛飲血，教民構木為巢，以避群害；燧人氏鑽木取火，教民熟食；伏羲氏結網罟，以教佃漁；神農氏耕而作陶，斫木為耜，揉木為耒，教人民種地，經營農業……他們雖然都是想像性的人物，並不實有其人，但這些傳說，從茹毛飲血，到鑽木取火，再到飼養家畜，進而經營農業，形象地記述了原始社會人類經濟生活發展的先後順序，同時也表明了早在原始社會，生產勞動教育已經是必要的社會職能了。

歷史事實證明，教育作為人類所特有的一種社會現象，它不僅隨著人類社會的產生而產生，而且也隨著人類社會的發展而不斷發展。它既是一定社會的物質生活條件和生產關係所決定的，同時又對一定社會的物質生活條件和生產關係產生巨大的影響。

一、夏、商、西周文化概況

據古書記載和地下出土的文物來看，中國從原始社會向奴隸社會過渡以夏部落為最早。夏朝大約在公元前2000多年就建立了。在原始社會末期，由於社會生產力的不斷發展，特別是金屬製造的工具的使用（陝西姜寨出土了距今6000多年的黃銅），大大提高了社會生產力，刺激了私有制的發展，同時，戰俘也開始從事生產，進而出現了階級的萌芽，原始公社逐步瓦解，而代之以奴隸社會。

夏朝大約從公元前 21 世紀開始，經歷了 500 年左右，在約公元前 16 世紀被商王朝所代替。商朝也經歷了約 500 年，在約公元前 1066 年被周王朝所取代。西周從武王滅商，到周幽王被殺（公元前 770 年），持續了約 300 年。夏、商、西周是中國奴隸制社會形成、發展和繁榮的時期。

（一）夏朝的經濟、政治和文化

夏朝是中國奴隸制社會形成的時期。

從距今約 5000 年的龍山（山東省章丘龍山鎮）文化出土的遺物中發現了大批的零整獸骨，其中狗和豬的骨頭最多，馬和牛的骨頭次之，這表明當時畜牧業是比較發達的，並且開始從農業生產中分離出來。另外，從屬於比龍山文化更早的仰韶（河南省澠池縣仰韶村）文化時期的陝西姜寨，則已出現了黃銅（以前認為中國冶金始於商代的青銅），表明了當時手工業的進步並取得的巨大成就。

手工業方面除了冶煉以外，製陶技術也有很大發展，同時還出現了紡輪。傳說這時還製出了馬車、牛車。在農業方面，發明了干支紀日法，相傳出現了曆書《夏小正》和伯益鑿井、儀狄造酒等。這些都顯示了當時農業的發達。隨著畜牧業、手工業和農業的發展，還出現了一些商業活動。

另外，到目前為止，雖然還沒有發現夏朝的文字，但根據商代甲骨文字的成熟程度以及地下出土的一些意符、形符文字，參照古書的記載，可以推測夏朝後期已經出現了簡單的文字。甲骨文只是漢字的流，而不是源。

隨著社會生產力的發展，出現了私有制，於是公有制逐漸遭到破壞，產生了階級的萌芽。在這一時期，奴隸主與奴隸兩個階級繼續擴大，而奴隸主中也繼續出現貧富分化；同時，生產的發展，剩餘勞動的產生，使一部分人可以脫離生產而從事專門的腦力勞動，因而開始出現了「體腦分離」的現象；原始社會那種部落首領禪讓的制度也遭到破壞，變為父子相承或兄終弟及的世襲制度。

傳說堯在帝位，諮詢四岳（姜姓、炎姓氏族部落的首領），四岳舉舜作繼位人，舜在位經受了各種考驗後，攝行政事，堯死，舜正式即位。舜即位後，

也照樣諮詢眾人，找接班人，大家推舉禹出來攝行政事，舜死禹即位。禹在位時，大家舉皋陶（偃姓，夷族）作接班人，皋陶早死，大家又舉皋陶的兒子伯益作繼位人。禹死，其子啟奪伯益的位置，自己即位，從此禪讓制度便被廢棄了，所謂「夏傳子，家天下」。啟私自繼位以後，夷族不滿，啟才由東南（河南）西遷大夏（山西汾澮流域），從此才有夏禹、夏啟之稱，以前稱禹都是稱大禹或帝禹。

夏朝最後一個皇帝桀是一個暴君，《孟子》上記載，當時夏民指著太陽咒罵他：「時日曷喪，予及汝皆亡。」意思是：「你什麼時候滅亡啊！我們甘願與你同歸於盡。」有的書上還曾記載：由於桀的殘暴，獲罪於天，天降罪，使「伊洛澤」。大概是說當時發生了大的旱災，伊水、洛水都乾涸了。在天災人禍的雙重襲擊之下，夏在約公元前 1566 年被另一個小國首領湯所滅。

（二）商朝的經濟、政治和文化

商王朝的開國元勛湯，原是東方一個小國的首領。在滅夏以前，商的經濟、文化都比較發達，農業、畜牧業、手工業和商業都比夏朝有所進步，因此形成了取代夏朝的優勢。湯滅夏以後，中國的奴隸制得到了進一步的發展。

湯滅夏以後建立的王朝之所以取名為商，是因為湯原來居住在夏的東邊商（河南商丘）那個地方。也有人說，湯的祖先善於經營商業，故名商。商王朝建立以後，湯的後代盤庚把王都遷到了殷（河南安陽西北），所以又叫殷商。

從殷墟（河南安陽西北，商的遺址）出土的大量文物，證之以古書的記載，所以我們對殷商時代情況的瞭解比夏代更清楚了。

殷商的農業生產在其經濟生活中的地位十分重要，這從甲骨文中就可看出。甲骨文已有表示麥、粟、黍等各種農作物名稱的字，說明當時的農作物已經種類繁多。另外，在卜辭（商統治者非常迷信，一切重要活動都要占卜問神，當時占卜主要是把龜殼炙熱看它的裂紋以定吉凶，那種根據龜殼的裂紋說明吉凶的簡單文字就叫「卜辭」）中有很多關於農事的記載──「庚申卜貞我受黍年，三月」，「貞今其雨不佳禍」，表明統治者關心和重視農業

生產。商代的畜牧業也有很大發展，後世的各種家禽或家畜，如馬、牛、羊、雞、犬、豕，當時已種類齊全，而且還有把象用於戰爭和生產勞動的傳說。

手工業種類也很多，出現了「百工」，殷墟遺址就有玉、石、骨、銅等工場。皮革、縫紉、釀酒、舟車、土木營造、飼養、織帛、製裘等在甲骨文字中均有記載，特別是冶煉銅的工業，當時已有很大的規模。殷商是青銅（銅錫合金）器發展的全盛時代，殷墟出土的「后母戊大方鼎」重 875 公斤，可見當時冶煉技術水準之高，規模之大。當時不僅有青銅製工具，有大量青銅製日常生活用具，而且還發現有許多銅製矢鏃。金屬原料只有到最便宜的時候，才能用作箭鏃。由於金屬工具的廣泛使用，大大提高了社會生產力，商業和城市也發展起來了，這時已用「貝」（產於東方）和「玉」（產於西方）作為交換的媒介物，城市也有了較大的發展，從殷墟和鄭州的商代遺址看，當時城市的規模已經很大了，鄭州的商城遺址就有 8.75 平方公里的面積。城市的發展，在奴隸社會是經濟文化發展的重要標誌，也是奴隸主統治權力的標誌。

在政治方面，商代的國家體制更加完備。商王是國家的最高統治者，也是最大的奴隸主，協助商王管理朝政的有「百執事」。這些「百執事」按其工作性質可分為三類，即正臣，管理行政事務；武官，管理軍事；史官，主管祭祀、占卜、教育等。商王朝對奴隸的鎮壓非常殘酷，當時不僅建立了軍隊，而且有監獄和刑罰。《荀子》記載「刑名從商」，說明商代已經制定了法律。商代奴隸主貴族死後，還要殺許多奴隸「殉葬」，這一切都表明當時階級壓迫的殘酷。此外，還出現了在祭祀祖先和授時（祭天地）的時候的一套「別貴賤辨尊卑」的儀式——「禮」。

在文化方面，夏朝的奴隸主已開始用「天命」的說教來欺騙奴隸，使他們服從自己的統治。《尚書·召誥》說：「有夏服（受）天命。」商代的奴隸主貴族進一步把「天」人格化，宣揚宇宙有一個至高無上的有意志的「上帝」神，王權是「帝」在人間的代表，他們用宗教迷信來強化其統治。

隨著生產的發展，商朝人也積累了一定的天文、數學知識。這時已經有了比較準確的曆法，他們按月亮的出沒規定一個月的長短，大月 30 天，小

月29天,他們已經推測出冬至點,並分一年為春、夏、秋、冬四季和12個月;在數學方面,商朝人已經掌握了一些初步的計算知識,並具備了製作幾何圖形的能力,甲骨文中已經有一至十和百、千、萬等數字出現。在藝術方面,陶器和銅器的造型和裝飾更加優美,音樂也有了發展。1950年出土的一個大石磬,高42公分,長84公分,面刻伏虎紋,製作精美,線條圓熟剛勁,它既是一件樂器,也是一件優美的藝術品;在醫藥方面,這時也積累了一定的經驗,不僅有單純求神治病的巫師,還出現了用藥物治病的醫師。

(三)西周的經濟、政治和文化

西周約從公元前11世紀至公元前770年,是繼夏、商之後的奴隸制國家,它經歷了中國奴隸制政治、經濟發展的全盛時期到衰落時期。

西周在滅商以前,是一個比商王朝在經濟上落後,但很重視發展農業生產的西方小國。周的祖先叫古公亶父,相傳古公亶父的祖先是堯舜時候的棄,他最先種植麥和稷,所以後人尊稱他為「農神」,即「后稷」。《孟子》講:「后稷教民稼穡,樹藝五穀。」古公亶父因為遭到戎狄(少數民族)侵擾,無力抵抗,於是率領其親屬和奴隸由居住地豳(陝西旬邑縣)遷到岐山下的周原(陝西岐山縣)。

《詩經》中「率西水滸,至於岐下」就是講的這件事。因為遷到了周原,所以從此以後就叫「周」了。古公遷到周原以後,豳和附近的「百姓」稱他是「仁人」,都來歸附。於是古公就在周原築城郭,改陋習,定居下來從事農業生產,這樣就逐漸形成了一個初具規模的周國。周代子孫稱古公為太王,太王有三個兒子,太伯、虞仲、季歷,季歷生子昌,古公愛昌,希望他今後能繼承王位,太伯、虞仲知道後就主動讓位給季歷,他們就離開周原逃到長江下游去了(春秋時的吳國即虞仲後代)。

季歷即位以後,周國逐漸強大,商王朝也不得不承認季歷為西方霸主,號稱西伯。商王武丁在位時,深感周國對自己的威脅,於是把季歷殺了,季歷的兒子昌繼位以後,在位51年,一手造成了滅商的事業。昌晚年號稱為文王,後來也被騙到商,被監禁。《史記·太史公自序》說:「文王拘而演周易」就是講的這件事。

第一章 先秦時期的高等教育

　　大約在公元前1070年，文王在商的監獄裡被折磨死了。約公元前1066年，即文王死後的第4年，周武王（文王的兒子）帶領軍隊出征商，為父報仇。當時周國境內發生乾旱，正鬧飢荒，大家願意出征，藉以取得糧食，所以士氣很盛。《史記·周本紀第四》講，當時周武王有戎車300乘，甲士45000人，虎賁（衝鋒兵）3000人，周的一些友邦，也派兵來助戰。武王在牧野（河南淇西南縣）誓師伐商，商王紂也帶兵10多萬來到牧野同周人決戰。由於商紂荒淫、殘暴的統治，結果他的大批奴隸在前線倒戈，商軍不戰自潰。

　　不到一個月，周人就進入商都朝歌（河南淇縣）滅商。商王朝在盤庚遷殷以後，原想糾正貴族的腐化生活，但自武丁以後，商朝奴隸主貴族腐化更甚，到商紂王時達到高潮。史書記載，商紂王荒淫無度，生活在酒池肉林之中，為了打獵、遊玩，不惜荒廢大量土地，同時對奴隸施行酷刑，結果導致天怒人怨，眾叛親離，所以非垮台不可。明末《封神演義》的作者許仲琳把商紂的滅亡歸罪於一個女子妲己，那不是事實。

　　西周建國以後，經濟上仍然是以農業為主，金屬（銅）農具和牛開始廣泛用於農業生產，並且採用了輪休的耕作法，也積累了施肥、除草、治蟲和選種的初步經驗，所以農業生產有了很大的發展，產量大增。手工業在商代的基礎上也進一步發展，在建築、冶金、機械製造等方面都取得了重大成就。

　　在政治上，首先，周王朝鑒於商朝滅亡的教訓，採取了重農節儉的「裕民」政策。如商王祭祀祖先，往往用牲畜數百頭，而周人祭祖，只用一牛、一豬、一羊，所謂三牲；古書記載，文王有時還穿著普通人的衣服親自到郊外種田（當然是象徵性的，表視統治者對農業的重視）。周人滅商後，對百姓（自由民）和奴隸的剝削和壓迫也有所減輕，勞役也有所節制。其次，周人還在殷代政治制度的基礎上有所損益，實行了一種宗法制度，《論語為政》記載孔子的話就曾說道：「周因於殷禮，所損益可知也。」宗法制是中國古代維護貴族世襲的一種政治制度，它由父系家長制演變而成，到周代則發展得更加完備。其特點是實行嫡長子繼承，土地和權力一級一級地歸一人所有。

　　周王是天的兒子，稱天子，叫做大宗，全國的土地和臣民歸他所有。周天子是同姓貴族的家長，也是政治上的共主，掌握著國家的軍政大權。與周

天子同姓或異姓的諸侯、卿大夫都是周天子的親戚等，叫做小宗，代表各級貴族統治人民。周王朝滅商以後，立即實行分封制，當時封了大小諸侯國71個，各國諸侯就尊周天子為大宗，自稱小宗。在一個諸侯國裡，國君又把其所轄土地和臣民分給卿大夫，各卿大夫尊諸侯國君為大宗，自己叫小宗；卿大夫又把自己所得土地分給各采邑主，采邑主尊卿大夫為大宗，自己叫小宗；各采邑主又把所得土地分給庶人，庶人則稱采邑主為大宗；庶人分得小塊土地成為戶主，作為一家人的家長，戶主也實行嫡長子繼承制，其他諸子稱為餘夫。

《禮記坊記》引用孔丘的話：「天無二日，國無二君，家無二主。」《詩經小雅·北山》講：「普天之下，莫非王土；率土之濱，莫非王臣。」實際也就是講全國土地、臣民一級一級地歸一人所有。周又規定同姓不婚的制度，這樣一來，天子和各諸侯國，以及各諸侯國之間，同姓是叔伯兄弟，異姓多是甥舅，彼此都有血緣關係。周代的這種分封宗法制為後來的統治階級長期利用，以鞏固統治階級的統治權力。第三，在周公旦輔佐武王兒子成王的時候，還制定了許多區別尊卑貴賤的等級制度，也就是歷史上所說的周公「制禮作樂」，他們想用這些作為調整統治階級內部矛盾的主要手段。周人制禮的政治目的就在於使當時的社會有一定的秩序，調整統治階級內部的關係，所以他們提出「禮不下庶人」的原則。第四，對廣大的被統治階級仍然實行專政並制定了「周刑」。

據《尚書·呂刑》記載，周王朝為了鎮壓被統治者的反抗，使他們規規矩矩服從自己的統治，制定了各種輕、重刑罰，共3000餘條，這些刑罰大體上可以分五類：即墨、劓、剕、宮、大辟。墨刑是最輕的，就是犯罪後，在罪人臉上刺字，讓別人一見就知道你是罪人；劓刑就是割掉罪人的五官中之一個，如耳、鼻；剕刑就是從膝下砍去雙腳；宮刑就是破壞男性的生殖功能；大辟是最重的一種刑，即殺頭。周代的這些刑罰完全是用來對付被統治者的，所以當時有「刑不上大夫」之說。因為大小奴隸主貴族犯了法可以用錢去贖罪，當時規定，墨刑可用六百兩黃金（銅）贖罪，劓刑一千二百兩，剕刑三千兩，宮刑三千六百兩，大辟六千兩（當時一兩約合現在四錢）。

在思想意識上，西周奴隸主貴族繼承了殷商關於「上帝」的迷信思想，他們宣稱，周王朝所以能滅商是上天保佑，是符合天意的。但同時他們又在某種程度上看到了被統治者的力量，特別是公元前841年周厲王時發生的一次國人暴動事件，對統治者是一個很大的打擊，所以他們對人民的力量不得不予以注意。《尚書·泰誓》說：「民之所欲，天必從之。」《尚書·堯典》載皋陶的話：「天聰明，自我民聰明；天明畏，自我民明威。」從這些思想可見被統治者的強大力量，已引起了統治者的重視。同時，在天命論流行的環境中，也出現了科學和辯證法思想的萌芽，這些樸素的思想集中表現在《周易》和《洪範》等作品中。

西周的天文、數學、醫學、文學也都有進一步的發展。

在天文方面，周人已經知道用土圭觀測日影的長短，以此測定每年的冬至和夏至。他們還觀測到了許許多多其他天象。《詩·小雅·十月之交》中記載了一次日蝕，這是世界公認的最早的日蝕記錄。周人還觀測到了黃道、赤道附近的星座，並把他們區分為二十八宿，並以此推算四季的變化。天文學的發展，也推動了數學的進步；醫學在周代已實行比較先進的分科治病。

在文學方面，西周也獲得了很大的成就，《尚書》中關於商、周的各種文誥，以及青銅器上的銘文，是中國散文的萌芽。在詩歌方面，周人已經能用很生動、優美的形象思維來表達心中的感情，《詩經》就是從西周初年到春秋時期的作品，它是中國最早的一部詩歌總集，也是一部沒有真偽問題的可靠的書籍（詩序是後人作的），它不僅具有文學價值，而且有很高的史料價值。

《詩經》是中國現實主義文學的源泉，對後世文學有很大的影響，特別是「風」這一部分民歌，具有很高的人性和現實主義精神。它無情地揭露了統治者剝削、壓迫的殘酷，反映了人民在黑暗統治下的痛苦，頌揚了人民群眾熱愛勞動、熱愛國家、反抗統治階級壓迫的高貴品質，謳歌了健康的愛情生活，以及幸福美滿的自由婚姻，抨擊了不合理的婚姻制度。《詩經》的光輝思想和藝術成就是中華民族的寶貴財產。

二、春秋、戰國時期的文化概況

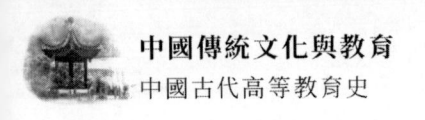

春秋戰國時期是中國歷史上一個極為重要的時期，是中國從奴隸制社會向封建社會過渡和封建制社會逐漸形成的時期。

公元前770年，周幽王的第二任王后褒姒想立自己的兒子伯服作幽王的繼承人，但按周制，幽王的合法繼承人應當是長子宜臼，於是宜臼的外祖父申侯勾結犬戎侵犯周都，結果犬戎攻破了西周王都鎬京（陝西西安西），荒淫殘暴的周幽王被亂兵所殺，他的兒子宜臼倉皇逃命，後東遷建都洛邑（河南洛陽），從此以後，到公元前403年韓、趙、魏三家分晉這段時間歷史上稱為「東周」。

從公元前403年韓、趙、魏三家分晉到公元前221年秦滅六國統一全國，這段時期中國歷史上稱為「戰國時期」。戰國時期是中國奴隸制進一步解體和封建生產關係逐漸形成的時期。顧名思義，這個時期之所以被稱為戰國，就是因為在這長達182年的歷史裡，劇烈的兼併戰爭此起彼伏，持續不斷。當時齊、楚、燕、趙、韓、魏、秦等七個獨立的強國，互相兼併，爭城奪地，最後由統治階級掌握政權的秦國消滅了奴隸主和新興地主混合組成政權的其他六國，建立起一個統一的封建政權——秦王朝，從而結束了混亂割據的局面。

（一）春秋時期的經濟、政治和文化

春秋時期，由於耕牛的廣泛使用和農業生產技術的進一步改進，農業生產有了較大的發展，而農業的發展又促進了手工業和商業的發展。這時，已經出現了許多獨立的手工業工人和商人，打破了西周時代「工商食官」（貴族壟斷）的局面，並且出現了一批像臨淄、洛邑、邯鄲等政治、經濟、文化中心。生產力的發展，引起了生產關係的巨大變革，一些奴隸主貴族為了更多地剝削、榨取奴隸的剩餘勞動，原來的土地不夠種了，於是驅使奴隸們大量開墾荒地，結果出現了私田多於公田的現象，即所謂「私肥於公」。

這種私田的出現，開始並沒有引起各國最大的奴隸主們的重視，至私田大量增多以後，各諸侯國的國君為了向這些私田徵收租稅，以增加自己的收入，就被迫承認這些私田為各個開墾者所私有，也就是承認這些私田的合法性。於是土地的國有制就逐漸遭到破壞，土地為一家一戶的地主私有。部分

奴隸主貴族順應著歷史的潮流，逐漸改用了新的封建剝削方式，家族奴隸逐漸獲得解放，於是一家一戶的小農生產和以個體經濟為特色的小農階層產生了。部分奴隸主貴族轉化為地主，成為統治階級的初期代表，如公元前594年（魯宣公15年），魯國宣布「初稅畝」，廢除公田制，改行按畝收租，也就是正式承認土地私有，以後各國都先後如法炮製，於是奴隸制的土地公有制就逐漸瓦解了。

由於生產關係的變化，引起了政治上的一系列改革。首先是過去的宗族制度被家長支配一切的家族制度所代替。周天子的權威大大下降，各諸侯國的獨立性增強，出現了「禮樂征伐自諸侯出」「賠臣執國命」的「禮壞樂崩」、「天下無道」的局面。其次，由於各國奴隸主階級貪得無厭，無止境地加重剝削和殘酷的壓迫，結果使奴隸起義和國人暴動的事件不斷出現。第三，各諸侯國為了發展自己的割據勢力，不斷地進行兼併戰爭。

春秋242年期間，就有大小戰爭一共483次，平均每年就有兩次。當時南方的楚國就先後吞併了周圍40多個小國，齊國、晉國也分別兼併了30多個國家。這個時期的戰爭完全是「強凌弱，眾暴寡」、大國吞小國、小國欺侮更小的國家，此所謂「春秋無義戰」。第四，兼併戰爭雖然給人民帶來了苦難，但它在客觀上造成了促進民族融合、推動社會發展和進步的作用。這些戰爭為華夏文化的形成奠定了基礎。第五，出現了大商人操縱政治的情況，如鄭國的弦高等。

經濟的發展、社會的動盪，使意識形態領域和文化方面也受到了很大的衝擊，引起了巨大的變化。

首先，在思想上人們對天神的信仰進一步發生了動搖。這繼承了西周「敬天保民」思想，是人民的力量進一步被統治者所認識，以及自然科學特別是天文學發展的結果。這時的「天」也和它代表周天子一樣，只是徒有虛名，相信它的人還有，但很多人對它產生了懷疑，甚至對它採取了否定的態度。如鄭國的子產說：「天道遠，人道邇，非所及也。」（《左傳昭公二十八年》）；虢史囂說：「吾聞之，國將興聽於民，將亡，聽於神，神聰明正直而壹者也，依人而行。」（《左傳·莊公三十一年》）；隨季梁說：「夫民，神之主也，

是以聖王先成民，而後致力於神。」（《左傳·桓公六年》）；以前的龜卜是指導統治者行動的，但春秋時期卻有人發出了「卜以決疑，不疑何卜」（《左傳·桓公十一年》）的呼聲。

　　總之，在這個時期，天命鬼神的地位大大降低了，人們認為民是主體，神是附屬，這種思想對後來孔子和墨子的仁政學說，以及宗教在中國沒有權威是有很大的影響的。其次，這時科學知識有了長足進步，《春秋》中就有37次日蝕記錄，其中有30次已被證明是可靠的。《詩經》中不僅記有日蝕，還記有地震。《豳風·七月》就是一篇系統的包括了一年四季的物候記錄，它集中地反映了中國古代農業生產「觀象授時」的豐富經驗。算學和醫學這時也有較大的成績。文學除「詩」以外，散文有了重大發展。第三，民族文化的交流與融合，使東周文化在西周文化（進步，但仍很簡單）的基礎上表現出很大的創造性，產生了許多卓越的大政治家和大思想家，如鄭國的子產，齊國的管仲、孫武，魯國的孔丘，宋國的墨翟，他們的著作與留下的言論都極為豐富，為後來的封建文化開闢了道路，並奠定了堅實的基礎。

　　（二）戰國時期的經濟、政治和文化

　　戰國時期，各國都在不同程度上採取了一些改革經濟和政治的措施。魏文侯採用李悝的建議，按照「食有勞，祿有功」的原則，開始廢除世襲祿位制，又以「盡地力之教」實行封建的土地所有制；楚國任用吳起，推行新法。因此，阻礙社會生產力發展的奴隸主貴族的土地公有制，逐漸被統治階級土地私有制的代替，大量的農奴進一步獲得了人身自由，逐漸成為個體勞動的農民，從而大大地解放了社會的生產力，戰國社會出現了空前的繁榮景象。雖然戰爭頻繁，但人口仍有很大的增加，這時七國人口總計已近二千萬。

　　農業生產由於鐵製農具的普遍使用，而大大提高了勞動生產率，加之普遍採用深耕、施肥、選種等技術，以及水利事業的發展，使農作物產量大增。當時出現了許多大的水利工程，如魏文侯時西門豹引漳水灌溉鄴田，嬴政用韓國水工鄭國所建鄭國渠，以及李冰父子在四川領導人民修都江堰。這些水利工程，為當時農業的穩產、增產創造了條件。手工業方面的冶金、煮鹽、

紡織、木工、車工都很發達，在長江下游的吳越地區還發明了煉鋼的技術，製造出「干將」「莫邪」等名劍。

農業和手工業的發展，促使商業更加繁榮，出現了許多商業中心，北方的馬匹、南方的象牙、東方的魚鹽、西方的皮革，均可在中原城市市場上買到。在這一時期，這時甚至還出現了專門講致富術的商人，如周人白圭講經商的要旨，在於掌握時機，精確應用「人棄我取，人取我與」的原則，因此，白圭被後世尊為商賈的祖師爺。貨幣也很發達，不僅有黃金、白銀等貴重金屬，還有各種形式的銅幣。

豐富的人力與農業、手工業工具和技術的改進相配合，促進了社會生產力的飛躍，同時也引起了社會階級關係的劇烈變化。各國奴隸主貴族的政治已經崩潰，世卿世祿遭到破壞。統治階級土地私有制逐漸代替奴隸制的土地公有制，當時的統治階級主要是新興的地主和有錢的大商人，還有殘存的奴隸主貴族，而社會的主要矛盾則仍然是新興的地主和不甘心退出歷史舞台的殘餘奴隸主之間的矛盾。

在社會生產發展的條件下，學術思想也獲得了很大發展，出現了諸子百家爭鳴的局面。他們談論政治，闡明哲理，各是其所是，相互評議。由於諸子並起，各述所聞，以至在文學上散文因諸子著書而迅速地發展起來，《孟子》《莊子》《國策》等所載許多策士的講話都是議論風華、文質並茂的好作品；《荀子》《韓非子》則說理精密，寓意深刻，其中還包含了豐富的神話、故事、隱語等文學作品；在詩歌方面，由於儒家的守舊，反對新聲，墨家非樂，道家以為「五音令人耳聾」，所以發展上受到了一定的阻礙。

戰國時期，文學上有很大創造的是在南方的楚國，其中以屈原及其學生宋玉等人為代表，他們利用楚國的方言，修改民間流行的曲調，創造出一種想像力異常豐富的文學體裁——楚辭。屈原是楚國的貴族，他熱愛祖國，同情人民，是一個抱有崇高政治理想而又剛正不阿、毫不妥協地同惡勢力進行戰鬥的愛國者，也是《詩》三百篇以後，推動中國文學達到更高境界，使文學內容更加豐富的偉大詩人。他所作的《離騷》，充分表現了他的創造才能，是中國古代文學發展的一塊新的里程碑。以屈原所作楚辭為媒介，中國南北

文學合流，從西漢以後，楚辭成為全國性的文學體裁，辭賦獲得了很大的發展。

　　戰國時期的藝術也有相當的進步，這從 1935 年在河南發掘戰國墓葬出土的「水陸攻戰紋銅鑒」就可看出當時藝術水準的造詣。這是一個高 30 公分，口徑約 54 多公分，四耳啣環的圓形器物。全器共有圖案 40 組，有 292 人，及旌、旗、舟車、鼓、戈、劍、弓、盾、魚鱉等，表現格鬥、射殺、擊鼓、划船、送別等各種場面，造型優美，形態生動。此外，見於文字記載的如楚國宗廟祠堂的大型壁畫，《韓非子》上記載一個宋國人用象牙雕刻楮葉，3 年始成，放在真楮葉裡，人不能辨。如果所記屬實，可見當時藝術水準之高。漆器也是當時的藝術品，從長沙楚墓中發現的戰國漆器很多，色彩鮮艷，製作精美。這些不僅反映了當時手工業技術的成就，更重要的是反映了藝術上的成就。

　　在科學技術方面，戰國時期在過去已有成就的基礎上，也有進一步的發展。最突出的是與農業有關的天文、數學以及隨著各族經濟文化交流的頻繁而產生的地理學，都取得了前所未有的成就。醫學也隨著治病經驗的日益豐富而取得了更大的成就。

　　在天文、數學方面，以楚人甘德和魏人石申為代表。他們測定了 120 個恆星的位置及這些恆星與北極的距離。並且觀測了金、木、水、火、土五個行星的運行情況，發現了它們的出沒規律。他們還根據自己的觀測寫成了書面材料，後人把這些材料合編為一部書，定名為《甘石星經》。這是一部世界上最早的天文學專著。戰國諸子中的陰陽五行家也是一個專門研究天的學派，據古書記載，當時的辯士惠施能談「天」所以不墜，「地」所以不陷，以及風、雨、雷、電發生的原因。

　　地理學這時也有很大的發展，出現了許多專門的書籍，如《山海經·山經》《周禮·職方志》《尚書·禹貢》等記述了戰國時的疆域，各地的民俗、特產以及神話傳說。

　　醫藥方面，在春秋時期巫醫分工的基礎上，不僅統治階級有專門用藥的醫生，民間也有了醫生，並且分有內、外、婦、兒等科，藥物也有湯、酒、膏多種形式。當時著名的醫生——齊國的扁鵲（秦越人）所總結的「望、聞、

問、切」四診法，至今在醫學上仍有很大實踐意義。戰國醫學家還托黃帝之名作《內經》18卷，現存《素問》《靈樞》等篇，不僅談病理，而且還企圖從解剖學的角度尋求病理。此外，這時還出現了用針、艾治病的方法。

在製造技術方面，《周禮》中所記的器物已不下數百種，從出土的文物看，可以證明所記大多數屬實而不是偽造。現存的《考工記》還保存了戰國時期一部分器物的製作方法，從中可以看出當時的水準之高。由於戰爭頻繁，因此武器的製造技術有很大發展，連弩和鐵劍的發明，是當時手工業上的重大成就。當時還湧現了很多的能工巧匠，魯班就是其中的佼佼者。

第二節 高等教育政策和制度

一、夏、商、西周的高等教育

（一）學校產生的歷史條件

教育是人類特有的一種社會現象，是與人類共始終的。而學校教育則是在人類社會發展到一定階段的產物。中國的學校大概在夏朝的後期就出現了。隨著社會生產力的提高，在夏朝的後期已出現體力和腦力勞動逐漸分離的情況，這就為一部分人專門從事教育和接受教育提供了可能。如前所述，目前雖然還沒有發現正式的夏朝文字，但根據甲骨文的成熟程度，可以推出夏朝應當有某一種文字了。文字的產生既為學校的教學提供了條件，也為學校的產生造成了現實的需要，同時，國家機構的出現，也需要專門機構來培養官吏，而這些學校產生的社會、歷史條件，在夏代可以說基本上都具備了。

（二）夏、商的大學教育

根據古書的記載，中國在夏、商時代不僅有了學校教育，而且有了小學和大學教育的區分。《禮記王制》載：「有虞氏養國老於上庠，養庶老於下庠，夏後氏養國老於東序，養庶老於西序；殷人養國老於右學，養庶老於左學」。漢代的鄭玄對上述一段文字作注說：上庠、右學、東序為大學，下庠、左學、西序為小學。《禮記·明堂位》載：「瞽宗，殷學也」；《周書·多士》載：「唯殷先人，有典有冊」；《孟子》也說：「夏曰校，殷曰序，周曰庠」「庠者養也，序者射也」。

夏、商出現的這種既是養老機構，又擔負教育任務的組織的說法，不可能是毫無根據的。因為學校在開始出現的時候，並不是像我們今天這樣單純的教育組織，它既是教育的場所，又是一切政治、宗教活動的地方。養老是原始社會的遺風，夏代出現了階級，貴族們利用這種組織，既可把老年人的經驗傳授給年輕的一代，同時也可利用這種組織來維護貴族內部的團結，而為了鎮壓奴隸們的反抗，維護政權，統治階級的子弟精於射術也是非常必要的。上述古書中所提到的上庠、右學、東序、瞽宗等可能就是夏、商時代的大學，這些學校在夏代已經出現，到商代則發展得更加完備了。

夏、商時代高等教育的對象主要是奴隸主貴族的子弟，其目的是要把他們培養成奴隸社會所需要的政治、軍事、宗教人才，培養奴隸主貴族的接班人，以鞏固奴隸主的統治地位。大學是專為貴族子弟辦的，為奴隸主貴族所獨占。

大學教育的內容，在夏代比較貧乏，主要是透過養老傳遞生產和生活經驗，以及軍事知識和技能。到了商代，大學教育的內容就豐富多了。商朝和夏朝一樣，是一個以宗族血緣關係為紐帶的種族奴隸制國家。大大小小的貴族和百官都是商氏族的成員，為了加強氏族內部的團結，維繫血緣關係，商王朝特別強調對祖先的崇拜，並且把本氏族的祖先看成是他們受命的「上帝」。所以在商朝貴族的眼裡，祖先和至上神——「上帝」是分不開的，孝祖和敬神完全是一回事。

他們特別強調尊神和重孝，他們把「孝」當作為政的根本，當作最高的道德，不孝不僅違犯了家規，也是觸犯了國法，即使是最高的統治者也不例外要重孝。湯的孫子太甲即位以後，因為「不守居喪之禮」，就被大臣伊尹流放到湯的葬地——桐，去反省，後來太甲在自己的悔過書中也承認自己犯錯誤是因為「背師保之訓」。這個故事反映了商代奴隸主貴族以「孝」為教，把「孝」看作為政的根本。所以商代的學校作為奴隸主階級實現專政的一個重要工具，明顯把思想教育放在首位，並使它服務於政治的目的。其次，還要學戎和祭祀，也就是要學軍事知識和技能以及有關祭祀活動的知識。商代

奴隸制國家是依靠軍事統治的，所以在大學要求學習軍事知識和技能，特別是駕車和射箭的技術。

商王朝建立以後，對周圍鄰國經常用兵，進行掠奪戰爭，當時戰爭的主要形式是車戰，而車兵完全由奴隸主貴族子弟擔任，奴隸只能在車的兩旁充任步兵。「殷曰序」「序者射也」（《孟子》），說明奴隸主貴族為了培養他們的後代成為善戰的武士，把射箭技術的訓練作為大學的一門重要課程。又因為他們尊神重孝，所以有關祀祭活動的知識也是學校的必修課。

在商代，「國之大事唯祭與戎」。第三，因為祭祀祖先和打仗的時候還要唱歌奏樂並用音樂指揮軍隊的進退攻守，所以音樂也是一門重要的必修課。而瞽宗，就是學習音樂的地方。此外，為了實現有效的統治，貴族子弟還要學一些行政管理知識和數學知識。

商代的統治者很重視學校教育，學生入學要舉行隆重的祭祀，並且要進行占卜，有一片甲骨文記載「戊戌卜雀若教」，入學要舉行隆重的典禮，表示慎重和重視。《學記》引《尚書·兌命》篇說：「念始終典於學。」《商書·仲虺之誥》講：「能自得師者王，謂人莫若己者亡，好問則裕，自用則小。」這些都表明，殷人不僅重視教育，而且重視教師。在殷代，教師一般由巫、史和有知識的奴隸來擔任，如伊尹就是湯妻的媵臣，即陪嫁的奴隸（這種奴隸原來也是一些貴族，因在戰爭中失敗被俘後變成了奴隸）。

總之，大量的歷史記載表明，中國學校教育的出現經歷了一個漫長的歷史發展過程。早在原始公社的最後階段就有了學校教育的胚胎，在奴隸制社會的夏代後期便有了學校的雛形，到了商代就有了正式的學校這種組織了。

中國學校產生的歷史發展過程，使我們進一步認識到：

第一，學校的出現同教育的起源是兩個根本不同的概念。學校的產生必須具備如下幾個條件：

（1）生產力有較大的發展，出現了較大數量的剩餘生產品，從而為一部分人專門從事教育和接受教育提供可能。

(2) 體力勞動和腦力勞動有明顯的分工，出現了一批專門從事文化活動的知識分子。

(3) 文化科學比較發達，文字發展較成熟。

(4) 階級對立深化，國家出現，統治階級迫切需要培養本階級的官吏以加強對被統治者的管理。

這一切都表明學校的出現不是一個孤立的偶然事件，它同其他社會現像有緊密的聯繫。

第二，學校教育的根本任務是為一定的階級培養接班人。學校是在人類進入階級社會以後才產生的，因此，它一出現就牢固地被社會中的統治階級所控制。在階級社會中，它既是占統治地位的階級教育自己下一代的重要陣地，又是用來製造輿論，對其他階級實行教化的一種工具。所以，我們衡量學校教育工作的好壞，主要是看其能否為一定的階級培養大批合格人才。

第三，教育起源於勞動並隨著社會生產力的不斷提高而獲得發展，同時它又給予社會生產力發展以很大影響。也就是說在任何社會裡，教育總是同生產勞動緊密聯繫著的，並且總是生產爭鬥的工具之一。

但學校教育在其發展的一定階段上，則與生產勞動呈現脫離的現象，如在奴隸社會和封建社會，統治階級的學校教育主要是培養治人的勞心者，學校被統治階級所獨占，知識為他們所壟斷，一切體力勞動都是被統治者的事。因此，他們把生產勞動排斥在學校教育之外。不過在廣大的被統治者那裡，教育仍然是同生產勞動緊密結合的。

第四，學校的出現是教育發展史上的一個偉大的進步。學校在實際中是培養人才的地方。在階級社會裡，它是根據一定階級的利益，有目的、有組織、有計劃的對廣大青少年進行教育和傳授知識的場所，是以傳授間接經驗為主的真正教學之地。這

是區別學校教育與其他社會教育的根本標誌，也是學校教育的特點。只有充分發揮學校的教育作用，才能更有效地為社會培養各方面所需要的專門人才，從而對社會的政治、經濟和科學文化的發展起推動作用。

(三) 西周的大學教育

西周的學校，根據出土文物和文字記載，比上代更發達。由於西周經歷了中國奴隸制社會全盛時期和衰落時期，所以在教育方面與之相適應也有一個發展和演變的過程。西周的學校有國學和鄉學兩種，國學為貴族子弟開設，鄉學為一般平民子弟開設。在周天子所在地和各諸侯國的都城都設有學校，而且依程度的深淺有大學和小學之分。

《禮記·王制》：「小學在公宮南之左，大學在郊，天子曰辟雍，諸侯曰泮宮。」這些文字記載從西周的金文中也可以找到許多可靠的證據。康王時的「大盂鼎」、宣王時的「師𠭰毀」，都有關於宮廷小學的記載。這種小學設在宮廷的附近，也是很合乎情理的事情。另外，康王時的「麥尊」，恭王時的「師湯父鼎」，懿王時的「匡卣」都記載了周天子帶領大臣和學生在「學宮」習射、作樂舞的事，這種「學宮」也就是《禮記·王制》中講的「辟雍」（或泮宮），它又叫做「射廬」「射宮」「大池」「澤宮」。

「辟雍」和「泮宮」就是西周的大學。它們均設在城郊，最早是一種軍事性質的學校。西周初期，立國未穩，為了加強軍事統治的力量，要求貴族子弟都成為執干戈以衛社稷的勇士。所以當時貴族一生下男孩，就在門的左上方掛上一張弓，表示「射者，男子之事」，即用武力保衛奴隸主階級的國家，是貴族子弟的當然職責和應盡的義務。

因此，西周大學教育的基本任務就是練兵習武，文化教育居於次要的地位。當時服兵役是從十五歲開始，一切軍事活動「大學生」都有可能參加。所以，最早的大學辟雍（或泮宮）實際上是一種軍事性質的學校。

辟雍和泮宮，據文字記載都是廳堂式的建築，上有屋頂可以避雨，四面敞開，沒有圍牆，是室內習武的地方。建築物的四周，三面環水，一面通向陸地，所以它又叫「大池」或「澤宮」，水澤外面是森林地帶，這是室外習武的地方。西周打仗仍然以車兵為主，所以習武的主要內容是射、御（駕戰車），貴族子弟就在水澤中射鳥、射魚，在森林中驅車圍攻野獸。貴族子弟打獵，不是為了生產，而是進行實戰訓練，大學的環境看上去就是一個大獵場。

辟雍和泮宮既是當時的一個學習軍事知識和技能的場所，同時又是奴隸主貴族進行軍事、政治、宗教活動的地方。他們常在這裡召開重要的會議，舉行祭祀和宴會，制定作戰計劃，打了勝仗回到在這裡慶功，也在這裡比賽射箭，選拔武士。

大學生也參加射箭比賽，學生射不中按規矩要受體罰，官員和學生射不中目標都不能參加祭祀活動。祭祀是貴族權力和地位的象徵，射藝不精，就取消其參加祭祀的資格的資格，由此可見，當時對習武的重視。

隨著周代奴隸制政治、經濟的發展，經過「制禮作樂」以後，大學教育的內容更豐富了，除了過去的射御以外，禮、樂也成了重要的必修課程。「禮」是政治課，就是學習政治、歷史，包括奴隸制的宗法等級制度、道德標準和貴族們的一切行為規範，也就是傳授奴隸主貴族統治的經驗。

「樂」是一種綜合藝術課，它包括詩歌、音樂和舞蹈，三者是相互聯繫的，祭祀和宴會要奏樂、頌歌和跳舞，出征打仗也用音樂來鼓舞軍心，指揮進退。貴族們當時還認識到「樂」可以「修內」，即可以調節人們的感情，「樂」能「致和」，可以調節統治階級內部的矛盾及統治者與被統治者的矛盾，在思想內容方面「樂」與「禮」配合可以造成相輔相成的作用，所謂「安上治民莫過於禮」「移風易俗莫過於樂」。

「禮教」是周代奴隸主貴族學校教育的主要科目，也是大學教育的重要內容。「禮」的最初意義屬於宗教範疇，《說文解字》解釋：「禮，履也，所以事神致福也。」「禮」的繁體字是由「示」與「豊」二字合併而成，「示」就是祭神的意思，「豊」是祭神用的供品，就是以麥、黍、稷等類供品獻祭於天地鬼神之前就稱為「禮」。

在原始社會末期和奴隸社會初期，人們認為一切現象都受具有一種超自然力量的「神」的支配，所以他們要「事神致福」，父母及其氏族首領要教自己的子弟和同族青少年學習祭神的儀式，這時「禮」就有了教育的成分。

到了周代，這種「禮教」除了表示祭神的儀式以外，還具有倫理上的意義，其主要的作用在於分尊卑、別上下，作為調整統治階級內部矛盾的手段，

所謂「禮不下庶人」。到了後來，這種「禮教」進一步擴大到包含人與人之間的一切行為，冠、婚、喪、祭、朝聘、宴會等典禮，作為維持奴隸制社會秩序的重要武器，所謂「夫禮者，所以章疑別微，以為民坊者也」（《禮記·坊記》）。

周代奴隸主階級加強「禮教」的政治目的，在於使當時社會有一定的秩序。如果人人守禮，各司其職，各盡其道，社會秩序就安定了，奴隸主階級的統治地位也就鞏固了。這種「禮教」也是周代奴隸主階級主要的教育目的。

到了西周後期，奴隸主階級日趨腐朽，教育也就逐漸失去了務實的精神。射御教育改變了以前實戰性質，而變成「射不主皮」，即不需要射中目標，也不需要「貫革」（射穿用獸皮所做的箭靶），而強調「射以觀德」，即看其姿勢是否符合「禮」，動作節奏是否符合「樂」，甚至不會射箭的也可以參加射禮。禮、樂也日趨形式化。大學的建築也起了變化，水澤不見了，過去那種廳堂式的辟雍和泮宮被改成四合院，裡面有一間間整齊對稱的教室。

這些房子按照不同的方位和在裡面進行不同的教學內容各有專名，東面的稱東序、東膠或東學，西面的稱瞽宗、西雍或西學，南面的稱成均或南學，北面的稱上庠或北學，中間的稱太學或中學。大學的課程規定「春秋教以禮樂，冬夏教以詩書」。學生們按時令輪流到瞽宗學禮樂，到上庠讀書，到成均習詩歌，到東序練舞蹈。

西周大學培養目標和商代一樣，也是專門為奴隸主貴族子弟設立的，要求把他們培養成奴隸制國家政治軍事骨幹力量。只有極少數平民中的上層分子經過挑選，偶爾有機會跟貴族子弟一道學習。學校完全為國家掌握，所以稱為「官學」。進入大學的年齡，各書記載不一，最低是十五歲，最高是二十歲（小學入學年齡最低是八歲，最高是十五歲）。

入學年齡也體現了西周教育強烈的等級制度。王子入學早於一般貴族，而貴族子弟又早於一般的平民。《尚書·大傳·周傳》記載：「古之帝王者，必立大學、小學……十有三年始入小學，見小節焉，踐小義焉，年二十入大學，見大節焉，踐大義焉。」《禮記·保傅·白虎通》記載：「八歲入小學，十五歲入大學，此大學之禮，公卿世子，十三歲入小學，二十歲入大學。」

西周學校的教師由國家職官擔任，大學也是這樣。「師」這個詞，本來是軍官的稱號，周滅商前夕，指揮牧野決戰的周軍統帥呂尚，稱「師尚父」，他的正式職官是大師。在西周前期，任宮廷學校的教師稱師氏、保氏，實際上這些人是擔任王宮警衛的高級軍官。在大學也是由高級武官充任教師，後來學校文化課程的比重增大，文官任教師的才多起來，這時在大學中的教師，因其職務和所任的課程不同，而有司成、樂正、執禮者、典書者等不同名稱。

（四）夏、商、西周高等教育的特點

夏、商、西周分別是中國奴隸制社會形成、發展和由繁榮轉向衰落的時期。在奴隸社會中，大學為奴隸主貴族子弟所壟斷，成為培養奴隸主階級的接班人和維護奴隸制的一種重要工具，大學教育為奴隸主階級的政治服務；大學由國家掌握，政教合一、官師合一、文武合一是奴隸社會大學教育的另一個特點；此外，大學教育與生產分離，學校把思想教育放在首位，以「明人倫」為中心，文化知識，特別是生產勞動的知識技能訓練不被重視。西周時期，隨著奴隸制的腐朽沒落，周代奴隸主貴族把科技知識只當作一種享受而極不重視，他們提出了「德成而上，藝成而下」的口號，結果使中國的科技教育長期不被重視。

二、春秋、戰國時期的高等教育

（一）官辦高等教育的衰廢

奴隸主階級的大學，在西周末年就已經是形同虛設。周平王東遷以後，周王室更是日趨衰微，連虛設的大學也見不到了。所以孔子當時說「天子失官，學在四夷」（《左傳·昭公十七年》），但是「四夷」的官辦大學也少得可憐，查遍古籍，整個春秋242年期間，各諸侯國關於學校教育的記載，只有兩件事。一件是《詩·魯頌·泮水》中記載的，第二件是《左傳襄公三十一年》載的「子產不毀鄉校」。

第一件《泮水》中記載的屬於大學，「子產不毀鄉校」則屬於地方上的學校。但僅就這兩件事也有人提出了異議，認為《泮水》中講的「泮宮」，不像是學校，因為《泮水》這首由八首詩組成的組詩，是歌頌魯侯的威儀和

武功的,絲毫也沒有涉及學校教育的問題。戰國時期封建制逐步形成,各國統治者忙於兼併戰爭,全國還沒有一個統一的政權,因而在教育事業上,還沒有統一的制度和設施,也沒有官辦的大學教育,當時的大學教育主要靠私家進行。

縱觀春秋戰國時期官辦大學,教育都十分落後,究其原因,大致有如下幾點。其一是平王東遷以後,周王室衰微,許多官學的教師逃到各諸侯國去了,特別是公元前519年,周景王死後,王室成員發生了爭奪王位的內訌,兵戎相見,戰敗的一夥人被迫出走,如當時的召公、毛公、南宮等貴族。他們不僅把自己的家族帶到了南方的楚國,而且還帶走了大批百工。

從此以後,楚國與中原地區的宋（殷的後代）、魯等國代替了東周王室或為文化的中心。《論語微子》講:「大師摯適齊,亞飯干適楚,三飯繚適蔡,四飯缺適秦,鼓方叔入於河,播鼗武入於漢,少師陽,擊磬襄,入於海。」

這些人原來都是周王室的樂官,也是周王朝官學的教師,由於周室衰微,「樹倒猢猻散」,都各自謀生去了。其二是戰爭頻繁,各諸侯國的統治者無暇顧及教育,也不關心教育,甚至把教育當作可有可無的事,有的貴族甚至公開地說:「可以無學,無學不害」（《左傳·昭公十七年》）,再加之奴隸主階級荒淫無度,不給教育經費,結果教師生活無著落,當然也就無力進行教育了。

如晏嬰說齊國「公聚腐蠹而三老凍餒」（《左傳·昭公三年》）,「三老」就是地方上的官吏,也是教師。飯都沒有吃的,還能施教嗎?第三是學風敗壞,貴族子弟不願讀書。《詩經·鄭風·子衿》這首詩就揭露了當時大學教育衰敗的情況。這首詩透過一個大學教師的口,憂心忡忡地說:

青青子衿,悠悠我心,縱我不往,子寧不嗣音?

青青子佩,悠悠我思,縱我不往,子寧不來?

挑兮達兮,在城闕兮,一日不見,如三月兮!

把這首詩譯成現代語,大意就是:

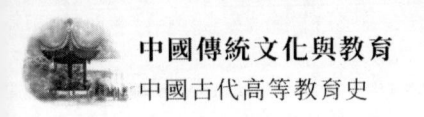

佩帶青絨白玉的學子呀！

我的心在日夜思唸著你們啊！

即使我沒有親自來找你們，也得上學校呀！

你們怎麼可以天天在城頭上轉來轉去東張西望呢？

要知道一日不學習詩、書、禮、樂，就要生疏得如隔三月啊！

這首詩生動地描繪了西周末年官辦大學的衰敗情景，昔日莊嚴神聖的大學，現在冷落了，學生們都無心讀書，整日在外面遊蕩。這也是奴隸主階級接近末日的階級命運在教育上的反映。

（二）士階層的產生

春秋時期，由於社會階級關係的激烈變化，社會上不僅有奴隸主階級和奴隸，而且出現了商人、個體手工業者、新興的地主和從事個體勞動的農民，以及一批反映奴隸主貴族、新興地主、商人和小生產者的利益和思想及掌握一定知識技能的人，這些人就是春秋時期所謂的「士」。

「士」這個詞的含義，在中國歷史上有一個發展過程，它最初的意義是比較廣泛的。有指殷代頑民的，如《尚書·周書·多士》「殷遺多士」；有在男女對言時，專指男子為士；有指用武力捍衛國家的人，如甲士。在西周時期，指那些最底層的奴隸主貴族，即公卿、大夫、士的「元士」，也就是當時的下級官吏（王官），到了春秋戰國時期，「士」就是指那些反映新興地主、商人和小生產者的利益和思想並掌握一定知識技能的人。

關於「士」的來源和種類：

在春秋時期，由於階級的分化，一部分貴族和王官在兼併戰爭中失去了土地和官位而流落到民間，下降為士，他們把自己掌握的文化知識帶到了民間；另外，就是庶民子弟上升為士，即所謂「國之秀者」，他們實際就是新產生的那些小地主、商人以及過去還是奴隸的工肆之人。

在春秋戰國時期，「士」的流品極為複雜，雞鳴狗盜之徒，引車賣漿之流，都可以稱成為「士」。當時的「士」，按其思想體系來分，大體上有儒、墨、道、法、名、農、兵、陰陽、縱橫、雜、小說諸家，其中以儒、墨、道、法影響最大。

儒家多數是那些在兼併戰爭中失去土地的貴族或失去官位的王官或他們的子弟而下降為「士」，這些人或多或少地保留了一些奴隸主貴族的思想意識；墨家則主要是代表那些小私有者，即具「農與工肆之人」的思想和利益的士；道家則是代表一部分沒落貴族且成為隱士的人，他們比較接近農民，並參加少量農業生產；法家則是代表新興統治階級利益和思想的那一部分士，他們要求改革社會，以適應經濟、政治發展需要。

春秋戰國時期的士，如果按其從事的職業來分，則有以反映各階級、階層學術思想的文學之士，這部分人在社會上地位最高，對於後世影響也最大；有掌握專門知識的策士和方士，以及具有特殊技能的武士和俠士；此外還有所謂食客，這一類人物極為複雜，甚至包括雞鳴狗盜之徒，他們投靠名諸侯和卿大夫，替主人奔走，謀取衣食。這種充當食客的士，一般也受過「六藝教育」，是當時政治、軍事上不可缺少的一群有力人物。

「士」階層的特點和「養士」：

一般地說，春秋戰國時期的「士」大多擁有少量的私田或產業，因此在經濟上他們屬於統治階級（奴隸主、新興地主或商人），在政治上他們是各諸侯國的一些中下級官吏，在軍事上他們中許多人可充當作戰骨幹，在文化上他們學得古今知識。

由於「士」的經濟狀況和社會地位，使他們在思想上表現出保守性和進步性、妥協性和反抗性兩方面的矛盾，因為他們屬於統治階級的最下層。當他們求干祿向上看時，表現為迎合上層貴族的保守思想；而當他們窮困潦倒不得志向下看時，則表現出同情庶民的進步思想。但「士」往往向上看時多，向下看時少。因此，他們思想保守性多於進步性，妥協性多於反抗性。「士」的這種思想偏上而地位近下的情況決定了他們對上對下都要有所妥協，所以調和折中的思想就成了他們最合適的思想。儒家的思想和學說就是春秋戰國時期士階層的思想結晶。

「士」在當時一般不從事生產,他們「四體不勤」「不稼不穡」「不工不賈」,唯一的希望就是憑藉所學得的知識做官食祿,做一個「治人的勞心者」,所謂「士無定主」,誰給衣食,就給誰出力。

另外,「士」階層的多數人平時四處奔走,「上說下教」,達則做官,不達則退而為師,聚徒講學等待從政的機會。所以他們在當時又有「布衣卿相」之稱。

以上便是「士」的幾個主要特點。

由於「士」都掌握一定的知識和技能,他們的社會地位重要而不高,是當時社會上一群不可缺少的有力人物,而各諸侯國之間、貴族與貴族之間經常發生戰爭,階級矛盾也非常尖銳,所以各國諸侯和卿大夫都爭相「養士」,借助這些人來鞏固和擴大自己的勢力,所謂「政在得人」,於是「招賢養士」就成了春秋戰國時期的一個特別的社會現象。

「士」在春秋前期,大都是由各諸侯國公室(國君)所養,後來由於私門(卿大夫)和公室的爭鬥,公室「養士」,「私門」也「養士」,如韓非《外儲說·左下》講魯國「季孫養孔子之徒所朝服而與坐者以數十」,可見當時私門「養士」之風已經十分盛行了。到了春秋中後期和戰國時期,「養士」之風更是遍及各個諸侯國,如秦穆公、魏文侯、梁惠王、燕昭王等都曾經有一段時間成為士的集中保護者。

齊國威王、宣王時,還在都城臨淄西門之外設立「稷下學宮」,招納天下賢士(因西門面對稷山故曰稷門,在此設學堂,故有稷下學宮之稱),並設大夫稱號吸引學者,據說有六十七人先後被封為上大夫,這些人不擔任任何行政職務,只從事於議論,專門講學論道,即所謂「不治而議論者」,齊王在生活上也給他們以非常優厚的待遇。孟軻曾來此遊學,荀況還在這裡先後三次做祭酒(學宮中主持學術的最高領導,由受人敬重的學術權威充當)。

當時的稷下學宮不僅有許多儒家學者,而且其他不同觀點的學者,如道家、陰陽家等,也都來此遊學。大家在這裡自由講學,宣揚自己的主張,先秦時期的學術思想,在這裡形成了一個薈萃的中心。《史記·田敬仲完世家》

記載:「宣王喜文學遊說之士,自如騶衍、淳於髡、田駢、接子、慎到、環淵之徒七十六人,皆賜列第,為上大夫,不治而議論。是以齊稷下學士復盛,且數百千人。」

稷下學宮既是當時官辦的一個「養士」場所,又是一個學術交流的中心,還是一個進行教育活動的地方。《管子》中的《弟子職》一文,據郭沫若同志考證,就是當時齊國稷下學宮制定的學規(郭沫若《管子集較》)。而私門的「養士」如戰國的四公子(齊國的孟嘗君、楚國的春申君、趙國的平原君、魏國的信陵君)以及秦相呂不韋等,他們都是門下食客數千人中的一員,這時「養士」達到了高峰。

各國諸侯和私門的頭頭們,對他們所養的士,不僅在生活上都給予優厚的待遇,而且在工作上給他們創造了良好的條件,讓他們能夠自由交流學術思想,同時在政治上也給他們以很高的地位。春秋戰國時期各國公室和私門所養的士,絕大多數成了他們進行爭權奪利爭鬥的參謀和智囊。許多有才能的人,在社會大動盪的環境中,在瞬息萬變的歷史漩渦裡顯露了頭角,上演了「竊符救趙」「毛遂自薦」等一幕幕好戲,當然也曾出現過「濫竽充數」的情況。

私門與公室之間在「養士」問題上也有競爭,春秋時期的孔丘、墨翟,戰國時期的孟軻、荀況這些大師,他們都曾先後到各國說教,尋找從政的機會。在一國之內,公室不能容,便走私門。如田駢受讒於齊而奔薛,孟嘗君聞之,便使人以車相迎;私門如果呆不住,便跑公室,如李斯因呂不韋失足而上《諫逐客書》以媚秦王,因而受寵用、居相位。

由於公室和私門競相「養士」,「士」的身價隨之提高了。同時「士」還成為一種謀生的職業。「士」一經成為職業,就有擇業的對象,有的人把做士」當成終南捷徑,把讀書做「士」作為進身之階,於是都爭相來學做「士」。韓非《外儲左上》載有兩個故事:「中牟之民棄田圃而隨文學者,邑之半……晉國之辭仕記(商賈)者,國之錘(四分之一為錘)……」,這表明當時透過讀書學做「士」,已成為一種社會風氣,而官學當時又不存在,所以私學就應運而生了。

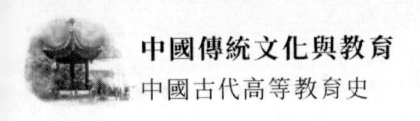

(三) 私學的興起

由於春秋戰國時期社會階級關係的劇烈變化，貴族壟斷文化知識的局面被打破，社會上出現了一個新的「士」階層。隨著兼併戰爭的發展，社會上對「士」的需要不斷擴大（統治需要大批人才），不少人也想借讀書作為進身之階。而當時的官學已經名實俱無，所以一些「士」的大師在這種情況下，為適應社會需要，便自立學館、聚徒講學，也就出現了所謂「私學」（從當時階級戰爭形勢的發展和士階層形成的歷史來看，私學在春秋初期就應該產生了，但目前還沒有確鑿的史料予以證明）。

私學一經出現，很快便發展起來。春秋末期，孔丘和墨翟大規模的創辦私學，到了戰國，私學更是興旺發達，「從師」成了社會的風尚。當時「從師」不僅是為了學得知識，而且是結成一個政治集團，作為進入仕途的一個門徑。如當時孟軻就是「後車數十乘，從者數百人，以傳食於諸侯」（《孟子·滕文公》）。

孔子（孔丘）是春秋末年首創大規模私立大學的教育家，他辦的學校設有教學活動的「堂」，有學生居住的「內」，他還根據每個學生的不同情況和特點實行分科教學。《史記·孔子世家》講：「孔子以詩書禮樂教弟子蓋三千焉，身通六藝者七十二人。」與孔子同時辦私學的據說還有魯國的少正卯。比孔子稍後的私學大師則有宋國的墨翟，《淮南子·泰族訓》講：「墨子服役百八十人，皆可使赴火蹈刃，死不旋踵。」

《呂氏春秋·當染》篇也說：「孔墨徒屬彌眾，弟子彌豐，充滿天下。」由於孔子和墨子（墨翟）創辦大規模的私學，各自招收了一大批學生，從而分別形成了儒家和墨家學派，它們這兩個學派在春秋戰國時期都有很大的影響，《淮南子》說：「世之顯學，儒墨也。」

私學是在春秋戰國時期那個特定的社會歷史條件下的產物，它在當時既是一個教育組織，又是一個學術派別，還是一個政治團體。它的出現為當時的思想爭鬥開拓了新的廣闊的陣地，並把教育開始普及於平民，從而使中國古代的文化空前豐富和繁榮起來，為戰國時期的百家爭鳴奠定了基礎。私學

不僅為當時的社會培養了大批傑出的人才，而且在教育方面積累了豐富的經驗，對中國兩千多年的封建社會的教育產生了直接的巨大的影響。

（四）百家爭鳴及其對教育的影響

在生產發展、科學技術進步和社會大動盪的形勢下，戰國時期的學術思想也獲得了空前的發展，出現了「百家爭鳴」的局面。中國歷史上，一般人稱西周之學為「王官」之學，稱春秋戰國之學為諸子之學，諸子百家是泛指其多，而不是說當時實有百家。在春秋末年，社會中出現的儒、墨兩家的對立，則是戰國時期百家爭鳴的先導。

戰國時期出現百家爭鳴的局面有多種原因，歸納起來大致有以下幾點：

首先，從經濟上看，隨著社會生產力的提高，為單純從事腦力勞動的人的增多提供了物質基礎，加之交通較以前發達、書籍增多，也為諸子交流思想、討論問題創造了有利條件。

其次，從政治上看，這個時期各國奴隸主統治階級已日暮途窮，新興的統治階級政權還沒有完全形成和建立。正如孟軻所說，當時是「邪說暴行，楚士橫議」之時，因而在社會上的思想言論是比較自由的。加之，當時社會處於大動盪、大分化的時期，各階級、各階層的代言人都紛紛出來為本階級、本階層的利益大聲疾呼。

第三，從文化思想上看，一些貴族、王官因亡國失位而沒落，下降為士。春秋時期興起的「養士」之風和私學，在這個時期有了更大的發展，貴族們把知識帶到了民間，培養了大批人才，加之社會上產生了許多亟待解決的問題，促使學者們進行思考和研究，因而出現了許多不同的學派，形成了百家爭鳴的局面。

對於戰國時期流行的學派，歷史上曾有許多種分法。《莊子·天下》按人頭分為六家：

1. 墨翟、禽滑釐，

2. 宋鈃、尹文，

3. 鼓蒙、田駢、慎到，

4. 關尹、老聃，

5. 莊周，

6. 惠施。

《荀子·非十二子》也是按人頭則分為：

1. 它囂、魏牟，

2. 陳仲、史䲡，

3. 墨翟、宋鈃，

4. 慎到、田駢，

5 惠施、鄧析，

6. 子思、孟軻。

司馬遷父子（司馬遷之父司馬談《論六家要旨》）則按學術性質的不同分為六家：

1. 陰陽家，

2. 儒家，

3. 墨家，

4. 名家，

5. 法家，

6. 道德家。

班固在他所著的《漢書·藝文志·諸子略》中在司馬氏父子的基礎上又加縱橫家、雜家、農家和小說家，共計十家，以後有人提出小說家不足道，減少一家，而稱為「九流」（指上九流，後代把醫、卜、星、相、皂、妓等稱為「下九流」）。當時各家為了加強自己在爭鳴中地位和號召力，還分別偽

托一些古人作為自己的老祖宗，如儒家推出堯、舜，墨家找了大禹，道德家則依託黃帝等。

以上各家中，在春秋末期最重要的是儒、墨兩家。而在戰國時期，除儒、墨以外，還有道家和法家，其中特別是道家，對當時其他各家以及對後世的學術思想都有很大的影響。後來不斷改造的儒家思想，則成了中國封建社會的正統思想。

儒、墨、道、法各家在教育上的爭論主要集中在如何對待傳統文化以及教育的作用問題上。儒、墨兩家都很重視教育的作用，因此給教育以很高的評價，並且積極地從事教育活動。在對待傳統文化上，儒、墨略有不同，儒家尚古，孔丘說他「信而好古」，墨家則更強調現實的實用，但並不反古，墨翟提出的「本、原、用」的三表法就明顯地表示他們也是很重視古代文化的。

道家和法家對傳統文化基本上都是持否定態度，道家從右的方面反對傳統文化，否認教育的作用，他們認為智慧和道德觀念形成的過程，就是人類墮落的過程，他們說「禮者，忠信之薄而亂之首者」，並進而提出「絕聖棄智，絕仁棄義」的口號。而法家則是從左的方面反對傳統文化和教育的作用，商鞅、韓非等人把知識分子稱為虱和五蠹，提出「以法為教，以吏為師」的口號，實際上是取消學校教育。

不過道家「無為而治」的政治主張和豐富的辯證法思想，及法家反對的復古主義，也具有一定的積極意義。另外，他們反對統治階級的文化教育，道家主張教育順其自然，法家主張教育為現實的政治服務，這些思想對後世的教育都有一定的影響。其他如農家、兵家的辯證法思想，名家的邏輯思想，對教育、教學工作都有直接、間接的啟發作用。它們既豐富了教育內容，也影響了教學方法的改進。

戰國時期是中國古代學術思想發展的一個黃金時代，百家爭鳴促進了中國學術思想的空前繁榮，對中國高等教育的發展和社會的進步都起了積極的作用。

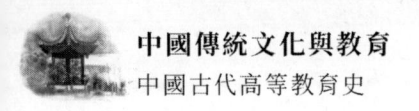

第三節 孔子的教育思想

一、孔子的生平，政治、哲學思想

（一）孔子的生平

孔子，名丘，字仲尼，春秋時期魯國陬邑人（今山東曲阜）人，公元前551年生於魯國昌平鄉陬邑（山東泗水縣東南），公元前479年病死，活了72歲。

孔子的祖先是宋國的奴隸主貴族，因宋國奴隸主貴族發生內訌，孔子的曾祖父伯夏遭受打擊和排斥，被迫離宋，逃到魯國。孔子的父親叔梁紇是個武士，曾做魯國陬邑宰。孔子三歲時，他的父親就死了，由母親顏氏哺養，並遷到曲阜定居。據說在孔子出生前，他父母曾到陬邑附近的尼丘山求神降子，又因他排行第二，故字仲尼，名丘，亦說孔子生下來頭上有許多凸起的地方，故名丘。

由於宋國是殷王室的後代。魯國是周公的兒子伯禽的封邑，因此宋、魯兩國在當時是保存商周傳統文化最多的地方，也是當時奴隸主貴族文化的中心，所以孔子自幼就受到濃厚的西周傳統文化的薰陶，在兒童時代就知道「陳俎豆，設儀容」（祭祀活動）。

孔子幼年時雖家庭生活貧困，但他極其好學，而且他生活的春秋時代，奴隸主貴族壟斷的官學已經衰敗，名存實亡，加之一些掌握文化的奴隸主破產下降為庶民，因此，孔子能夠到處尋師學習。據說，他先後曾跟師襄學琴，訪 弘學樂，向老聃問禮，向郯子問官制，遇有機會到太廟（國君祭祖的地方），也處處留心向人請教。這樣一來，曾經被奴隸主所壟斷的文化知識，孔子學得了很多，所以當時就有人稱讚孔子年少好禮，博學多能。

孔子十七歲喪母，此後生活更加貧困，二十歲以後，不得不靠給人家「相禮」（辦喪事）為生，也幹過一陣管理倉庫和管理牛羊的差事，他自稱「吾少也賤，故能多鄙事」（《論語·子罕》以後引文凡出自《論語》只注篇名）。由於孔子自幼勤奮好學，所以逐漸成為當時一位有名望的學者。

孔子大約從三十歲起，即開始在魯國從事教育工作，一直到他老死為止，其間只有很短的時間，即在他五十歲以後的五六年期間，他先後在魯國任中都邑宰（國都的行政長官）、司空（掌握建設工程的長官）、司寇（掌管司法部門的長官）和代理宰相的職務。公元前502年，孔子參加了齊魯兩國國君在夾谷（今山東淄川東南）舉行的會議，在這次會議上，他作為魯國的代表，據「禮」力爭，終於迫使齊國退還了侵占的魯國土地。

夾谷會議以後，魯國的國際地位提高了，孔子也因此聲望大振。孔子在攝政相位的時候，使魯國的內政也取得了一些成績，結果引起了鄰國的恐懼。在齊國因怕魯國強大而送來80名女樂和120匹良馬給魯國的執政者季恆子以後，季恆子被腐蝕，三日不過問政事，也不聽孔子的勸告。孔子一氣之下，帶著他的學生離開魯國去齊、衛、宋、楚等國尋找從政的機會。

由於孔子的主張不適應當時兼併戰爭形勢的需要，所以他在政治上始終不得志，四處碰壁。在各諸侯國，各國國君們雖然對他以禮相待，但卻敬而遠之，不聽他那一套。就這樣過了十多年的流浪生活，六十八歲時雖然以國老身份回到魯國，但仍不見用，於是只好專門從事教育及其有關的活動，刪《詩》《書》，訂《禮》《樂》，修《春秋》，作《周易》的《十翼》。

由於孔子從事教育活動前後有四十年之久，所以及門第子遍於天下，相傳他的學生有三千人，身通「六藝」的高材生有七十二人。孔子的學說就是由這些學生傳播出去的，在當時形成了一個最有名的學派——儒家。孔子就是儒家學派的創始人。

孔子在長期的教學實踐中，積累和總結了豐富的經驗，他的學生在他死後把他的言論彙集起來編成《論語》，這部書現存共20篇、492章、11705字，孔子的政治哲學思想和教育經驗主要保存在《論語》這部書裡。

（二）孔子的政治思想

由於孔子出身於一個沒落奴隸主貴族家庭，加之他受的教育和所處的環境，導致他在政治上立足於奴隸主貴族的立場。但他不是奴隸主貴族的頑固派，因為他生活的時代，奴隸制已面臨崩潰，是一個充滿矛盾的大變革的時

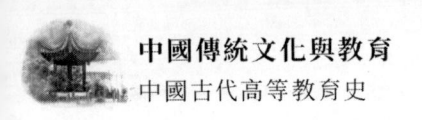

代。同時在他青少年時期,生活窮困潦倒,更接近庶民,瞭解一些民間疾苦,因而有不少同情下層人民的改良思想和順應時代變革潮流的進步思想。

這就決定了孔子在其政治思想上的兩重性,即他既有復舊的夢想,又有順應潮流革新的思想。

當然,孔子的上述政治方案和主張在當時是不切實際的,他想透過修補去緩和階級矛盾,使天下復歸太平,這並不符合當時的客觀需要,所以它既不能為當時急於奪取政權的新興統治階級所採納,也不被舊制度的把持者所接受,但這些主張的某些部分,在一定程度上代表了人民的呼聲,反映了人民的要求和願望。

同時,那些從統治者長遠利益著眼的方案,雖不被當時目光短淺的奴隸主貴族所瞭解。但在人民力量的重要性日益展現出來的時候,卻被後來的一些封建統治者所重視,在不同的歷史條件下起著不同的歷史作用。因為孔子的那些主張從根本上來說是有利於統治階級穩定其統治地位的,孔子就正是靠這些主張成為封建帝王的先師。

不過歷代反動統治者不會限制對人民的剝削,所以「德治」「仁政」在當時做不到,在後世也是一句空話。

(三)孔子的哲學思想

孔子的哲學思想,同他的政治思想有密切的聯繫,並且同政治思想一樣也具有兩重性。孔子是一個比較務實的人,談論哲學問題不多,他基本上是一個有神論者,但他在天命問題上與當時祝、宗、卜一類的巫師又有很大的區別。

孔子是以一種中庸的思想來對待的,他一方面保留了西周以來的傳統的天命觀——「畏天命」,說:「獲罪於天,無所禱也。」《八佾》即承認天是有意志的,能知人的善惡。

同時,他又把天當作自然現象和規律而否定有人格的「上帝」決定一切,他曾明確地說「天何言哉,四時行焉,百物生焉,天何言哉」(《陽貨》);在鬼神問題上,孔子基本上是採取存而不論的態度,他曾經說「祭如在,祭

神如神在」（《八佾》），但他又特別強調「務民之義，敬鬼神而遠之」（《雍也》），他的學生也說「子不語怪力亂神」（《述而》）。

對此，魯迅先生曾指出：「孔丘先生確實偉大，生在巫鬼勢力如此旺盛的時代，偏不肯隨俗談鬼神。（《再論雷峰塔的倒掉》）在社會歷史問題上，孔子過分強調個人在歷史發展上的作用，他只認為歷史的發展有所損益，而不承認有變革、有質的飛躍。

二、孔子的教育思想

孔子的教育思想內容很豐富，現在僅就孔子對教育作用的理解，以及他的教育目的、教育對象、教育內容和教育原則等幾方面作簡要的說明。

（一）孔子對教育作用的認識

教育理論上最根本的問題之一，是教育的性質和作用的問題。生活在兩千多年前的孔子，他不可能認識到教育中的一部分問題是一定社會的政治和經濟的反映，又作用於一定的社會的政治和經濟，他也不可能明確認識到在階級社會中，教育是階級爭鬥的一種重要手段。但是，作為中國階級社會早期的一個大教育家，他確實看到了教育的社會作用和教育對人產生的巨大影響。

首先，他意識到了教育和政治是不可分的，並且明確指出：教育工作就是政治工作的一種特殊形式。所以，當有人問他為什麼不去做官的時候，他引經據典、理直氣壯地回答說：培養人的工作就是一種政治工作。

《論語·為政》記載：「或謂孔子曰：『子奚不為政？』子曰：『《書》云：孝乎惟孝，友於兄弟，施於有政。』是亦為政，奚其為為政？」因此，當他求官不得，無法施展自己改良社會的政治抱負時，就退而聚徒講學，想透過教育來達到他曲線從政的目的。

其次，在教育的社會作用這個問題上，孔子提出了「善人教民七年，亦可以即戎矣」（《子路》）的思想，意思是統治者只要加強對老百姓進行教育，就可以使他們為鞏固統治者的權力而努力作戰。

不僅如此，在這個問題上，孔子還進一步提出了「庶、富、教」（《子路》）的觀點。有一次，當孔子到衛國去，看到了衛國人口眾多，就非常感慨地嘆息：「庶矣哉！」隨身給他駕車的學生冉有就問他，人口多了下一步該怎麼辦呢？孔子回答說「富之！」，讓他們富裕起來，冉有又問，富了下一步又該怎麼辦呢？孔子說「教之！」，對他們進行教育。

孔子的這種「庶、富、教」的思想，既表明了他的物質第一性，精神第二性的樸素思想，也表明他的教育與經濟關係的思想。孔子在這裡明白無誤地把教育當作立國的三大要素之一。

第三，關於教育在人的形成過程中的作用，孔子也很重視。儘管孔子在人性問題上講得不多，但從他的「性相近也，習相遠也」（《陽貨》）的主張來看，他是認為人生下來的天賦素質是差不多的，「性相近」嘛，因此，一般人就有受教育的可能性；而「習相遠」就是指出，後天的環境和教育才使人表現出很大的不同，也就是說每個人都有受教育的必要性。

孔子以後，中國歷史上的許多學者就發展了孔子「習相遠」的思想，形成了後天環境決定論者。此外，孔子還說過：「生而知之者，上也；學而知之者，次也；困而學之，又其次也；困而不學，民斯為下矣。」（《季氏》）。當然，孔子作為一個階級社會的教育家，他的思想是帶有階級烙印的，他是站在統治階級立場來看待教育的。所以，他承認統治者是「生而知之」的。同時，他把人分為「生而知之」「學而知之」「困而學之」和「困而不學」幾種情況，這顯然為後來的唯「性三品說」開了方便之門。

但我認為，孔子這段話重點是在強調「學」，是他看到了教育在人的形成中的重要作用。他反覆強調的是「學而知之」「困而學之」，反對的是「困而不學」。同時，「生而知之」這句話也可以說是虛設一句，他自己就不承認是「生而知之」的，並且公開聲明「我非生而知之者，好古敏以求之者也」（《述而》）。當然，在人的發展上，孔子雖然看到了教育的重要性，但他也不可能正確理解遺傳、環境、教育三者之間的關係。

（二）孔子的教育目的

孔子教育的目的，是要求他的學生「學為人」，在於教人完成理想的人格。其具體目的就是要培養「士」和「君子」，而理想目的是要培養具有「忠恕」之道的「聖人」「仁人」。這些「士」「君子」「聖人」「仁人」都具有奴隸主階級所需要的文化知識、道德品質以及從政的能力。他們是奴隸主階級所需要的輔治人才。

由於孔子的政治理想是為政以德、實行仁道、以禮治天下，所以在教育上他對「士」「君子」「聖人」「仁人」提出了加強「仁」和「禮」的修養。孔子認為培養「士」「君子」「聖人」「仁人」的主要條件是要先從品德方面做起，他要求一個人必須堅毅、踏實、誠實、正直、不誇誇其談，不阿諛奉承。所以他說「剛毅木訥近於仁」（《子路》）「巧言令色鮮矣仁」（《學而》）。

在人與人的關係上，他提出了「己欲立而立人，己欲達而達人」（《雍也》），「己所不欲勿施於人」的「忠恕」之道。在政治方面，他主張仁者「愛人」（《顏淵》），「能好人，能惡人」（《里仁》），並且還進一步指出，一個人在追求真理時，就要「當仁不讓於師」（《衛靈公》），甚至犧牲自己也在所不惜，所謂「無求生以害仁。有殺身以成仁」（《衛靈公》）。孔子教育目的就是要培養具有上述品德的人。

至於孔子具體教育目的：「士」，就是要具備孝、忠、信這些基本品質，他們能夠在出使他國時「不辱君命」，能夠「見危受命」（《子張》），並「言必信，行必果」（《子路》），而「君子」則是「士」人中的模範，他們是能夠「修己以敬」「修己以安人」（《憲問》）的人，是「謀道不謀食」（《衛靈公》）的，而且做任何事情都不違背「仁」，「君子無終食之間違仁，造次必於是，顛沛必於是」（《里仁》）。這些「士」和「君子」在得志做官時，能夠「上致君，下澤民」，為奴隸社會的政治服務；他們在不得志時，也能安貧樂道，而不至於去幹那些犯上作亂的事，也就是他們能夠從社會風俗上造成維護奴隸制社會的政治作用。

至於「聖人」「仁人」，他們的條件就更高了，在孔子的心目中也只是理想的人物，現實生活中並不存在，「聖人吾不得而見之矣，得見君子者斯

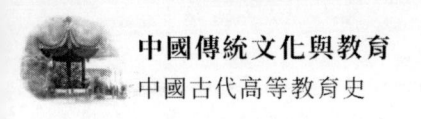

可矣」（《述而》），孔子自己也不敢當這種「聖人」「仁人」，「若聖與仁則吾豈敢」（《述而》）。

總之，在教育目的上，孔子明顯是為奴隸主國家培養統治者，最低限度也是培養具有維護奴隸制社會的品質的人。

（三）孔子的教育對象

孔子辦私學教育對象不侷限於奴隸主貴族，在範圍上有所擴大。他曾宣告：「自行束修以上，吾未嘗不誨焉」（《述而》）。這就是說只要交一捆乾牛肉，無論是誰，不管門第高下，也不問貧賤富貴，我都願意對他進行教育。同時他還提出「有教無類」（《衛靈公》）的主張，意思是說他的教育對象沒有任何限制。

對於「有教無類」這句話，多少年來，人們對它作了許多解釋和爭辯。其實，這句話只是孔子自己誇耀他收學生沒有什麼限制，不像當時的官學只有貴族子弟才有入學的資格。但實際上「有教無類」在當時是不可能做到的，如廣大從事生產的奴隸，就不可能自由地參加學習，接受教育。所以，「有教無類」實際上只是一句不能兌現的空話。

不過從史書的記載來看，孔子當時的學生來源確實比較廣泛，學生的生活條件也相當懸殊。從地域或從國別上看，孔子的學生除了魯國的以外，還有來自衛國（子貢）、宋國（原憲）、陳國（子張）、齊國（子羔）、蔡國（漆雕開）、秦國（秦祖壤、駟赤）、楚國（秦商、公孫龍）、吳國（言偃）等。

這表明孔子的弟子既有來自魯、衛、齊、宋等華夏國家，也有來自吳、楚、秦等當時所謂的蠻夷之邦；從生活條件來看，孔子弟子中，既有居陋巷的顏回，穿蘆花的閔子騫，靠母親織布過活的曾子，以及賤人之子仲弓，甚至有梁父山的大盜顏涿聚，也有貴族司馬牛、南宮括，還有經商聚富的子貢。

孔子的整個教育，雖然基本上是為奴隸主貴族階級的政治服務的，但他提出「有教無類」的主張，在當時奴隸主階級還完全壟斷著教育權利的情況下，在奴隸們還被當作只是會說話的工具的時候是有其進步意義的。這個主張既反映了新興階級對於文化知識的要求，也提高了奴隸們的人格和價值。

同時，還由於孔子在實際的教育活動中，不分等級和地域廣泛招收學生，客觀上大大地普及了教育，對當時文化的傳播和儒家學派的形成都起著一定的積極作用。

(四) 孔子的教育內容

孔子的教育內容是受制於他對教育作用的認識和他的教育目的的，也受當時已有的文化典籍、禮俗制度和生產發展水準的影響。孔子從培養從政的「士」和「君子」這個具體目標出發，以「文、行、忠、信」作為他教育的基本內容。「文、行、忠、信」的內容基本上都屬於今天所說的人文社會科學。這裡「文」是代表廣泛的知識教育，「行、忠、信」則是屬於道德教育。

孔子還明白地宣稱「行有餘力，則以從文」（《學而》），可見，孔子很重視學生的道德品質修養。甚至可以說，孔子的教育內容，基本上都是屬於道德範圍的，知識教育也是從屬於道德教育並為道德教育服務的。除了道德教育和知識教育以外，孔子也很重視音樂教育和射御等軍事教育。

在道德教育方面，孔子是以「仁、禮」為核心，以孝、悌、忠、信為基礎的。他要求他的學生子夏成為「君子儒，無為小人儒」（《雍也》），就是要求學生成為道德品質高尚的知識分子，而不要做道德品質惡劣的知識分子。在道德教育的方法上，孔子強調立志：「士志於道而恥於惡食者」（《里仁》），「三軍可奪帥也，匹夫不可奪志也」（《子罕》）；言行一致：「君子恥其言而過其行」（《憲問》），「敏於事而慎於言」（《學而》），「聽其言而觀其行」（《公冶長》）；培養感情和信仰：「君子謀道不謀食」，「憂道不憂貧」（《衛靈公》），「樂而忘憂」（《述而》），「志士仁人，無求生以害仁，有殺身以成仁」（《衛靈公》）。

由此可以看出，在兩千多年以前的孔子，是非常重視學生的思想政治教育的，而且他還揭示出了思想教育中若干帶有普遍意義的規律性東西，這些規律在今天仍值得我們進行思想政治教育時所借鑑。

除了道德教育以外，孔子也很重視學生的知識教育。他的學生分「德、行、言語、政事、文學」（《先進》）四科進行學習，這說明孔子除了重視

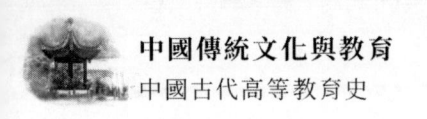

道德教育以外，語言、政事也是重要的教育內容。同時，孔子在知識教育中，除了傳授社會科學（即所謂意識形態）方面的知識外，對於科學技術、自然知識也並不完全排斥。

他所用作主要教材的《書》《詩》《春秋》都含有許多自然科學知識。如《書》中就有世界上最早的日蝕記錄：《左昭·十七年》引夏書曰：「辰不集於房，瞽奏鼓，嗇夫馳，庶人走」（《書·夙征》）。

《詩》中不僅記錄有地震記錄（《詩·小雅·十月之交》），還有大量的關於動植物形態、習性，動物飼養，植物栽培方法的記載，清朝的顧凍高《毛詩類釋》中統計了《詩》中講到的動、植物達334種。《論語·陽貨》記孔子論《詩》的教育作用時也說：「詩可以興，可以觀，可以群，可以怨，遠之事君，多識於鳥獸草木之名。」《陽貨》所載文字表現了《詩》的教育作用，即除了思想感情方面的影響外，還有「多識於鳥獸草木之名。」《春秋》中也記錄了37次日蝕（其中有30次已證明可靠的），記錄次數之多，以及它的準確性在世界文獻中都是罕見的。

《春秋》中還有世界上最早關於哈雷彗星的記載，《春秋》文公14年：「秋七月，有星墜入於北」。由此可見，孔子在教育中對於自然知識並不排斥。

不過，也必須指出，孔子雖然不排斥學習自然科學知識，但是他所要培養的是治人者的「士」和「君子」，因此他們用不著受生產勞動的訓練，所以當他的學生樊遲向他請教如何耕田和種菜時，他罵樊遲是「小人」，這表明他是明顯地反對學習工農業生產勞動本領的。同時，他對於商業也是很輕視的。

此外，音樂和傳統的射御也是孔子的教育內容之一。孔子不但自己的音樂修養很高，也很重視音樂對人的教育作用。他說：「興於詩、立於禮，成於樂」（《泰伯》）。在孔子的分科教育中，雖然沒有射御，但他所培養的「士」「君子」在當時一般都是文武兼備的人。所以，他在教育中並沒有拋棄傳統的射御。

孔子本人就是一個文武兼備的儒家大師，後世把孔子畫成峨冠博帶的文弱書生，那是後人對孔子真實形象的歪曲。在孔子講學的地方有專為習射用的射圃，平時他也常與學生談論射御的事。

在他的學生中，冉求、樊遲、子路等都是很有軍事才能的人。《左傳》載：哀公14年，魯國與齊國作戰，冉求是魯軍左師的指揮官，在這次戰鬥中他指揮得很出色，打敗了強大的敵軍，冉求因此受到了季康子讚賞。當季康子問冉求的軍事才能是從哪裡學來時（「子之於軍旅，學之乎，性之乎」），冉求回答：「學之於孔子」（《史記·孔子世家》）。這個故事明顯地說明了在孔子的教育內容中是有軍事項目的。

不過，由於孔子強調仁、禮，不免有把射御引向儀禮化的傾向。所謂「射不主皮，為力不同科」「君子無所爭，必也射乎，揖讓而升……」（《八佾》）至於《論語》中記載衛靈公問孔子打仗的事，孔子回答：「軍旅之事，未之學也」這句話並不足以說明孔子排斥軍事教育，只是因為孔子不屑於或者不願意與衛靈公談打仗的事罷了。

特別值得提出的是，在孔子的教育內容中沒有宗教科目，這是一個很大的特點。這一點對於中國幾千年來教育的非宗教性有很大的影響，也是中國傳統教育與西方教育的一個重要區別。

總之，孔子的教育內容雖然是以道德教育為核心，但是他把智、體、美都照顧到了（儘管智、體、美都是從屬於道德教育，並為道德教育服務的），這在古代教育史上確實是難能可貴的。

（五）孔子的教育原則

作為一個偉大的教育家，孔子在近40年的教育實踐活動中，積累和總結了豐富的教育經驗，這些經驗有不少至今還閃耀著智慧的火花，這些經驗是中國教育史上的重要遺產，歸納起來有如下幾點：

1. 循循善誘

《論語·子罕》記載孔子的得意門生顏回曾對其老師的學問、教育方法做了一個稱讚性的概括和總結。他說：「仰之彌高，鑽之彌堅，瞻之在前，忽

焉在後，夫子循循然善誘人，博我以文，約我以禮，欲罷不能，既竭吾才，如有所立卓爾，雖欲從之，末曲也已。」這段話的大意是說：老師的學說博大精深，似乎有些高不可及，堅不可入，恍惚不可捉摸。但是由於老師的教授得法，能夠博文約禮，按次序的對我們進行教育，從而使得我們想停也停不下來，而只有盡我們的能力努力地去學習。

孔子的這種循循善誘的教育方法，不僅引起了學生對學習的興趣，而且極大地激發了學生的積極性，使他們竟達到了「欲罷不能」的境地。孔子指導學生在學習中積極思考，各盡其才，尋找問題的答案，雖然學生有時感到困難，產生「瞻之在前，忽焉在後」的感覺，但他這種培養學生獨立鑽研的教育方法，確實是很有創見的，比那些機械的注入不知高明多少倍了。

2. 因材施教

因材施教是每個有教育經驗而又肯盡心教好學生的教師都會選擇的教育方法，因為在教育實踐中必然發現不同學生在各方面都是不同的，如果想要教好學生，就必然因人施教，這不只是孔子會這樣。但是在中國教育史上孔子的確是第一個實踐因材施教的人，而且做得比較好。孔子在教育實踐中，善於根據學生不同性格和特點以及他們興趣、愛好的差異給予不同的甚至完全相反的教育內容與實踐要求。

最生動的例子是當子路、冉有兩個學生同問「聞斯行諸」時的解答，孔子對子路的回答是：「有父兄在，如之何其聞斯行之」，而對冉有則回答說：「聞斯行之」。這時在旁邊的另一個學生公西華對孔子這樣的回答感到迷惑不解，就問孔子為什麼這樣解答，孔子回答說：「求也退，故進之，由也兼人，故退之」（《先進》）。就是說，因為冉有平時膽小怕事，所以對他採取鼓勵的態度，而子路為人好勇自負，因此抑制他一下。

可見孔子是有意這樣做的，這也充分體現了他的因材施教的精神。此外，在對待學生問仁，問孝，問從政等問題上，孔子都是根據問者的不同情況，因人而異地有針對性地進行回答。他的回答完全滿足了不同才能學生的要求，因而收到了較好的效果。

正是由於孔子採取因人而異的教育,所以為當時社會培養了一大批人才,對此,漢代的王充在其所著的《論衡》中,曾給以高度的評價。王充說:「孔門第子七十之徒皆任卿相之用,被服空教,文材雕琢,知能十倍,教訓之功而慚漬之力也」(《率性》)。我們今天仍然高度評價孔子因材施教在培養人才上的意義,特別是他的分科教育培養人才的方法,不僅在當時是具有進步意義的,而且對後世學校的分科教學法也有很大的影響。

3. 對學生提出嚴格的要求

孔子在教育實踐中,除了認真總結了研究和運用好的教育方法外,還注意對學生提出嚴格的要求。這一點可以說是孔子教有取得成功的一個重要原因。

首先,孔子教育學生,一個人要取得道德品質修養上的提高和學業上的成就,就不能在生活上貪圖安逸、追求享受。他指出:「士志於道而恥惡衣惡食者,未足與議也」(《里仁》,他特別讚揚顏回的「一簞食,一瓢飲⋯⋯不改其樂」的安貧樂道的精神(《雍也》)。

其次,孔子十分強調對知識要有老老實實的態度,不能弄虛作假。他告誡子路說:「由,誨汝知之乎,知之為知之,不知為不知,是知也」(《為政》)。

第三,他要求學生在學習上要有堅持不懈的精神,不能半途而廢。當冉求向孔子訴苦:「非不悅子之道,力不足也」時,孔子馬上給他指出:「力不足者,中道而廢,今女畫」(《雍也》),意思是說,你強調力不足是想中途而廢,你這是自己畫地為牢,把自己束縛起來。

最後,孔子特別反對學習上的懶惰行為。他說:「飽食終日,無所用心,難矣哉」(《陽貨》),所以當他發現宰予白天睡覺時,就大發脾氣,罵他是不成材的爛木頭:「朽木不可雕也,糞土之牆不可汙也」(《公冶長》)。

4. 以身示範

孔子在教育實踐中,不只是對學生提出嚴格的要求,重視言教,而且特別注意身教,強調以身作則,以人格感化學生。他說:「子帥以正,孰敢不

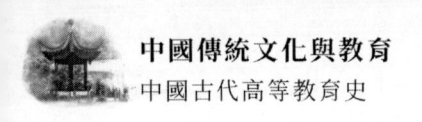

正」（《顏淵》）。他認為，一個人雖先自立才能立人，雖先正己，才能正人。所以他又說：「其身正不令而行，其身不正，雖令不從」（《子路》）。

孔子的這些話本來是對統治者說的，但它對教師也完全適用。大量的事實證明，教師的榜樣，有無窮的力量，教師的威信，完全是建立在以身作則的基礎上的。孔子一生從事教育的最大成功，值得我們重視的就是他的以身作則。

孔子對學生提出的各項要求，首先他就要求自己做到。他要求學生要勤奮學習，他自己就是一個好學的典型，甚至達到了「發憤忘食，樂以忘憂」的境地。他要求學生要有「知之為知之」的態度，而他自己也是凡是知道的，他就說知道，不知道的就說不知道，絕不不懂裝懂。如當有人問他「禘之說」時，他就老實承認自己「不知也」（《八佾》）。

孔子對學生不僅誨人不倦，循循善誘，而且對學生的態度非常誠實坦白，有一次他很誠摯地對學生們說：「二三子以我為隱乎，吾無隱乎爾，吾無行而不與二三子者是丘也」（《述而》）。此外，他有錯誤也能勇於承認，別人給他提出意見，他也表示歡迎，如他在陳司敗問昭公是否知禮時，他說錯了話，別人一經指出，他立刻在學生面前坦白承認：「丘也幸，苟有過，人必知之」（《述而》）。

正是由於孔子在教育活動中能處處以自己的行為和人格感化學生，並潛移默化地影響學生，所以他的學生對他是非常景仰的，把他視為日月，愛若父母，敬過堯舜，甚至替他死守善道。後世也十分肯定以身作則作為教師應有的品質。孔子的上述思想在歷史上的影響也是較大的。

5. 熱愛學生，師生關係融洽

由於孔子不僅重視言傳，而且特別注意身教，所以儘管他對學生要求很嚴格，但學生對他仍然十分敬佩和心悅誠服。孔子對學生的各項要求完全是從教育效果上出發的，也是合理的。並不像有人說的是什麼拚命維護師道尊嚴，恰恰相反，在孔門中師生之間的關係非常和諧融洽。

首先，在孔子眼裡，學生是「後生可畏，焉知來者之不如今也」（《子罕》）。他並不認為學生一定不如先生，因此，在日常與學生的交往中，他不僅沒有架子，而且態度謙和、民主、平易近人。他不僅經常與學生一道論學，而且常在一起言志。在談各人的志趣時，他仔細地聽取每個人的發言，而當學生向他提出「願聞子之志」時，他也同樣平等地回答。

其次，孔子認為師生之間在教學上是可以相互啟發和幫助的。如他與子夏論《詩》以後，孔子讚揚地說「啟予者，商也」（《八佾》），認為子夏的意見對他很有啟發。相反，由於顏回對老師的話無條件的全部接受，孔子對此反而不滿意說：「回也，非助我者也，予吾言無所不悅。」（《先進》）

第三，在孔門中還有一種好現象，就是老師可以批評學生，學生對老師的言行產生懷疑時也可以公開表示不滿和提出批評。如《論語》載：「子見南子，子路不悅，夫子矢之曰：『予所否者，天厭之，天厭之』。」（《雍也》）孔子在這裡只是進行解釋，並未對子路的批評進行任何指責。

第四，在生活上，孔子對學生也是非常關心的，他把學生視為自己的子女一樣。當顏淵死後，他傷心的大哭了一場；「子哭子慟」，當冉伯牛生病時，他也親自跑去看望：「伯牛有疾，子聞之，自牖執其手……」（《雍也》）。

三、孔子的教學思想

孔子的教學思想與他的教育思想是有密切的聯繫的，他的教學目的與他的教育目標基本上是一致的。他對學生的教授得法，和他自己的治學有方也有密切的聯繫。他對學生的要求實際上也就是他自己的治學體會，這方面有不少值得借鑑的內容。以下即從他的教學目的，教學方法，以及他對學習意義的認識，他總結的一些學習原則和方法等方面進行說明。

（一）孔子的教學目的

孔子所創辦的私學，既是一個教育團體，同時又是一個政治團體。孔子從事教育，就是要用自己的思想影響當政者，即透過培養候補官吏，讓學生日後登上政治舞台去推行他的政治主張，所以他的學生子夏說：「學而優則仕」。（《論語·子張》）關於這句話，歷來有許多不同的解釋和爭論。我是

贊成把它理解為學習好了就可以去做官這個意思的。按這種理解，在孔門弟子的眼中，做官就是學習的職業目標，也可以說，「學而優則仕」就是孔子教學活動的總目的。

這種「學而優則仕」的思想，在當時具有時代的特徵，是當時士階層和孔子本人思想的反映。孔子本人就曾多次宣揚這種「學而優則仕」的思想。他說：「耕也，餒在其中矣；學也，祿在其中矣」（《衛靈公》）。他還反覆地教育學生：「不患無位，患所以立」（《論語里仁》）「不患人之不己知，患其不能也」。（《論語·憲問》）這些話都表明學習是為做官準備條件的。

「學而優則仕」的思想，在奴隸社會，對宗法等級制和職官世襲的傳統是一個突破，在當時具有一定的進步性，但它給中國封建社會的教育也帶來了很大的消極影響。

（二）孔子的教育方法

作為一個著名的教育家，孔子留給後世的珍貴遺產主要是在教學方法和治學方面。

首先在認識上，孔子認為教學相長，學生有助於教師，教亦助於學。孔子在教學實踐中，特別善於向學生學習，他經常從與學生討論的問題中，加深自己對這個問題的理解，向學生學習，以發展自己的學說。這種教學民主的精神，教學相長的思想，可以說在孔子那裡已開始有了萌芽，以後才發展起來。

其次是啟發教學，這是孔子教學方法上的一條重要經驗。孔子在教學中很重視用啟發的辦法來培養學生獨立思考和自覺鑽研的學習能力。他說：「不憤不啟，不悱不發，舉一隅不以三隅反，則不復也。」（《論語·述而》）就是說，他認為，學生不是處於經過自己鑽研後而似懂非懂的狀態就不要去開導他；不到學生想說而又說不出來的時候，就不要去提示他，只有當學生「心憤憤，口悱悱」，也就是心求知而未知，口欲言而不能的時候進行啟發，才可以收到好的效果。這時候，正是學生有了強烈的學習要求之時，一經啟發，便能欣然接受，豁然貫通。

孔子在教學活動中就善於抓住學生「心憤憤、口悱悱」的適當時機，提出問題進行啟發。教學活動中的這種雙邊關係，正是一種啟發式教學，這種教學方法，要求在教學活動中要充分發揮教師和學生雙方積極性，而教師的積極性要建立在學生學習的主動性、自覺性的基礎上。也就是說，貫徹啟發教學的關鍵首先在於調動學生學習的自覺性和主動性，只有這樣，才能收到良好的教學效果。

此外，這種教學方法還要求培養學生類推的邏輯思維能力，使他們能舉一反三，否則就不是真正的啟發教學了。孔子特別喜歡那些「聞一以知十」「聞一以知二」「告諸往而知來者」（《論語·學而》）的學生，因為這些學生本身努力學習，善於獨立思考，同時也表明孔子對自己啟發教學成果的滿意。

當然，不能把孔子的啟發教學與我們今天講的啟發式教學等同起來。

再次，孔子還善於利用學生的舊有知識引導學生去探求新的知識，如他在教學中經常引用學生所熟悉的歷史上的有名人物，堯、舜、禹、湯、文、武、周公、管仲、子產等人的言行作為教材教育學生。據不完全統計《論語》中出現的歷史人物有 50 餘個，這些人物的思想、事跡是孔子教學的重要教材。

最後，在教學中，孔子還善於運用比喻和具體事物以及形象化的語言來闡明抽象的概念。如他用松柏來比喻節操：「歲寒，然後知松柏之後凋也。」（《論語·子罕》）用北辰來比喻德政：「為政以德，譬如北辰，居其所而眾星共之。」（《論語·為政》）用流水來說明事物生長不息的道理：「逝者如斯夫，不捨晝夜。」（《論語·子罕》）

總之，由於孔子在教學中善於從已知到未知，從具體到抽象，來啟發學生，激發學生學習的積極性和鑽研的興趣，因而使其教學收到了很好的效果。

（三）孔子論「學」的意義

在《論語》20 篇、492 章中，記載孔子論「學」的有 43 章，61 次，可見孔子對「學」是重視的。關於「學」的意義和作用，孔子曾向他的學生多次強調。一次他誠懇地告誡子路：「好仁不好學，其蔽也愚；好知不好學，

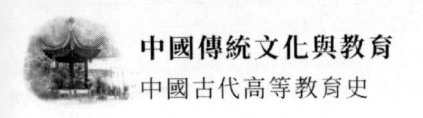

其蔽也蕩;好信不好學,其蔽也賊;好直不好學,其蔽也絞;好勇不好學,其蔽也亂;好剛不好學,其蔽也狂。」(《論語·陽貨》)就是說,一個人即使他具備了仁、知、信、直、勇、剛等六種美德,但他如果不努力學習,就會產生愚、蕩、賊、絞、亂、狂的弊端。

他還指出「學則不固」(《論語·學而》),「困而不學,民斯為下矣」(《論語·季代》),並且公開宣布:「我非生而知之者,好古敏以求之者也」(《論語·述而》)。孔子認為「學」的重要作用還有一段話:「孔子曰:可與言終日而不倦者,其惟學乎!其身體不足觀也,勇力不足憚也,族姓不足稱也,祖宗不足道也,而可以聞於四方而昭於諸侯者,其惟學乎!」(《韓詩外傳》)詩曰:「不愆不忘,率田舊章,夫學之謂也。」(《詩·大雅·假樂》)就是說,孔子認為,一個人的身體和勇力都是不足憑藉的,祖先和族姓也不足稱道,能夠名揚四海顯於諸侯的只有那些透過學習努力增長自己才幹的人才能做到。可見孔子對「學」的重要性的認識是很深刻的。

(四)孔子論「學」的原則

孔子的博學多識是和他那一套透過實踐總結出來的治學經驗分不開的,他對學生的教授得法與他自己的治學有方也有密切的聯繫。在這方面,孔子提出了不少值得我們總結和借鑑的內容。

首先,孔子提倡好學和樂學。

在學習上,好學是學好的必要條件,對任何知識的探索,如果沒有頑強的學習精神和以學為樂的慾望,是不可能攀登它的頂峰的。孔子本人是非常好學的,司馬遷說他:「讀易,韋編三絕。」(《史記·孔子世家》)他自己對好學這一點是很自豪的,也樂於讓別人知道。他曾自信地說:「十室之邑,必有忠信如丘者焉,不如丘之好學也。」(《論語·公冶長》)他自述他的學習熱情達到了「發憤忘食,樂以忘憂,不知老之將至云爾」(《論語述而》),的地步。

怎樣才算學好呢?

孔子提出：「君子食無求飽，居無求安，敏於事而慎於言，就有道而正焉。可謂好學也矣。」（《論語·學而》）就是說一個立志於學的人，他擁有遠大的抱負，不在飲食起居等生活上過分追求，努力學習而又不自以為是，抓緊向有學問的人學習，這樣就稱得上好學了。他還指出好學的心理狀態是：「學如不及，猶恐失之。」（《論語·泰伯》）學習就像賽跑一樣，擔心趕不上，趕上了還怕掉隊，因此要始終保持兢兢業業的狀態，這才是好學。

他的學生子夏曾說，好學應當是「日知其所亡，月無忘其所能」（《論語·子張》），就是說，從無到有，從少到多，天天擴大知識面，月月鞏固已經掌握的知識，就可稱是好學了。子夏說得好，邊學習邊鞏固，才稱得上好學；反之，只學而不鞏固，學得多，忘得快，怎麼能說是好學呢？孔子不僅提倡好學，而且強調樂學。

他說：「知之者不如好之者，好之者不如樂之者。」（《論語·雍也》）確實，一個人只有在學習過程中感受到了學習的樂趣，他才會自覺、主動地從事學習。因此，在教學工作中，如何培養學生濃厚的學習興趣，是一個很重要的課題。因為興趣是對某一新事物產生好奇心和求知慾的一個重要因素。所以，可以說興趣是學習的直接動力、學習的直接老師，而目的教育則是間接的動力。然而在我們今天實際的教育工作中，往往出現只單純強調目的，而忽視對學生興趣培養的教育。

其次，孔子提倡博學。

孔子除了強調好學、樂學、認真讀書、學而不厭的精神外，還主張要博學。他說：「君子博學於文，約之以禮，亦可以弗畔矣夫！」（《論語·雍也》）就是說一個人要德行高尚，信念堅定，他必須首先以廣博的知識充實自己，並用禮約束自己的行動。他的學生子夏也說：「博學而篤志，切問而近思，仁在其中矣。」（《論語·子張》）孔子及其弟子不僅提倡博學，而且在實際的教學工作中也是這樣做的：「夫子循循然善誘人，博我以文……」（《論語·子罕》）

廣泛的涉獵，擴大知識面是進一步提高人思維的靈活性和思維深度的重要途徑，這一點已為現代心理學的研究成果證明。一個知識淺薄並狹窄的人

是不易取得成就的。心理學研究表明：人的大腦神經細胞接受外界訊息越多，他的神經細胞就會產生更多突觸，神經的傳導也會加快，因而有利於創造性才能的發揮。兩千多年前的孔子，從實際的教學中看到了博學對一個人的重要作用，因而大力提倡和實踐，這確實是難能可貴的。不過孔子強調的博學，著重於學古，著重於學傳統的詩、書、禮、樂，這是他很大的侷限性。

第三，漸進有恆。

孔子教人為學，強調有恆，反對停頓間隔。在孔子心中，有恆的地位是很高的。他說：「人而無恆，不可以作巫醫。」（《論語·子路》）又說：「善人，吾不得見之矣；得見有恆者斯可矣。」（《論語·述而》），他認為學者求學，必須勇往直前，但不可冒進。他說：「無欲速……欲速則不達。」（《論語·子路》）為學也不能半途中止，他用為山、平地的通俗事例證明有恆是成功的要訣，以此勉勵學生自強不息。他說：「譬如為山，未成一簣，止，吾止也，譬如平地，雖復一簣，進，吾往也。」（《論語·子罕》）

孔子在強調為學貴在有恆時，還進一步指出有恆是不容易做到的，因此，必須有堅強的意志和毅力。他說：「亡而為有，虛而為盈，約而為泰，難乎有恆乎。」（《論語·述而》）就是說，現在人們忠誠老實尚不易做到，要做一個有恆心的人那是更困難了啊。

第四，虛心學習，善於學習。

孔子自認為：「我非生而知之者，好古敏以求之者也。」（《論語述而》）還說：「吾有知乎哉？不知也。」（《論語·子罕》）孔子不僅認為自己不是天生的聖人，而且還深感自己的知識不足。他的這種虛心向學，永不滿足的態度，正是他博學多識的一個重要原因。

孔子在治學上不僅虛心好學，還提倡「學無常師」「不恥下問」和「每事問」。他說「三人行，必有我師焉，擇其善者而從之，其不善者而改之。」（《論語·述而》）這說明孔子相信到處都有值得自己學習的老師，而且他是善於向他們學習的，他能以別人的長處，彌補自己的不足，以別人的短處引為鑒戒。就是說無論是「善者」或「不善者」均可以從不同的角度在他們身

上得到益處。也就是他所謂「見賢思齊焉，見不賢而內自省也。」（《論語·里仁》）

孔子不僅虛心善學，而且還很注意克服主觀性給學習帶來的危害。《論語》載：「子絕四：毋意、毋必、毋固、毋我。」（《論語·子罕》）就是說，孔子在學習上不憑空猜想，不全部肯定，不拘泥固執。孔子的這種「四毋」思想，實際上具有防止主觀片面，尊重客觀實際的意向。這正是孔子平時注意廣泛向別人學習的結果。

（五）孔子論「學」的方法

在學習方法上，孔子也有許多創見，值得我們總結和借鑑。

首先，他提出多聞多見。

其次，孔子提出「學」與「思」要結合起來。

重視獨立思考是孔子治學方法上的一個很大的特點。他很重視學和思的關係。一個人要真正學得知識，必須把學和思緊密結合起來，學是思的基礎，思是學的進一步提高和深化。孔子認為學不能忽略思考，思也離不開學，他說：「學而不思則罔，思而不學則殆。」（《論語·為政》）意思是說，如果只是學習，不加思考，就會對所學的東西迷惑不解，甚至受到欺騙；但如果只思考，而不去學習，那便是空想，將沒有任何益處。就掌握知識的方法來說，孔子的見解基本上是正確的，他既反對把學習停留在感性認識層面，也反對脫離感性認識的冥思苦想。

在學和思這兩者當中，比較起來孔子是更強調學的。他曾經總結自己的經驗說：「吾嘗終日不食，終夜不寢以思，無益，不如學也。」（《論語·衛靈公》）在這裡，孔子明確地指出了學與思的輕重關係，強調以學為主、以學為先，空想無益。

在強調學的前提下，孔子也很重視思考的，《荀子·法行》篇就曾引孔子的話說：「君子有三思而不可不思也：少而不學，長無能也；老而不教，死無思也；有而不施，窮無與也。是故君子少思長，則學；老思死則，可教；有思窮，則施。」在《論語》中孔子也講：「君子有九思。」（《論語·季氏》）

孔子主張的學思結合，就是要求在學習過程中，要積極地思考，可以說，孔子自己就是一個學思結合的典型。他能把自己的見聞和學習所得「一以貫之」（《論語·里仁》），歸納成為一個中心思想，形成一個體系，正如曾參說：「夫子之道，忠恕而已矣。」（《論語·里仁》）

第三，「學」與「習」結合。

「習」有兩種意思，就是「熟悉」和「實習」（實踐）。許慎《說文解字》講，「習」是鳥數飛之意，鳥初學飛，時常數飛不已。學習這兩個字連用，最早見於《禮記·月令》「鷹乃學習」。

在治學上，孔子不僅把學與思結合起來，作為求得知識的完整途徑，同時還提出必須把「學」和「習」結合起來，作為鞏固知識的重要環節。孔子很重視「時習」和「溫故」，他特別強調反覆學習的重要性，他說：「溫故而知新」。（《論語·為政》）這是符合人類積累知識的客觀規律的。複習不僅可以發現新義，而且可以從中獲得求知的樂趣。《論語》第一句就開宗明義地講「學而時習之，不亦樂乎？」就是說對所學的知識能夠及時進行複習，加深對它的理解，哪有不感到快樂的呢？所以他的學生曾參把「傳不習乎」當作他每天應當反省的三件大事中的一項重要內容，可見孔子及其學生們對「時習」的重視。

第四，「學」與「行」結合。

孔子一方面主張在學與思相結合的基礎上，學與習並重，肯定練習、熟悉在認識過程中的重要作用，同時又強調「學」必須篤行，必須躬行實踐。他認為一個人如果只有一些口頭上的知識，能說善辯，而沒有行為上的表現，那是最可恥的。他說：「君子恥其言而過其行。」（《論語·憲問》）主張：「敏於事而慎於言。」（《論語·學而》）孔子平時對學生的評價也是以他們的實際行為作標準的，他對安貧樂道，居陋巷而不改其樂的顏回，倍加讚美，而對白天睡覺的宰予嚴厲斥責。

他曾經總結自己的經驗說：「始吾於人也，聽其言而信其行；今吾於人也，聽其言而觀其行。」（《論語·公冶長》）他的學生子夏也說：「事父母，能

竭其力；事君，能致其身；與朋友交，言而有信。雖曰未學，吾必謂之學矣。」（《論語·學而》）可見孔子及其學生們都是把實踐當作「學」的一個重要內容。

當然，孔子的所謂「行」，主要是限制在他的那套倫理道德範圍以內的，與我們今天理解的實踐有本質的區別。但孔子在教學實踐中，強調學以致用的思想是很寶貴的。他曾明白地說：「誦《詩》三百，授之以政，不達；使於四方，不能專對；雖多，亦奚以為？」（《論語·子路》）就是說熟讀詩三百篇，交給他以政治任務，他卻辦不了；叫他出使他國，又不能獨立地進行談判，這樣的人，讀書再多，又有什麼用呢？

總之，孔子關於學習方法的論述，有許多是正確的，他揭示了某些認識的一般規律，值得我們仔細研究和總結。但是實踐和認識之間的辯證關係，孔子是不瞭解的，他對於認識過程的理解也有片面之處，他提出的學、思、行的內容也很片面，大多侷限在道德範圍內。

後儒思孟學派（思孟學派是指孔子的孫子孔伋（子思）和其學生孟軻為代表的學派）就曾發展了孔子的這些思想而提出：「博學之，審問之，慎思之，明辨之，篤行之」（《大學》）等五個步驟，並把「思」作為學習的中心環節，從而賦予它形而上學的意義，認為學習不過是發展心中固有的思想，所謂「學問之道無他，求其放心而已矣。」（《孟子·告子上》）《大學》發展孔子的思想而提出的學習的五個步驟，對中國後代學者的治學曾有很大的影響。

四、孔子對中國古代文化教育事業的發展所做出的貢獻

孔子是中國古代傑出的思想家和教育家，是儒家學說的奠基者和創始人，他的思想學說對中國兩千多年封建社會的文化教育產生過巨大的作用，對亞洲各國特別是日本也產生過或多或少的影響，在世界文化史上享有崇高的地位。

孔子生活在社會矛盾錯綜複雜的春秋時期，當時周天子名存實亡，禮壞樂崩，戰禍連年，政局動盪，奴隸制日益腐朽，面臨崩潰，新興的封建生產關係正在產生和發展。孔子的思想，在政治上基本是代表沒落奴隸主貴族階級的利益，但在一定程度上也反映了當時新興勢力的某些要求和下層人民的

願望。所以表現為保守和進步，妥協和反抗兩方面的錯綜交織，而且是保守性多於進步性，妥協性多於反抗性。

他雖然提出了「王道」「仁政」的德治主張，反對苛政，主張「省刑罰薄稅斂」「使民以時」，但他的這些「愛民」思想，並不是從人民大眾的立場出發，而是為奴隸主階級的長遠利益著想，是為了緩和當時日趨激化的社會階級矛盾，所以具有很大的侷限性。表現在：他提倡「周禮」的尊尊親親，為統治階級剝削壓迫人民製造合理的理論根據，削弱了人民的反抗意識；他思想中保守成分多，他不僅好古，而且主張復古，他今不如古的傾向，阻止了人們向前看；由於他思想中保守性多於進步性，妥協性多於反抗性，因此，他鼓吹「中庸」思想，反對改革，主張調和改良；他不重視生產，鄙視人民，特別是鄙視婦女，他主張「民可使由之，不可使知之」的愚民政策，誣衊百姓和婦女說：「唯女子與小人為難養也，近之則不孫，遠之則怨」。

在世界觀方面，孔子基本上是一個有神論者，但他與當時的祝、宗、卜一類巫師又有所區別，孔子從人倫日用之道出發，重人道輕天道，認為天道是人道的反映，他的學生說：「夫子之言性與天道，不可得而聞也。」（《論語·公冶長》）他甚至把天當作自然的範疇，他說：「天何言哉？四時行焉，百物生焉，天何言哉？」（《論語·陽貨》）可見他是把「天」當作自然一樣，自己在運動變化的。

雖然如此，但孔子並沒有完全擺脫宗教世界觀的束縛，他又「畏天命」（《論語·季氏》），鼓吹「天生德於予」。不過孔子的無神論思想因素在當時卻具有啟蒙的意義，是宗教世界觀過渡到無神論的橋梁，應當肯定。

孔子一生致力於教育事業，對中國古代文化教育事業的發展有很大的貢獻：

1. 他大規模地創辦私學，革新了「官師合一」的舊教育制度。他是中國最早的一個廣收門徒，進行私人講學的大師；是他把從前為奴隸主貴族所壟斷的文化知識介紹到民間來，對戰國時期的「百家爭鳴」產生了很大的影響；從他開始，改變了過去「官師合一」「政教合一」「文武合一」的教育制度，使教育事業專門化，「師」也被賦予新的意義，不再侷限於「師旅」「師眾」

的範圍,而擴大為「師法」,正是由此孔子的「師道」才得以獨立起來,進而為中國封建社會的教育制度奠定了基礎。

2. 他刪訂六經,整理和保存了三代的典章文物,對中國古代文化的傳播起了很大的作用。孔子非常博學,他收集了周、宋、魯、杞等故國文獻,整理出一套有系統的《易》《詩》《書》《禮》《樂》《春秋》等六種書籍作為教材教育他的學生。這些書籍成為中國教育史上最早的教科書,在長期的封建社會中一直被當作主要的教材使用。同時,也是從孔子開始,中國古代的實際活動的教育,變成了理論知識的教育,如禮樂教育。在孔子以前,只著重禮樂的演習,而孔子則很重視禮樂的理論解釋。

3. 他總結了一些具有科學因素的教育、教學原理和學習經驗。由於孔子一生從事教學四十餘年,在教學實踐中,積累了極其豐富的經驗,提出了許多寶貴的意見。他的「有教無類」的主張、「學而優則仕」的思想改中國古代貴族政治為士人政治,這些是孔子教育思想中最具有革命性的因素;他對教師提出的「學而不厭,誨人不倦」,以及循循善誘和「以身作則」的要求;在教學方法上提出的「因材施教」「啟發教學」;在學習上強調好學、樂學、學思結合、知行結合以及對知識採取老實的態度;在師生關係上提倡友愛合作、相互幫助的民主精神等都是有積極意義的。

當然,孔子的上述主張,並不都完全正確,但從本質上看,他有關教與學的許多意見,是基於他豐富的教育實踐經驗而得出的,因而是正確的,對後世也有不少的積極作用,就是對我們今天的教學工作,也還有不少可供借鑑的地方,值得我們批判繼承。

當然,孔子作為一個統治階級的教育家,他的教育思想,也必然打上階級的烙印,在他的教育思想中,也有不少糟粕。他教育思想的核心「仁」,使之抽象化、神祕化,從而成為封建社會上層建築的主要支柱;他的教育的重要內容「禮」,也被歷代封建統治者所利用,並發展成為封建社會的綱常名教,用來教化麻醉人民群眾,作為緩和階級矛盾的重要工具。

總之,孔子這樣一個歷史人物,在中國和世界上都有很大的影響,我們有責任對他做比較正確的評價,他的思想學說,既有糟粕,也有精華,對於

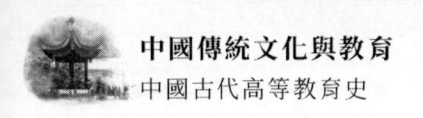

後代既有消極的影響，也有積極的影響。對於這些，我們應當實事求是地進行分析，既不能採取民族虛無主義態度，把他說得一無是處，也不能搞「國粹主義」對他全盤肯定。但孔子作為中國古代歷史上一個有創見的教育家，則是毫無疑義的。

第四節 《學記》和《大學》的教育思想

一、《學記》的教育思想

（一）《學記》的主要內容

《學記》是中國歷史上最早的一篇教育專著，是先秦時期學校教育經驗的全面總結。《學記》這篇文章出自《禮記》，《禮記》是一部叢書，今存49篇，是封建社會儒家的重要典籍之一。《禮記》中各篇文章的作者，現在多不可考，從各篇所記述的事實來看，大致是春秋戰國到秦漢（西漢初年）時期的作品。

《學記》的寫作年代大致是戰國後期，公元前4世紀到3世紀這段時間，具體作者不詳，據一些專家的考證，這篇文章是思孟學派的著作。這個學派發展了孔子的思想，與孔子有許多相近的地方，但又有很大的不同。郭沫若在他的《十批判書》中說，《學記》是孟軻的學生樂正克所著，另外也還有其他的一些不同的觀點。《學記》的作者究竟是誰，還有待專家們進一步考證。但比較一致的看法是，認為《學記》是戰國中後期的作品。

戰國時期是中國奴隸制社會進一步解體，封建社會逐漸形成的時期，封建制的生產關係逐漸取代了奴隸制的生產關係。在這個時期，生產力得到進一步的發展，新的社會制度也有待確立和進一步完善。因此，經濟、政治各方面都迫切需要人才，為了滿足社會經濟政治發展需要人才的要求，有必要系統地總結前人培養人才的教育經驗，從理論上來闡明培養人才的問題，即如何透過學校教育為社會多出人才、快出人才。《學記》就是在這樣的一種歷史條件下產生的。它不僅是儒家教育經驗的總結，也是先秦各家學派教育經驗的總結。

《學記》作為中國歷史上最早的教育專著，它是中國教育史上最早系統地論述教學理論的重要作品，是中國最早的教育學。它的出現，使中國的教育學說從哲學、政治學和文學中獨立出來，成為一門比較理論化的教育學。

　　《學記》涉及的教育思想非常廣泛，它不僅論述了先秦時期教育中有關教育的目的和教育制度，而且還詳細論述了教學和學習的一些重要原則和方法以及教師的任務、對教師的要求和尊師的必要等，是我們研究中國古代教育實踐和教育思想的寶貴資料。《學記》的作者從總結當時的教學經驗出發，對教學中出現的問題做了詳盡論述，他既批判了當時教學存在的缺點，又積極提出了自己的主張。

　　他的批判是中肯的，他提出的意見有許多合理的因素，他總結出的那些教育經驗，諸如教學相長、長善救失等，一直成為後世教育工作者的格言，閃耀著中國古代教育家智慧的火花，有些思想，在兩千年後的今天仍然沒有失去它的意義。

　　當然，由於當時科學文化水準不高和時代條件的限制，《學記》的作者對許多問題的論述，還只是停留在一些現象描述和形式邏輯的推理上，並沒有也不可能深入分析教育內部的矛盾性。因此，它的許多理論還是膚淺的，體系也不夠完整，這是它的歷史侷限性，同時，由於作者是從封建統治階級的利益出發來論述教育，所以他也提出了一些在我們今天看來是錯誤的意見。不僅它提出的教育目的是為當時的統治階級服務，就是它提出的一些方法，如強調消極防止、提倡體罰等也都體現了它的封建教育的實質。

　　《學記》全文分 20 段，共計 1229 字，主要內容可以歸納為如下三個方面。

　　1. 古代教育的實際情形。如「大學始教」「大學之教也」「今之教者」「學者有四失」「古之學者」等段落，這一部分可能有一定的事實根據，因此具有實際史料的價值和借鑑的價值。

2.作者對教育提出的一些意見（包括總結前人的一些經驗）。如「大學之法」「善歌者，使人繼其聲」「君子知至學之難易」「善學者」等段落，這些材料，具有思想史料的價值，可供參考。

3.記錄了一般的傳說和作者的理想，不一定是事實。如「古之教者」「比年入學」等。

(二)《學記》中的教育思想

《學記》這篇文章，文字簡約，但內容豐富，含義很深，其中論述的教育原理和方法與近代教育學所闡明的有許多相似的地方。

關於教育的作用和目的，《學記》的作者在文章的開始就明確指出了教育的社會作用和目的。在培養人才上，從性善論出發，用玉作譬喻，指出「玉不琢；不成器，人不學，不知道。」認為教育就是發展人的善性，使之符合統治階級的要求，強調只有透過「學」，才能懂得「道」，才能成為社會上有用的人才，說明教育是培養人才的重要手段，這是從可能性方面來講教育作用的。

教育的目的是為了「化民成俗」，使「近者悅服，而遠者懷之」，求學的目的是「學為君也」，也就是掌握所謂牧民之術，這是從必要性方面來說明教育的目的的。教育是實現階級統治的重要工具這個道理作者認識得很清楚，說得也很明白，毫不隱晦。作者的立論，完全是從當時統治階級的利益出發，有鮮明的階級立場。

作者不僅從可能性和必要性兩方面論證了教育的作用和目的，而且還怕人讀了全文以後忽略了這個問題，所以在文章的結尾再一次強調統治階級要「務本」，就是說不要忘記教育是可以幫助「王者」「建國君民」「化民成俗」的，千萬不要忘記教育的這種作用和目的。

關於教育制度，《學記》談了學校制度、視導制度和大學教育的基本綱領這三方面的問題。在學校制度方面，《學記》指出：「家有塾，黨有庠，術有序，國有學」，這只是記錄了流傳的舊說，並不完全可靠。學校的發展總是以一定的生產發展水準和社會制度為基礎的，中國奴隸社會的夏、商、

西周時期不可能有那樣完備的學校系統。中國古代國家的學校制度有較完整的系統是開始於西漢末年。

漢平帝以後,漢武帝根據董仲舒的建議興辦太學,在地方各郡縣設立學校,如中央設立太學,地方上郡設學、縣設校、鄉設庠。關於視導制度,《學記》論述了國家派人定期視察學校的工作,以及考查教育、教學的標準、重點要求和步驟。大學每年招生一次,學生學習時間定為 9 年,其間又分成兩個階段,就是前 7 年和後 2 年,在學習期間每隔一年要對學生進行考查,而且每次考查都有側重。

綜上所述,可見《學記》不愧為中國教育學的「鼻祖」,它不僅是中國教育史上集中論述教育理論問題的處女作,而且也是世界上最早的教育專著。公元前一世紀,羅馬教育家昆體良總結羅馬修辭學校和文法學校的經驗,寫成一部《修辭術規範》,可是這本《修辭術規範》同《學記》比較,不僅在時間上晚了一百餘年,而且內容上也沒有《學記》論述得那樣全面和深刻。《學記》比號稱西方資產階級第一本教育學著作——捷克教育家誇美紐斯（1592—1670 年）的《大教學論》,則更早了近兩千年。

因此,我們認為,《學記》的思想成就,無論在中國教育史上或者世界教育史上都是極為罕見的,它的確是一份具有寶貴價值的優秀的教育遺產,值得我們認真研究。當然,《學記》是一部封建社會的教育專著,由於時代和階級的侷限,免不了有一些糟粕,因此也就不可能把它跟我們今天的科學教育理論完全等同起來,機械地搬用,而只能用科學的態度,區分它的精華和糟粕,批判地繼承,從而真正做到古為今用。

二、《大學》的教育思想

《大學》這篇文章是專門論述中國古代的大學教育的,它同《學記》一樣,也出自《禮記》這部叢書,寫作年代大概與《學記》同時或稍早。這篇文章雖然被史家公認是思孟學派的作品,但究竟為何人所作,仍然沒有定論。宋儒程頤及其再傳弟子朱熹認為《大學》是孔氏遺書,而為曾子所述門人記之而成,今人郭沫若認為《大學》這篇文章實際是孟學,是孟子的學生樂正

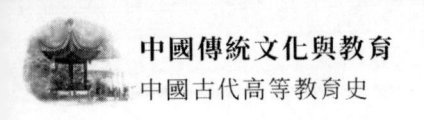

克所作，馮友蘭則認為它是荀學（戰國後期荀況及其門人所作），究竟作者是誰，有待考證。

《大學》總結了先秦儒家的基本教育思想，進一步發揮了儒家教育的目的論，它重點討論了大學教育與政治的關係，討論了大學中的政治教育和道德教育問題。這篇文章同《學記》一樣也是為了適應新興的封建社會的政治經濟發展而迫切地需要人才而寫的，在中國思想史和教育史上都發揮過很大的作用。特別是從宋代開始，《大學》被朱熹從《禮記》中抽出來與《論語》《孟子》和《中庸》（也是《禮記》中的一篇文章，主要發展了儒家的宇宙觀，宋明理學各派均受其影響，且有進一步的發揮）合併成為《四書》，成為宋元以後封建社會教育的基本教材。

《大學》分經1章，計205字，據宋儒講這是「孔子之言，而曾子述之」；傳10章計1539字，是解釋經的，宋儒說是「曾子之意，而門人記之。」《大學》的中心思想是講大學教育與政治的關係，具體涉及大學教育的目的、任務，大學教育的內容、過程及其相互關係，也包含儒家傳統的仁政思想和經濟思想。這篇文章的主要內容可以歸結為「三綱領」和「八條目」。

「三綱領」就是「明明德」「新（親）民」「止於至善」，也就是作者所謂的「大學之道」，即對大學教育下的定義，它指出了大學教育任務和目的。「明明德」「新民」的意思就是發揚我們天生的善性（明德），培養封建統治階級所需要的治術人才（新民就是親民、愛民，這是治人的基本手段），這是說的大學教育的任務。大學教育的最後目的在「止於至善」，所謂「止於至善」，就是《大學》中所說的「為人君，止於仁；為人臣，止於敬；為人子，止於孝；為人父，止於慈；與國人交，止於信。」這裡的「至善」明顯是講君臣、父子之間的封建倫理道德的，其階級實質是十分鮮明的。

《大學》中的這種「明德」「新民」的思想，實際就是儒家講的「修己安人」之道，「明德（修己）」是「新民」（安人）的前提，「新民」是「明德」的目的。這裡的「明德」實際是發展了孔子的「立己」的思想，而「新民」則是發展了孔子的「立人」的思想，可見儒家的教育完全是為封建的政治服務的。

關於大學教育的內容、過程及其相互關係,《大學》講得也很清楚:

「古之欲明明德於天下者,先治其國;欲治其國者,先齊其家;欲齊其家者,先修其身;欲修其身者,先正其心;欲正其心者,先誠其意;欲誠其意者,先致其知;致知在格物。」

「物格而後知至,知至而後意誠,意誠而後心正,心正而後身修,身修而後家齊,家齊而後國治,國治而後天下平。」

「自天子以至於庶人,一是皆以修身為本」。

以上「格物」「致知」「誠意」「正心」「修身」「齊家」「治國」「平天下」就是我們所說的「八條目」。

「格物」「致知」,宋儒朱熹解釋為「即物窮理」,也就是透過對事物的研究,認識並掌握它的規律,這是《大學》的教學理論部分,屬於知識教育;「誠意」「正心」「修身」是屬於道德教育;「齊家」「治國」「平天下」則是屬於政治教育。作者把「格物、致知」放在教育過程之首,體現了作者把知識教學與思想道德教育緊密結合,為政治服務的教育思想,而「修身為本」一語,更表明《大學》的作者對個人道德修養的重視。

至於修身的方法,作者提出了「慎獨行」(也就是所謂勿自欺)和「絜矩之道」。什麼是絜矩之道呢?《大學》上講:「所惡於上,毋以使下;所惡於下,毋以事上;所惡於前,毋以先後;所惡於後,毋以從前;所惡於右,毋以交於左;所惡於左,毋以交於右。此之謂絜矩之道」。絜矩之道實質就是孔子推己及人的「恕」道思想的繼承和發揚。作者企圖把這種調和統治階級內部矛盾的工具用來調和統治者和被統治者之間的矛盾。

此外,《大學》中還含有儒家傳統的「仁政」思想和新興統治階級的一些經濟思想。作者提出了統治者應當實行「德」政,重視人民的力量,因為「有德此有人,有人此有土……德者本也」,所以統治者必須是「民之所好好之,民之所惡惡之」。還提出了「生之者眾,食之者寡,為之者疾,用之者舒」這樣四條「生財之道」。

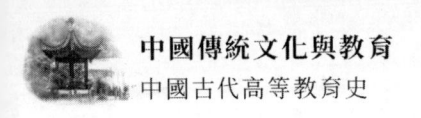

總之，《大學》的作者，在新興統治階級的立場上所提出的「三綱領」和「八條目」的教育目的和內容，不但是為封建道德服務，也是直接為封建政治服務的，是新興統治階級一套完整的政治教育方案，成了日後統治階級維持其封建統治的傳統法寶。

第二章 封建社會的高等教育

第一節 文化概況

一、經濟政治概況

（一）秦漢時期

從公元前230年開始，秦王嬴政透過十年戰爭，先後消滅了韓、趙、魏、楚、燕、齊等六國，於公元前221年建立了中國歷史上第一個專制主義的中央集權的封建國家，完成了歷史上空前的統一大業。

這是中國古代歷史上的一個偉大事件，從此以後，在近2000年的時間裡，中國一直是一個統一的封建地主制國家。嬴政希望他的統治能永遠保持下去，自稱始皇帝。秦始皇統一全國後，順應社會歷史發展的統一趨勢，運用戰國時期法家的理論和政策，在第一個封建地主制國家創建了許多符合當時社會發展需要的制度。

中國延續2000年的封建體制，基本上是秦制的演變。秦始皇雖然是個暴君，但他在帝位的12年中確實做了許多有利於統一的重大事業。在經濟上，廢井田、開阡陌，統一度量衡和貨幣，實行車同軌、書同文制度，修馳道和南北大運河；在政治上建立中央集權制度，全國的政事由皇帝一人裁決，設立郡縣制，頒布秦律，築長城等。

上述的經濟、政治措施，對當時生產力的發展和政權的鞏固都起了很大的作用。當然，秦始皇也做了許多民不堪命的壞事，他用酷刑鎮壓和控制人民，大修宮室和墳墓，大規模對匈奴用兵等等。由於這樣無限制地奴役人民，加之秦二世的昏庸，終於爆發了大量的起義，很快秦王朝被推翻，隨後建立了劉漢封建王朝。

從公元前 206 年到公元 202 年，這段時間在中國歷史上稱為西漢（公元前 206—公元 9 年）和東漢（公元 25 年—220 年）。在西漢和東漢之間即公元 9 年至 25 年是王莽建立的「新」政權，共有 17 年時間。

漢初統治者為了恢復社會生產力，在政治上採取了休養生息的「無為而治」的政策：釋放奴隸，減輕人民的賦稅和徭役，對匈奴和親，獎勵耕織，壓抑商賈，消滅異姓王，分封同姓王等等。這些政策對漢代的經濟恢復和發展起了很大作用。經過約 60 至 70 年後，漢代經濟開始繁榮，國力強盛。

到了雄才大略的漢武帝（公元前 156—公元前 87 年），他憑藉過去所積累起來的財富，對外不斷用兵，擴大疆土，對內興修水利，大力發展農業，在政治上改變過去無為而治的政策，大大強化中央集權，實行外儒內法，王霸道雜之之兩手政策，結果在短時間內形成了軍事文化上的一個極盛時期。

秦王朝建立起的統一的封建大國，到了西漢才大大鞏固起來。劉秀建立東漢政權以後，在起義的影響下，他進一步釋放奴婢和解決土地分配問題（限制豪強占田），但在政治上開始形成宦官（代表下層豪強勢力）、外戚（代表上層豪強勢力）和官僚集團之間的戰爭，這種爭鬥使東漢後期的政治更加腐敗，結果導致了黃巾之亂，推翻了東漢政權，出現了魏、蜀、吳三國鼎峙的局面。

（二）三國魏晉南北朝時期

從公元 220 年到公元 589 年，是三國兩晉南北朝時期，這個時期是中國封建社會由統一走向大分裂的時期。

東漢末年黃巾之亂，雖然狠狠打擊了統治階級，瓦解了東漢的封建統治，但是在各地諸侯聯合的武裝鎮壓下，起義最後失敗了。這些諸侯武裝全力屠殺平民，他們又彼此火拚，經過了長時期的混戰，最後形成了魏、蜀、吳三國對峙的局面。

魏國於公元 263 年滅蜀國，公元 265 年司馬炎奪取了魏政權，自稱武帝，建立晉王朝，史稱西晉（公元 266—317 年），公元 280 年西晉滅吳國，統一了全國。後來由於西晉王朝統治階級內部發生了爭奪權力的爭鬥——八王

之亂,加之當時階級矛盾和民族矛盾的激化,所以西晉王朝只存在了 52 年就被各族人民的起義所推翻。此時晉王朝的一個鎮守建鄴(南京)的宗室,琅琊王司馬睿(晉元帝)糾集一些從北方逃來的門閥士族,在長江流域建立了一個偏安的晉王朝,史書稱之為東晉(公元 317—420 年)。

繼東晉之後,南方先後出現了宋、齊、梁、陳四個朝代,史稱南朝;北方從西晉政權垮台以後,發生了由鮮卑、匈奴、羌、氐、羯五個少數民族首領先後相繼混戰的階段。他們在黃河流域和長城內外,先後建立了 16 個國家,經過 120 餘年的長期戰爭,最後在公元 439 年統一於鮮卑族慕容部拓跋氏的北魏政權(公元 386—557 年),以後北魏又分裂為東魏和西魏,東魏和西魏再分別演變為北齊和北周,隨後北周滅北齊。公元 581 年,北周的外戚漢族地主楊堅取代了宇文氏的北周政權,建立了隋王朝,定都長安。公元 589 年楊堅滅了江南的陳王朝,統一了全國,最後結束了南北對峙的局面。

從公元 220 年曹丕代漢建立魏政權造成公元 589 年隋滅陳王朝止,這一歷史時期共 369 年,這段時期是中國歷史上自戰國以來的第 2 次大分裂的時期,也是第 2 次民族大融合的時期。

在經濟上,黃巾之亂失敗以後,由於長期的軍閥混戰,社會生產力遭到極大的破壞,飢餓疾疫遍於全國,人民大量死亡和流徙,土地荒蕪。到了三國時期,戰爭雖然不時發生,但是各國社會都達到了相對穩定的局面。為了維持龐大的戰爭開銷,發展割據勢力和鞏固自己的政權,曹操首先在魏國實行屯田制度,寓兵於農,把一部分流民重新固定在土地上。蜀、吳政權也在各自控制的範圍內採取了一系列有利於發展生產的措施。

孫權還大力發展海上貿易,並在公元 230 年派大將軍衛溫率領萬餘人到了夷洲(今臺灣),此後臺灣與大陸東南沿海的聯繫就更加密切了。西晉政權建立後,也曾出現過短暫繁榮的昇平景象,《晉書·食貨志》記載當時「天下無事,賦稅平均,人咸安其業而樂其事。」東晉以後,南朝經濟在孫吳政權的基礎上,由於西晉宗室的南渡,不僅土地逐漸開發,而且還帶來了先進的生產技術,加之土地肥沃、水利灌溉條件優越,所以整個南朝時期,長江流域的經濟有了很大的發展。

北方西晉政權的垮台使門閥士族受到了很大打擊，北中國興起的各少數民族不斷採取漢化措施，特別是北魏政權統一北方以後，社會生產力在漢族和各少數民族共同辛勤勞作下，有了很大的提高，到南北朝末期更大大超過了南方。

在政治上出現了士族制度和民族大融合。

東漢末年政治非常黑暗，外戚集團和宦官集團經過幾次大規模的爭鬥，勢力都被削弱了。魏晉以來，原先代表中小地主階級以舉孝廉為最好出路的士人，這時有許多都上升為大地主，在各地成瞭望族，他們與外戚集團勾結在一起，成為當時統治集團的主要代表。西晉王朝又實行按官品占田的制度（大官占田多，小官占田少），從而形成了強大的門閥族統治階級。這些士族地主比東漢時的豪強享有更多的政治和經濟特權，他們不僅占有大量土地和勞動力，而且在政治上享有特殊權利。

在他們內部按門望的高低，也就是按勢力大小來分配官職，勢力大的望族做大官，勢力小的做小官，所以當時出現了「上品無寒門，下品無士族」（《晉書·劉毅傳》）的情況。這些門閥地主的勢力到東晉有了進一步的發展形成了一種士族制度，他們操縱各地政治、經濟大權。這些人在政治上不希望有一個強大的中央政府，而要堅持保持一個割據分裂的局面。這種割據勢力也就是士族度，這種士族制度是西晉以後出現大亂，建立十六國的禍根，也是南北朝長期分裂的禍根。

另外，在南北朝時期，隨著佛教在社會上的流行，經濟領域出現了廟宇占有大量土地的情況，從而形成了一個龐大的僧侶地主階級。

在政治上除了產生了門閥士族和僧侶地主以外，這個時期還出現了民族大融合的現象。在中國歷史上，春秋戰國時期是中國各民族文化第 1 次大交流時期，也是進入階級社會以後第 1 次民族大融合時期。南北朝時代，在北方的各少數民族不斷採取漢化措施，學習漢民族的先進文化，改革落後的習俗，漢民族和各民族在北方形成了大融合趨勢。

特別是北魏政權建立以後，在經濟和政治上採取了一系列的漢化措施，他們把經濟的重心逐漸由畜牧業改為農業，並建立封建制的生產關係。在政治上，大量起用漢族士人，自刺史以下一般均用漢人做官，並成立了正規的政治機構，招賢納士。北魏時，在首都平城（山西大同）立大學，置五經博士，公元 401 年道武帝還親自祭祀周公、孔子。北魏孝文帝為加速融合進程，還強令鮮卑人與漢人通婚，並帶頭娶漢女入宮，要求自己宗室兄弟聘高級漢女為正妃，一般鮮卑人也被鼓勵與漢人通婚。

南北朝時期，既是中國歷史上第 2 次民族大融合時期，也是繼春秋戰國大分裂以後，第 2 次大分裂的時期。這個時期在政治上的爭鬥十分激烈，作為政治爭鬥一種特殊形式——戰爭極其頻繁，難以統計，而其中最有名的有 3 次，這 3 次戰爭的最大特點都是以小勝大，是戰爭史上以弱勝強的光輝戰例。一次是公元 200 年發生的曹（操）袁（紹）官渡之戰（河南中牟），另一次是公元 208 年發生的孫權與劉備聯合對曹操進行的赤壁之戰（湖北赤壁），第 3 次是公元 383 年發生的前秦苻堅與東晉謝玄的淝水之戰（安徽壽縣）。第 1 次戰爭為曹操統一北中國建立魏政權打下了基礎，第 2 次戰爭奠定了三國鼎立的局面，第 3 次戰爭，使南北朝對峙局面得以形成。

（三）隋唐五代時期

公元 581 年楊堅迫北周皇帝禪讓，建立隋王朝，自稱文帝。楊堅於公元 589 年滅陳，統一中國，南北朝分裂局面宣告結束，多民族統一的封建國家重新建立。隋王朝建立後，戰爭結束，政權相對穩定，加之楊堅在位時採取瞭解決土地分配、減輕人民服役和賦稅的政策，因而帶來了隋初的經濟繁榮和發展。但楊堅的兒子隋煬帝繼位以後，昏庸暴虐，濫用民力、財力，為了自己享樂營建洛陽，開鑿運河，並不斷對外用兵，結果釀成了中國歷史上第 4 次全國規模的起義，推翻了腐朽的隋王朝。

隋末起義的勝利果實被關中大貴族李淵所攫取。公元 618 年，李淵滅隋後在長安稱帝建立起唐王朝。李淵及其兒子李世民在建立唐王朝以後，吸取隋代興亡的教訓，實行均田制（按勞力分配土地），使土地分配得到一定的調整、並減輕賦稅和勞役，農業和城市手工業生產都迅速得到恢復和發展。

這時國內外交通也很發達，與歐、亞、非各國（地區）交往頻繁，同時重用名臣魏徵、房玄齡等，以及建立府兵制、完善科舉制，採取與國內各民族友好交往等進步措施，把唐帝國推向了中國封建社會的繁榮昌盛的時代。這種經濟上的繁榮和政治上的相對安定，就是歷史上有名的「貞觀之治」。

從唐王朝的建立到玄宗天寶年間（安史之亂以前）的100多年間，社會出現了一個較長時期的發展形勢，這時全國人口增加到5000萬，為唐初的4倍，唐王朝成為當時世界上最富庶的、高度文明的大國，並成為世界中心。但是在這種繁榮富強現象的背後，潛伏的階級矛盾和民族矛盾也日趨激化，統治階級內部爭奪權利的爭鬥也加劇了。中唐時期各地藩鎮形成割據狀態，一些政治野心家開始覬覦唐政權。安祿山、史思明在公元755年發動的叛亂，就是統治集團內部危機的大爆發。安史之亂也是唐王朝由盛到衰的轉折點，從此以後，雖有所謂短時間的「中興」，但唐帝國終陷入了分崩離析的狀態。

在統治階級內部，宦官與官僚的矛盾、軍閥與中央政權的矛盾交織在一起。統治者為了維持政局，更加殘暴地掠奪和壓迫廣大人民。過重的勞役，不斷的戰亂和災荒，使人們無法生活，鋌而走險。公元874年終於暴發黃巢、王仙芝領導的起義，經過近十年的戰爭，起義雖然失敗，但腐朽的唐王朝經過這次打擊，更接近崩潰，不久就滅亡了（公元907年），隨後在中國又出現了五十多年封建割據的混戰局面——五代十國。

這裡特別值得提到的是唐王朝和國內各民族的友好關係，以及唐王朝同世界各國經濟文化交流的情況。

唐朝是中國歷史上各民族之間友好關係進一步加強的時代，各少數民族在漢族先進的經濟、政治和文化的影響下，加上他們自己的辛勤勞動和創造，社會在這一時期大大地向前發展了，同時他們在經濟、政治和文化上的創造性活動也給漢族以很大的影響。由於民族間經濟、文化交流的加強，民族間交往的日益頻繁，民族融合的程度也大大得到發展。

公元640年，唐政府就在高昌（今新疆吐魯番一帶），設置安西都護府，進一步密切了這一地區和內地之間經濟、政治和文化各方面的聯繫和交流，對該地區的文化發展起了很大的促進作用；公元702年在庭州設北庭都護府，

統管天山以北和巴爾喀什湖以西的廣大地區；公元 713 年和 726 年又分別在中國東北和黑龍江一帶的靺鞨和黑水靺鞨等少數民族地區設置渤海府和黑水府，封其首領為都督，從而加強了他們與唐朝的聯繫，使他們更快進入階級社會，他們還經常派子弟來長安太學學習，派使節來抄寫各種典籍；公元 738 年，中國雲南地區居住的六個少數民族政權，叫六詔，最南面的叫南詔，其首領皮羅閣被唐朝封為雲南王，並建立南詔政權，在南詔政權統治下，各族人民對邊疆地區的發展，做出很大貢獻。

公元 641 年，唐太宗答應中國西南地區少數民族吐蕃首領松贊干布求婚的要求，送文成公主入吐蕃。唐朝和吐蕃通婚，使吐蕃民族對中原先進文化有了更多的瞭解，並為雙方的經濟、文化交流提供了良好的條件，從此以後大批吐蕃貴族子弟被派到長安的國子監學習。文成公主是一個文化修養很高的人，她去吐蕃時帶去了許多蔬菜種子、精細的手工藝品、藥物和一些有關生產技術的書籍。唐太宗還應松贊干布的要求，派去了許多釀酒、製紙等工匠傳授技術。

在文成公主的影響下，松贊干布派人創造了藏文字母，並根據藏語規律，制定藏文文法，還參考唐曆，制定歲曆。由於文成公主為加強漢藏友誼和發展藏族的經濟文化做出的貢獻，因此，長期以來，她一直為藏族人民所崇敬。

唐代和臺灣的關係也有進一步的發展，最近在台南發現的大量出土的唐宋時代的古錢、陶器和瓦瓶等證明漢族和高山族人民在當時經濟文化上的聯繫已十分密切。

唐朝時期對外經濟文化交流也十分發達。由於唐王朝當時在經濟、文化各方面都處於世界領先地位，加之對外交通的發達，所以唐代和亞、歐、非各國（地區）之間的往來出現了空前的盛況。據記載當時亞洲就，40 餘國與唐代有交往，而世界上從陸路來華貿易的也有 40 餘國，從海上來的有南海諸國（南海舶），非洲諸國（崑崙舶）、斯里蘭卡（獅子國舶），印度（婆羅門舶），阿拉伯半島（西域舶），波斯舶以及日本，甚至巴爾幹半島的拜占庭帝國也 5 次遣使來唐（公元 643—719 年）。此外，同印尼，緬甸等國也有大量來往。

当時唐代與各國交往有 7 條大的水陸交通要道，並在交通線上設專門官員管理。廣州是對外的最大港口，每年有 80 萬人登陸，常住外國人有 10 餘萬人，其他揚州、登州、泉州也是大商埠。在唐朝一些著名城市如長安、洛陽有許多來自日本、朝鮮、波斯、伊朗、大食（阿拉伯帝國）等國的商人、學生、藝術家、宗教家等，他們的風俗習慣和宗教信仰都受到唐政府的尊重和保護，對各國來往的使臣和商人都友好地接待，各國使臣入唐後至歸國的費用都是唐朝負擔，還專門頒布保護外商的詔令「任其來往通流，自為交易，不得重加率稅。」在法律上也給以照顧，「同類自相犯者，各依俗法，異類相犯者，以法律定。」

在廣州的阿拉伯商人還建立了伊斯蘭教禮拜堂，一次大食使者見玄宗不拜，玄宗以「大食殊俗」準許不拜。許多外國商人在中國定居下來做生意，中國的絲織品、工藝品、藥物和造紙技術等透過這些外商傳入歐、亞、非各國，唐朝的文化對世界各國文化的發展，產生了深刻的影響。

在對外關係和文化交流方面，唐朝與朝鮮、日本、印度等國家和地區更為密切。

中國同朝鮮的關係在唐代是十分密切的，7 世紀後期新羅統一朝鮮半島以後，很多人來長安留學，他們廣泛地研究了中國的政治、歷史、哲學、天文和曆法，以及醫學等。他們的工匠吸收了唐朝一些手工業的先進技術，織出了非常優美的朝霞錦和大花魚牙錦。唐朝從朝鮮輸入牛、馬、麻布、摺扇等，往朝鮮輸出絲綢、茶葉、瓷器、藥材、書籍等大大地豐富了兩國人民的經濟文化生活。

唐朝和日本的關係也十分密切，早在漢代日本就有使者來中國，唐代中日兩國的交往更加密切，到中國來的日本遣唐使就有十三四次。隨同使節到唐的還有留學生和僧侶，人數很多，有時一次就達五六百人。留學生在唐學習哲學、史學、政治制度、文學藝術和生產技術。有的學生在中國長期居住，甚至在中國做官，如日本的阿倍仲麻呂，10 多歲即來中國留學（公元 717 年），還取了晁衡的漢名。他熱愛中國文學，詩文都寫得很好，曾受到李白、

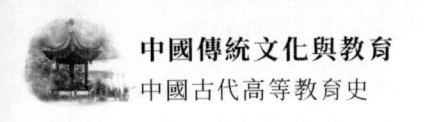

王維的讚賞，後來還在中國做官，先後做左補闕、鎮南都護等，最後在中國去世。

唐朝文化曾給日本很大的影響。日本仿照唐制，改革了行政制度，實行班田制和租庸調製，日本京都建築式樣幾乎同長安一樣，也有「朱雀大街」「東市」「西市」等名稱。日本參照漢字的草書和楷書的偏旁創造了日本文字——平假名和片假名。日本人的飲食、服飾和日常生活，至今還保留著唐朝的某些風尚。中國的高僧鑑真應日本留學僧榮睿的邀請，東渡日本第6次才獲得成功，他在日本傳經講學10年，向天皇受戒，建唐招提寺，在日本佛教界有巨大的影響。

中國人民和印度半島各國人民很早就有友好往來經歷。唐太宗時，印度多次遣使來華，唐王朝也一再派使臣到印度。印度的醫學、天文曆法、音樂和手工業技術傳入中國，中國的造紙術和文化典籍也傳至印度。其中，唐朝著名僧人玄奘對促進中國和印度半島各國的文化交流做了不可磨滅的貢獻。

貞觀初年，玄奘即從長安出發，到印度求取佛經，他經過新疆、帕米爾高原到達印度。他遍訪了印度半島上的著名寺院，又到過佛教創始人釋迦牟尼的誕生地尼泊爾。他學習了印度半島上許多種語言，鑽研了大量佛經，並把老子《道德經》和《秦王破陣樂》等帶到印度，玄奘的博學受到許多國家的尊敬。公元645年他回到了長安，帶回佛經600多部。回國後他專心做翻譯工作，經過近20年的辛勤勞動，譯出了佛經1300多卷，如今這些佛經的原本在印度大多已經失傳。玄奘的這些譯本成為研究印度半島各國古代文化的珍品。玄奘和他的弟子還寫了一部《大唐西域記》，生動詳細地記述了他們當時在該地區130多國家的情況，包括山川、物產、風俗習慣、宗教信仰和歷史等，是一部研究古代印度半島各國歷史的重要著作。

從唐朝與世界，特別是與亞洲各國經濟文化交流的歷史中，我們可以認識到：

1. 各國各民族間的經濟交流，是人類正常的活動，是加速社會發展的捷徑。在人類社會的歷史上，各地區的發展總是不平衡的，有的地區進步一些，有的地區落後一些，這種不平衡性決定了經濟文化交流像水往低處流一樣，

必然要發生。只有透過交流，才能彌補歷史和自然帶來的侷限，促進本國本民族的發展；只有透過交流，把其他國家和民族的先進東西拿來為自己所用，才能縮短認識客觀真理的過程，促進本國本民族的發展。當時日本、新羅等國從唐朝吸取大量先進文化，從而加速了它們的發展。所以社會要迅速發展，必須透過各國各民族之間的交往。

2. 先進的文化是全人類的共同財富，世界各國經濟文化的發展總是相互影響的。人類社會歷史的發展證明，世界上沒有一個民族未受過其他民族影響而發展起來，人類的歷史就是在相互影響下前進的。只有善於吸收先進的文化，才能促進自己的發展。妄自尊大、閉關自守是最有害的，因為它違背生產力發展的客觀要求，違背人類歷史發展的客觀規律。人類的歷史也一再證明，那些與外界隔絕的民族，總是遠遠落後於其他民族。因此輸出文化和輸入文化都是人類的正常活動。

（四）宋、元、明至清中葉

這個時期是中國封建社會中央集權制度進一步加強，並從發展的頂點到衰落的時期。

公元 960 年，趙匡胤在陳橋驛發動兵變，奪取了後周政權，建立宋朝。在這個時期，社會的基本矛盾仍然是統治階級與平民的矛盾，但表現在政治上則有以下幾個重要特點：

1. 中央集權制度加強：宋王朝統治者鑒於唐及五代滅亡的一個重要教訓是朝臣專權。因此，趙匡胤在消滅各地武裝勢力統一全國以後，立即搞了一個「杯酒釋兵權」的詭計，把一切軍、政、財權收歸中央，進一步加強中央集權的專制制度。朱元璋建立明王朝以後，更採取特務統治，把專制集權推至頂峰。

2. 土地兼併日益嚴重：自從北宋王朝對上層集團採取特別優待的政策，鼓勵他們廣置田園、免除賦役、自由兼併土地以後，封建土地占有制的形式就從唐代的均田制變成了莊園制。實物地租的封建剝削成了主要的剝削方式，

農民對土地的人身依附關係雖然相對削弱，但由於土地高度集中，剝削更加殘酷，生產力雖然有了發展，但農民所受的剝削並未減輕。

3. 起義不斷發生：從宋王朝建立起，一直到清代，起義接連不斷，此起彼伏。宋太祖趙匡胤時，就發生了四川王小波、李順的起義；北宋末年，山東江浙地區的宋江起義、方臘起義；南宋時期洞庭湖楊麼、鐘相起義；元朝的方國珍、張世誠的起義；明朝則有李自成、張獻忠的起義；清朝的太平天國等。這些運動，沉重地打擊了封建統治。

4. 封建統治階級內部矛盾激烈：北宋王安石的變法運動，明代出現的黨爭以及清代皇室的爭權奪位，都是統治集團內部矛盾和鬥爭激化的反映。

5. 民族矛盾尖銳：北宋由於累受遼、金侵擾，才南渡臨安。蒙古族興起後建立的元朝，對漢族和其他民族進行殘酷的擄掠和壓迫，他們大量圈占耕地為牧場，使土地荒蕪，生產力遭到很大破壞。明、清兩代的民族矛盾也一直十分尖銳。建立清王朝的滿族貴族，雖然在入主中原之前已開始封建化，但比漢族的封建社會，仍然顯得十分落後。這一時期，漢族和各族人民反抗滿族統治者的爭鬥也異常激烈。

在經濟方面，這一時期，由於中國人民的辛勤勞動，封建社會的經濟有了很大的發展。宋室南渡以後，江南廣大地區進一步被開發，南方經濟的發展逐漸超過了北方；由於農業和手工業的發達，宋代已出現了商品經濟，產生了「交子」這種貨幣。明代嘉靖以後，由於商品經濟的進一步發展，中國封建社會中已開始孕育資本主義的因素。當時出現了不少工商業城市，造紙、冶鐵和絲織都發展成為規模較大的手工業行業，明代的蘇州已成為中國當時最大的紡織工業中心，景德鎮成了瓷都。

但是這種資本主義的萌芽不僅沒有獲得發展，在清初反而遭到破壞和扼殺。清代的乾嘉時期，隨著封建社會經濟的恢復和發展，資本主義因素又活躍起來，特別是東南沿海地區，其中，廣州、蘇州、杭州等地發展明顯，中國的紡織、瓷器、雕漆等均暢銷於國際市場。但是滿漢統治階級統治者為了維持其封建統治，害怕社會進步，他們採取了壓制工商業發展的政策，致使當時微弱的資本主義萌芽不可能獲得發展。從1840年鴉片戰爭以後，在資

本主義列強的侵略下，清王朝更加暴露出它的腐朽，終於使中國走向半殖民地半封建的社會深淵。

二、文化概況

在每個時代中，支配階級的思想，便是有支配力量的思想，支配社會的物質勢力的階級，同時就是支配社會精神勢力的階級。這個階級將物質的生產手段，歸其統治，同時也要支配精神生產的手段。因此，那些沒有精神生產手段的人的思想也就同時被隸屬於這種統治之下。

關於中國封建社會的文化情況，本書擬從思想、文學藝術、科學技術三個方面做介紹。

（一）思想方面，主要有漢代的經學、魏晉的玄學和《神滅論》、宋明的理學和反理學的爭鬥這樣三個問題

1. 漢代的經學。

經學，簡單地說，就是整理、註釋和傳授儒家典籍的新儒學。漢代的經學是中國封建社會前期統治階級的一種官方哲學。

隨著封建社會經濟政治的發展，統治階級統治者也不斷變換思想統治的形式。秦的統一顯示了法家推行法治、堅持集中統一的進步作用；而秦的迅速滅亡，又暴露了法家嚴刑峻法、繁役重賦在維護封建統治方面的弱點和弊病。因此，繼承秦制的漢王朝，吸取了秦朝滅亡的教訓，在西漢前期轉而推崇黃老學說，大講「無為之道」，黃老刑名之學由此居於指導地位。漢初這種清靜無為、休養生息的政策，雖然收到了鞏固和發展封建經濟的成效，但又釀成了群藩專恣、諸侯叛亂，嚴重威脅中央皇權的政治危機，從而表明「無為而治」的政策應當改變。

於是到了漢武帝時，隨著封建經濟的發展、政治的穩定，重新加強君主專制就顯得很有必要了。所以在秦代幾乎被淹沒了的儒學，在漢武帝的倡導下而被「獨尊」，成為一種官方哲學。漢代的經學又以其不同的書寫文字、不同的研究宗旨和方法而分為今文經學和古文經學兩個不同的流派。這種學

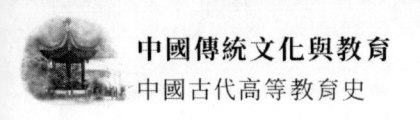

術上的不同流派反映在政治上則分別代表了當權派和在野派的利益，並且在漢代進行了長期的爭鬥，這種爭鬥一直延續到東漢末年。

　　古文經學由於注重考證，所以又叫「訓詁學」或「漢學」。它在學術思想上所取得的成就，遠遠超過了今文經學。今文經學的代表作品是公元79年漢章帝到白虎觀大會群儒講議五經異同，最後以皇帝的名義製成定論，由班固執筆寫成的《白虎通義》，它是全部今文經學的綜合體，也是今文經學的政治提要，並且它把迷信思想和封建倫理學說統一起來，成為封建社會的精神支柱。

　　2. 魏晉玄學和范縝《神滅論》。

　　魏晉南北朝時期，在思想領域內基本上是儒家思想所支配，並呈現出儒、佛、道、玄四家的爭鬥和調和的特點。一方面，這個時期對儒家經典的正統解釋已經基本完成，儒家的思想成了鞏固封建統治的重要工具；另一方面，這個時期還出現了與統治階級逃避現實相適應的玄學。同時，在南北朝時代，各地統治階級又大力提倡佛教和道教，扶植僧侶地主和道士作為自己統治的支柱。

　　魏晉玄學的出現，是對東漢末年黃巾之亂在思想上的一個反叛，也是對兩漢崇儒政策的一個反叛。黃巾之萬曾打起原始道教的旗號，並借用《老子》書中一些平均主義的詞句來反對封建剝削，起義軍的號召在當時產生了廣泛的影響。到了魏晉時期，門閥士族地主一方面為了逃避現實，但更重要的是為了消除黃巾之亂在思想上所造成的影響，於是他們把《老子》《莊子》的某些思想與儒家的思想（主要是《周易》）加以糅合，主張「以無為本」，強調有生於無。

　　這種玄學的最大特點是提倡清談，他們標榜清高曠達，表現放蕩縱慾，實際上是一種變質的道家老莊之學。他們的代表人物有王弼、何晏以及阮籍、嵇康等為首的「竹林七賢」，這些人有的窮奢極侈，有的醉生夢死、放蕩不拘，有的以殺人為戲，有的攻擊禮法，誣衊「六經」。

這種玄學，在當時還大大助長了佛教和道教勢力在中國的發展，也為宋明理學打下了基礎。他們攻擊禮法，是為了掩飾其放蕩縱慾的生活，而自詡清高則助長了士大夫明哲保身的鄉愿習氣。

佛教源於印度，在西漢末年開始傳入中國，而在南北朝時特別流行。最早在中國流行的佛教主要是小乘教，它的主要教義是：

①人（身體）死精神不死；

②因果報應（輪迴）；

③布施。而其中最根本的一條是「神不滅」論。佛教在中國迷惑了許多人，為統治階級造成了麻醉人民的反抗意識的反動作用。

南北朝時，佛教代替了老莊玄學，成為統治階級主要的精神支柱，但是由於它所提倡的戒律與門閥士族統治階級窮奢極侈的腐朽生活大相牴觸，所以士族地主並不真正信奉佛教，只是把它當作愚弄人民的一種手段。

當佛教經歷代統治者的大力提倡而在全國廣泛流行的時候，南北朝時期也先後湧現出了一批戰鬥的無神論者。其中最著名的代表是南朝齊梁之際的范縝（公元450—515年），他所著的《神滅論》給佛教宣傳的宗教迷信思想以沉重的打擊。他在《神滅論》中的主要貢獻是：

①他正確地指出了在精神與物質的關係上，物質（身體）是第一性的，精神是派生的，是第二性的，所以精神不能單獨存在，身體消滅了，精神也不復存在。他曾用一個形象而通俗的例子來說明這個問題，他說肉體和精神的關係就像刀的刃和鋒利的關係一樣。

②他還正確地指出了思維的作用產生於思維的器官，而思維的器官就是心（中國古代傳統的看法以為心是思維的器官，這當然是錯誤的），否認思維的基礎是靈魂。

③他批判了靈魂不滅的鬼話，揭穿了當時門閥士族地主所宣傳的他們的剝削特權是前生命定的謊言，指出人的富貴貧賤根本不是因果報應，它不過像樹上開出的許多花，落下時隨風飄去，有的落在茵席上，有的掉進冀池裡。

統治階級對范縝的思想怕得要死，恨之入骨，把它視為異端邪說，組織人對范縝進行圍攻，結果一個個都被范縝批得啞口無言。隨後又對他進行利誘，勸他放棄自己的觀點，立刻可以做大官，但范縝在名、利面前堅持真理，毫不為富貴利祿所動搖。最後梁武帝蕭衍只有以皇帝名義下一道詔書，說范縝違君背親，不許再說，並以莫須有的罪名把范縝流放到廣州。統治者就這樣靠政治權力挽救了佛教。

總之，魏晉南北朝時期，思想上表現出的儒、佛、道、玄四家的爭鬥與調和，在思想史上是繼戰國諸子的大爭鳴後的又一次大爭鳴，只是這次爭鳴，鬼神思想一步一步得到了發展，並且由於受到統治階級的支持而占了絕對的優勢。魏晉南北朝時期，統治階級不斷地發展使鬼神思想得以適應日益腐朽的政治上的需要。

隋唐時期在思想領域裡，仍然是以崇儒尊孔為主，儒、佛、道三家並存並不斷爭鬥和互相吸收。科學思想在一些問題的認識上，比過去有更進一步的發展，如呂才、柳宗元、劉禹錫等人，他們試圖把自然發展的規律和社會發展的規律進行區別，並探索宗教迷信思想產生的根源，他們的認識程度都超過了王充和范縝的水準。

3. 宋明理學和反理學的爭鬥。

自宋代開始歷經元、明直到清代，在這長達900多年的時間內，在思想領域占統治地位的思想始終是以程（頤）朱（熹）為代表的理學（陸象山、王陽明所創心學也曾占一定優勢），明清之際到鴉片戰爭前這段時期，還出現了以黃（宗羲）、顧（炎武）、王（夫之）等人為代表的與宋明理學（明代叫心學）相對立的「樸學」（又叫清代的漢學）。黃、顧、王等人在思想上對理學進行批判，提倡民主，反對專制主義和民族壓迫；在學術思想領域，強調證據，主張經世致用，反對空談心性（他們以後則表現出為考證而考證的煩瑣主義傾向）。

在明末清初思想領域內爭鬥的另一個側面是西方殖民主義國家的天主教傳教士開始到中國進行活動，他們一方面幫助中國的封建統治者鎮壓太平天國革命，另一方面妄圖用西方封建正統的神學即經院哲學中的僧侶主義和矇

昧主義來奴役中國人民的思想。當然與此同時，他們也傳入了西方的一些科學知識。以上是關於這個時期思想領域內的一些總的情況，下面我們側重介紹宋明理學，什麼叫理學，它是怎樣產生的，理學的流派和它的主要內容以及反理學的鬥爭等這樣幾個問題。

(1) 什麼叫理學？

簡單地說，理學就是關於儒家經典的義理之學。它吸收佛家和道家思想成分，發揚儒家的倫理思想與政治哲學，是把宇宙問題（世界觀、本體論）和心性問題（認識問題、社會問題）統一起來進行解釋的一種哲學體系。本體論是由老莊思想蛻變而來，心性論又進入佛家學說的範圍。所以，理學是融合「佛老」於「孔孟」而組成的一種解釋物質與精神關係的新的哲學體系。

理學在早期又叫「道學」，它們以天命論為核心，把人們的智、愚、賢、不肖以及富貴貧賤，都看作是命中注定，並認為封建道德是一種天理，這種天理是世界的根本，他們鼓吹「存天理滅人欲」。

明代的「心學」也是理學的一種，南宋陸象山首開先河，鼓吹「宇宙即是吾心，吾心即是宇宙」。明代的王陽明發展了這種理論，提出「良知」說，認為理（良知）是人類先天固有的道德。

無論道學還是心學，它們都是宣揚一種變相的僧侶主義和禁慾主義，以此來反對人們求生存、求溫飽，反對革命，維護統治階級的根本利益。

(2) 理學產生的原因。

兩宋時期，封建經濟有了很大發展，手工業和商業都比較發達。隨著城市經濟的繁榮，貨幣也有很大發展，北宋時已開始使用紙幣，工商業的高度發展，促進了文化科學技術的發展，因而擴大了人們的眼界，刺激了新思想的誕生；另外，在政治上，兩宋時期存在著複雜的社會階級關係。

這時除了占有莊園的大地主與失去土地的佃農之間的矛盾成為社會的主要矛盾以外，還有大地主與新興的中小地主之間的矛盾，城市小工商業者與大商人的矛盾，以及尖銳的民族矛盾。這些矛盾反映到思想領域中，各階層、

各階級的思想家都從自身立場出發，進行哲學思想的研究和論述，從而促使了精深、複雜的理學的出現。

從思想發展史上看，漢唐以來 1000 多年的經學（訓詁、注疏），已不足以維繫人心，不適應統治者的需要。因此，當時的思想家不得不另找革新學術思想的途徑，不得不改變研究正統思想的方向，於是納「佛老」於「孔孟」從更深奧的角度來發掘儒家適合統治者需要的精神，就成為必然的了。所以從物與精神方面，從萬物的發生發展方面來推論社會發展的原則的理學，就應運而生了。

（3）宋代理學的流派。

宋代理學流派較複雜，但主要的是濂、洛、關、閩四派。

濂派的代表人物是周敦頤（1017—1073 年），因他住在廬山蓮花峰下濂溪旁故名濂派。他著《太極圖說》，糅合儒道思想，主靜，是宋代理學的創始人。

洛派的代表人物是程顥、程頤兩兄弟。因他們居於洛陽故名洛派。程顥認為：天即理、即心，封建倫常便是天理。朱熹便是他的四傳弟子，直接繼承和發展了他的思想。

關派的代表人物是張載（1020—1077 年），因他住在陝西故名關派。他反對「佛老」思想。

閩派的代表人物是朱熹（1130—1200 年），因他生於福建故名閩派。朱熹是宋代理學集大成者，他把孔孟以來到周敦頤、「二程」及張載的思想加以綜合，主張理氣二元論。認為理是第一性的，物質的氣是派生的，理是根本，理在氣先等。

宋代理學雖然有許多流派，但他們不外乎研究理、氣、心、性四字，理、氣二字屬於宇宙問題即本體論，心、性二字則屬於社會問題、認識問題。他們認為：「理」是天下萬物都要遵循的普遍原則，它是永恆存在的；理不僅是自然界的最高原則，也是社會的最高原則；在理氣關係上，理是第一性的，

氣（物質）是第二性的；這種理不是客觀事物的規律，因為事物的規律是不能生萬物的，這個「理」既能生萬物，又統轄萬物。

宋代理學實際的政治意義是用精神世界來支配物質世界，把自然界道德化。「程朱」繼承孟軻、董仲舒的觀點，力圖混淆自然界與社會現象的本質區別。他們把君臣父子那一套封建倫理規範說成和自然界的規律一樣，是一種不以人的意志為轉移的、萬古長存的「天理」。

他們把一切封建倫理道德都說成是「天理」，是「至善」的，從而論證了封建社會的合理性。從這一謬論出發，理學家們提出了「餓死事小，失節事大」「存天理去人欲」的口號，反對寡婦再嫁，反對人民反抗壓迫。「天理」實質是一把殺人不見血的屠刀，所以清代學者曾痛斥理學家是「以『理』殺人」。

在宋代理學妖霧瀰漫的氛圍中，出現了一大批反對理學的思想家如王安石、葉適、陳亮等人。他們在思想上繼承了中國古代傳統，吸取了當時科學技術上的一些成就，因而比較注重現實，反對所謂「存天理去人欲」，在哲學上反對有一個超越於世界之上的「天理」的存在。在理、氣、心、性、知、行等各方面展開了爭鬥。如王安石就提出「天道自然，無言無為」，天變不足畏，水旱災害是自然現象；葉適、陳亮等人認為，客觀世界是物質的，反對先於天地而有「理」。

（二）史學、文學、藝術方面的情況

1. 兩漢時期。

在兩漢 400 百多年間，隨著政治上的相對穩定，經濟上的恢復和發展，農業和手工業生產的進步，反映這種政治、經濟狀況的文學藝術也取得了很大的成就。

（1）在史學方面，中國最早的史學著作首推《春秋》和《左傳》，而孔丘和左丘明都是最早的史學家。西漢司馬遷所著《史記》，是中國第一部規模巨大、組織完備的傳記體的偉大著作。司馬遷自己介紹這本書的內容和

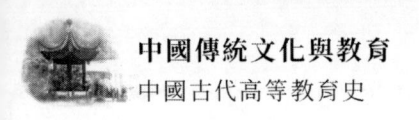

宗旨時說：「……為十表、本紀十二、書八章、世家三十、列傳七十，凡百三十篇。亦欲以究天人之際，通古今之變，成一家之言……」

司馬遷花了 20 年寫成的這部不朽的歷史巨著，為後來的史家做出了榜樣，它標誌著中國歷史學的巨大進步。魯迅先生曾經給它以很高的評價，說它是「史家之絕唱，無韻之離騷。」《史記》不僅是一部偉大的史學著作，而且還是一部優秀的散文作品，是西漢散文的最高代表，是以後歷代散文家摹習的主要藍本。

繼司馬遷以後，在歷史方面有傑出成就的是劉向、劉歆父子完成的《七略》。這部書綜合了西周以來，特別是戰國時期的文化遺產，把沒有價值的書（如經學博士的講義）全廢棄了。經過他們選擇、校勘、分類編目，最後寫成定本，還加上總論和分論，它不僅是中國第一部目錄學著作，而且是一部非常寶貴的古代文化史。

東漢初期班固寫的《漢書》，也是一部重要的史學著作，它開創了斷代史的先例。

（2）在文學藝術方面。兩漢文學在《詩經》《楚辭》、諸子散文等基礎上，有進一步的發展。西漢時，在楚辭基礎上產生的一種新文體——賦，是西漢文學的代表，約有 1000 餘篇。

2. 魏晉南北朝時期。

這個時期，由於人們思想上的各種束縛隨社會動盪、政治上的分裂和經濟上的破壞大大減輕了，加之佛教文化的大量傳播以及士族地主優裕的生活，士族中的一部分人有條件去吸收佛教文化並從事文化上的創作。因此，這一時期的史學特別是文學藝術呈現出一種繁榮的景象，取得了巨大的成就，並且造成了繼漢開唐的作用。

（1）史學在這個時期非常發達，不僅有通史、斷代史和地方志，還有人物傳記和史注。尤其以斷代史和人物傳記為最多，並且還發現了《竹書記年》和《穆天子傳》。（晉）陳壽撰《三國志》，（南朝宋）范曄撰《後漢書》，（梁，

沈約撰《宋書》，（梁）蕭子顯撰《齊書》，（北齊）魏收撰《魏書》，此外，（東晉）常璩撰《華陽國志》，記錄了四川的歷史。郭璞為《爾雅》做注。

（2）在文學方面，三國時期魏國文學特別繁榮，出現了「建安七子」和以曹操、曹植父子為代表的建安文學。西晉時間雖短，但文學上卻取得了較大成就，特別是太康年間，文學達到了高潮時期。當時，賦的創作也取得了很大的成就。最著名的有左思的《三都賦》，他花了十年之久才寫成，是一部詳盡敘述魏、蜀、吳三國政治、經濟、城邑、山川的巨著。

此外晉宋之際的散文大師陶潛，不僅留下了許多膾炙人口的著作，而且也是唐代文體革新運動的先驅。北朝文學最有名的作品是《木蘭詩》，它是古代人民群眾創作的偉大詩篇，全詩三百餘字，所描述的木蘭表現出了中國婦女的英雄氣概和高尚的道德。最有成就的作家以北周的庾信為代表，所著《哀江南賦》，成為當時的「文宗」。

這個時期，在南朝還先後產生了幾部總結性的文學著作。它包括：（宋）臨川王劉義慶編撰的《世說新語》，這部書記錄了從東漢末年到東晉時期清談家們的言行；（梁）昭明太子蕭統編撰的《文選》30卷，它分類保存了周秦以來的文人作品；（梁）鐘嶸編撰的《詩品》，這部書總結了漢魏以來的五言古詩，包括了兩漢至梁的120多位作家的作品；（梁）劉勰編撰的《文心雕龍》共50篇，是西周以來的文學大總結，在中國文學批評史上占有十分重要的地位。

（3）在藝術方面，書法和繪畫也有了新的發展。晉武帝時，還在太學設立書法博士，教學生習書法。東晉王羲之集書法之大成，被稱為「書聖」，他所創的真書（楷書），後經太學提倡，成為全國書體的正宗，流傳至今；在繪畫方面有著名的畫家顧愷之。此外，在藝術上的另一突出成就是佛教藝術，最有名的代表是雲岡石窟（山西大同），有大小40餘個主洞，有佛像10餘萬個，是中國最大的石窟之一；龍門石窟（河南洛陽）有石龕數千個，它同雲岡石窟同為中國最大的雕刻寶庫。這些藝術珍品是中國百姓的偉大創作。

3. 隋唐時期。

（1）史學：這一時期，由於統治者的重視，史學方面取得了很大成就，中國古代二十四史，唐人就編纂了8部，占了三分之一。李世民曾說：「以銅為鏡，可以正衣冠；以古為鏡，可以知興替；以人為鏡，可以知得失。」因此，這時正式出現了國史專修的制度。在史書體裁方面除了沿襲過去的編年、記傳體外，還創造了會典、會要（即分門別類記載典章制度）等新體裁。同時還出了一批傑出的史學家，如史學批評家劉知幾著的《史通》，分內外40餘編，對唐代以前編寫的史書進行了評論。杜佑著《通典》200卷，是中國第一部政治經濟專史。

（2）文學：作為政治經濟形勢的直接反映的唐代文學以詩最為發達，1000多年後清代所編的《全唐詩》中還收到有2000多位唐代作家，近50000首作品傳世，由此可見唐詩的盛況。唐詩不僅數量多，而且質量高，它擺脫了齊梁宮體的靡靡之音，思想內容豐富，社會意義深遠，並且湧現出了一大批如李白、杜甫、白居易這樣的優秀詩人。

除詩以外，散文也取得了重大成就，著名的散文作家有韓愈、柳宗元等人，他們的作品短小精悍、言之有物。他們反對無病呻吟，提倡古文運動。特別是韓愈，史家稱他文起八代之衰。他不僅散文寫得好，也是中國歷史上的一位語言大師，他對中國的詞彙和語法的豐富做出了很大貢獻。

（3）藝術：這個時期的藝術，無論是繪畫、雕刻、音樂、舞蹈都出現了空前繁榮的景象。它們反映了這一時期政治經濟的發展，表現了中國各族人民的創造才能和各族之間文化上的交流。敦煌壁畫是隋唐藝術寶庫中最著名的代表，畫家們突破了過去只講佛經故事的宗教束縛，創作了許多反映當時現實生活的畫面，這裡既有船伕們艱苦勞動的情景，也有農人耕作豐收的場面，還有旅行、戰爭、狩獵、營造、宴會、角技等社會生活的實況。唐代的音樂歌舞也是盛況空前，唐玄宗時還在長安設立教坊和梨園專門培養音樂歌舞人才，教坊生員達2000餘人，當時著名的歌唱家李龜年，其歌唱技藝能使座客「掩泣罷酒」。繪畫方面，王維的山水畫和吳道子的人物畫都取得了很高的成就，特別是王維的《江山雪霽圖》達到了「詩中有畫，畫中有詩」的意境。

4. 宋、元、明、清時期。

（1）史學：這個時期出現了許多史學家和重要的歷史著作。北宋司馬光等人花了 19 年時間編成了一部長篇歷史著作《資治通鑑》，共 294 卷，記敘了從春秋末年至宋滅周這段時間的重大歷史事件；南宋的鄭樵編撰的《通志》和宋元之際的馬端臨編撰的《文獻通考》以及唐代杜佑的《通典》合稱為「三通」，是中國極為重要的歷史典籍。另外這個時期史學家開始注意考古和記錄當代的事件，在宋代就編纂了許多《金石錄》之類的考古書和記錄當代大事的《三朝北盟彙編》。清代也編纂了幾部大書：如《佩文韻府》《圖書集成》以及《四庫全書》等。

（2）在文學方面，宋朝時出現了與政治上的變法相適應的詩文改革運動，湧現出了許多著名人物。中國文學史上所謂的「八大古文家」，宋代就占了 6 名，其中特別是蘇軾，他在散文、詩、詞各方面都有很高造詣，創作了許多著名作品。宋代的詞在中國文學史上占有一個特殊的地位。許多著名詞人的作品衝破了音樂格律的束縛，注入了現實社會生活的內容，開闢了或清新或豪放的風格，如陸游、蘇軾、辛棄疾等。隨著城市經濟的發展，宋元時期出現了以話本文學和戲劇文學為主的民間文學。宋元話本的出現，是中國小說史上的一個革命，是明清小說發展高潮的前導。如《大宋宣和遺事》《三國志評話》《大唐三藏取經詩話》，就是明代優秀長篇小說《水滸傳》《三國演義》《西遊記》的雛形。

這些話本文學為小說的發展準備了條件。元代的雜曲是中國戲曲的真正開始。元代雜曲是一種包括歌唱、音樂、舞蹈並具有完整故事情節的綜合性藝術，它是中國文學遺產中的瑰寶，它不僅數量多（留傳下來的還有 1000 多種劇本），而且絕大多數都具有豐富的社會內容和高度的藝術成就。關漢卿、王實甫是其主要代表。關漢卿寫了 60 多種雜劇，現在流傳下來的還有 18 種。他寫的《竇娥冤》，在 100 多年前就被譯成法文傳入歐洲。他寫的《望江亭》《單刀會》等在國內為各劇種所吸收和改編，直到今天也上演不衰，為廣大群眾所喜愛，還被譯成日文。

明清時期的戲劇、小說也有很大的成就。洪昇的《長生殿》、孔尚任的《桃花扇》都是戲劇的傑出代表。小說方面除了羅貫中的《三國演義》、施耐庵的《水滸傳》、吳承恩的《西遊記》以外，曹雪芹的《紅樓夢》、吳敬梓的《儒林外史》以及蒲松齡的《聊齋誌異》，都從不同的側面反映了當時的社會現實，揭示了封建社會的腐朽、黑暗和必然崩潰的歷史趨勢。

（3）在科學技術方面。

中國的自然科學和技術，在先秦時期就有了比較高的發展水準，如《墨經》中的許多物理學、數學知識，《尚書》中的天文曆法知識和豐富的醫學知識等。在製造技術方面，《墨經》和《考工記》中都有許多記載。在中國兩千多年的封建社會中，百姓是社會物質財富和精神財富的創造者。宋、元、明、清時期，由於百姓們的辛勤勞動，封建社會的經濟有了很大發展。隨著生產力的發展和提高，自然科學和技術都取得了很大的成就，特別是指南針、印刷術和火藥的發明，更顯示出人民的無窮智慧。

①兩漢時期。

在天文、數學方面。漢武帝時，鄧平、唐都和洛下閎等聯合制成了著名的「大初曆」，又稱「三統曆」。東漢時雖然在今文經學的影響下迷信十分流行，但也出現了一些追求真理的科學家，如漢安帝時的太史令張衡，他製成了渾天儀、候風儀和地動儀。歐洲直到1700年後才出現第一台地動儀。數學方面有《九章算術》，它涉及算術、代數、幾何等各方面的知識，有許多成就在當時世界上都是很先進的，如分數四則運算、正負數運算、開方和聯立方程等。

在醫藥方面，也有許多獨創的發明，不少領域在今天仍居世界先進行列。被後世稱為醫聖的東漢名醫張仲景所著的《傷寒論》和《金匱要略》至今仍然有重大參考價值，涪翁著的《箴經》是針灸學的始祖，華佗更是精通各科，並是已知的使用麻醉劑的鼻祖，他還創立「五禽戲」，提倡積極鍛鍊身體，預防疾病。

在技術方面，中國人民有許多的創造發明，對世界文明的發展做出了具大的貢獻，如蠶絲、造紙等。造紙和印刷對於文化的傳播和教育的發展具有特別重大的意義，中國在公元 1 世紀的東漢時期，就有了大量原始的紙張。造紙技術後來逐漸由阿拉伯人傳至埃及、摩洛哥再傳到東歐。

②魏晉南北朝時期。

南朝齊人祖沖之和北朝東魏的賈思勰，是這個時期的傑出代表。祖沖之是一位大數學家和天文學家。他關於圓周率的計算達到了當時世界上最精密的水準，得出了圓周率在 3.1415926～3.1415927 之間。在他以後，西方差不多過了 1000 年，德國數學家奧托在 1573 年才求得祖沖之的結果。他寫的數學著作《綴術》，不僅唐代做教學用書，朝鮮、日本也普遍用它做教材。

賈思勰是中國古代傑出的農業科學家，所著《齊民要術》約 11 萬字，把當時農業和手工業所取得的生產知識和技術上的成就全部總結進去了，這是一部集西周以來 1000 多年生產知識的大成的巨著。它強調農業生產要遵循自然規律，提倡改革技術和工具，是中國現存最早最完整的一部農書。

此外，北魏酈道元所著《水經注》約 30 萬字，是一部關於中國水道變遷地理沿革的重要記錄。

在醫學方面，西晉皇甫謐所著《針灸甲乙經》，對針灸學有重大貢獻。

在機械製造方面，魏人馬均製造了指南車、翻水車、發石車等。

③隋唐時期。

在天文、數學方面，隋代劉焯首先將多項式內插法引入天文計算，取得了定歲差常數 75 年差 1 度的成績（這已接近精確的數值）。唐代僧一行與梁令瓚合作製造了黃道游儀和渾天儀，在一行的倡議下，唐朝政府在公元 724 年開始派人到全國 13 個點測量北極的高度和日影的長短，經過 1 年多才完成。一行從這些測量的數據中，求得了子午線的長度。數學方面傑出的人物是王孝通（著《輯古算經》）和李淳風（註釋《算經十書》）。

在醫學方面，隋代巢元方等撰寫的《諸病源候總論》，是中國第 1 部關於疾病分類和講病理的書，全書共引 1729 個病症，分別加以說明。巢元方還提出了腸吻合手術，這是中國外科史上的一項重要發明，他還是世界上最早鑑別天花和麻疹的醫學家；唐代孫思邈《千金要方》，收集了 4500 多個方子，記載了 800 多種藥物，總結了周秦以來的諸醫家的理論和方法，他對特效藥物也很有研究，後世尊他為「藥王」。公元 659 年，國家新修的《唐本草》53 卷，是中國歷史上由國家頒布的第一部醫典，它比紐倫堡政府在 1542 年頒布的醫典要早 800 多年。

在建築技術方面，隋代工人李春營建的趙州安濟橋（河北趙縣洨河上）是今天世界上最古老的一座石拱橋。經過 1966 年邢台地區的強烈地震，這座橋仍然完好無損。

④宋、元、明、清時期。

在天文數學方面，宋代天文學家曾發現三顆新星，傑出的天文學家蘇頌還發明了天文鐘。元代大科學家郭守敬所制的《授時曆》以 365.2425 天為一歲，和實際地球繞太陽一周的時間只差 26 秒。明清兩代的天文學也有很大的發展，如徐光啟等人的《崇禎曆書》。在數學方面，楊輝發明了二項式定理中求係數的解法，這比歐洲人在 1527 年發現巴斯角三角形的做法要早 300 年。秦九韶總結前人的成果得出了比較完整的方程式的基本運算方法比英國和涅的發現要早 800 年，他在所著的《數書九章》中還發明了「大衍求一術」，即中國剩餘定理。明清之際的數學也很發達，程大位著的《算法統宗》還專門講解了珠算，因切合實用，300 多年來通行全國，書中的一些口訣，至今還在沿用。

醫學和藥物學：這個時期，國家設立了比較完善的衛生機關和藥物管理組織，在唐代醫學教育的基礎上，專門醫學教育組織也比較發達，如針灸學醫生王維一用銅人進行教學。宋代法醫學家宋慈所著《洗冤錄》，是世界上第一部系統的法醫書籍，比歐洲最早的法醫專著要早 300 多年，它先後被譯成法、英、德、俄、日、朝、荷等七種文字，日本、朝鮮等國一直到 19 世紀末葉仍在使用它。明代李時珍所著《本草綱目》，花了 30 年時間才完成，

1606 年傳入日本，以後又被譯成拉丁文和英、法、俄等多種文字，流傳於全世界。明代發明的醫治痔瘡的藥線結紮法和枯痔法，一直沿用至今。明代後期還發明了多種種痘的方法，比歐洲的牛痘法要早 200 多年，這都是中國人民對世界醫學的重大貢獻。

農業和手工業：明代徐光啟的《農政全書》和宋應星的《天工開物》，是這個時期農業和手工業生產技術的重要文獻。《農政全書》共 60 卷，50 萬字，包括了農業生產的各個方面，這是一部把中國歷代農書的精華、廣大人民的生產經驗與歐洲的先進科學知識以及作者自己長期的研究成果融合起來的一部農業科學巨著。《天工開物》則是一部關於手工業生產技術的百科全書式的科學技術文獻。它不僅在中國，就是在世界科技史上也是少有的。

此外在地理學方面，清代康熙年間測繪了全國大地圖，這是一項創舉，這種大規模的測繪工作對中國疆域做了明確的規定。明代地理學家徐霞客對石灰岩地貌的研究成果比歐洲人也要早 300 多年。

建築技術：宋代的建築技術發展水準很高。北宋李誡所著的《營造法式》，是一部完備的建築學著作，是集中工匠智慧、才能的優秀作品，是研究中國建築學的重要資料，全書共 357 篇。

明清時期，封建經濟的發展，為統治階級提供了大興土木的財力、物力的條件，商業和手工業的發達以及人口的增加，也促進了城市建築設計的發展和提高。封建統治階級為了加強中央集權和滿足他們的享樂，在北京、南京及其他地方建築了許多規模巨大的宮殿、苑囿、陵寢以及廟壇寺院。

北京是明、清兩代的首都，也是當時城市建築方面最集中的代表。其布局嚴密完整，街巷排列採取平直形式，大街由南向北，胡同由東向西，符合良好的向陽和通風要求。市內建築具有明顯的中軸線和對稱性，北京的建築體現了中國百姓的偉大創造。

南京是八代帝王建都的地方，大規模建築始於明代洪武時期，周圍 48 公里，外郭 90 公里，規模宏偉，是世界上最大的磚石城垣。

明清兩代的園林建築也超過前代，北京的圓明園是其代表，它不僅集中了中國傳統的園林建築藝術的優點，也吸收了歐洲的一些建築形式，周圍15公里，園內有山石湖泊、奇花異草、樓台殿閣，有珍貴的花崗和其他藝術品。它的建成是中國百姓血汗的結晶，也是清代統治階級窮奢極侈腐化生活的具體表現。公元1860年，英法侵略軍進到北京後大肆擄掠搶劫，圓明園遭到野蠻的破壞。

明代修建萬里長城以及十三陵等，也是建築史上極有價值的事情。

此外，唐代發明的雕版印刷術是中國繼造紙術之後，對世界文化事業所做的又一項重大貢獻，它便利了文化的傳播和資料的保存。它的發明及應用，使書籍得以廣泛流傳，對教育事業的發展起了重大的作用。宋代發明的羅盤針對世界海上貿易和航海事業是一項重大的貢獻。歐洲在13世紀時才從中國學去使用羅盤針。火藥的應用在宋代也達到了一個新的水準，曾公亮所編的《武經總要》，對火藥和火器的製造做了專門的總結。南宋時已經製造出火炮、火箭、火槍以及霹靂炮等先進火器。南宋滅亡之後大批工匠和火器工廠落入蒙古人之手，從這時起，火藥、火器才經過阿拉伯國家傳入歐洲。歐洲使用火藥、製造火器比中國要晚三至四百年。

第二節 文教政策和高等教育制度

一、文化專制主義和崇儒尊孔

自從秦始皇於公元前221年建立中國歷史上第一個統一的專制主義中央集權的封建國家起，封建制度在中國延續了2000餘年，一直到1840年的鴉片戰爭以後，各資本主義列強大舉入侵，封建制才逐漸解體，中國開始變成了一個半殖民地半封建制的國家。

在2000多年的封建社會裡，隨著政治上的中央集權制不斷強化，在教育領域也實行文化專制主義。秦始皇在位時，不僅積極推行「書同文」「以法為教」「以吏為師」的集中統一制度，而且為了控制人們的思想，還採取了殘酷的「焚書坑儒」的專制鎮壓措施。秦代所推行的這種文化上的專制主義，一直沿用到明清時期。

明、清的封建統治階級，繼承秦始皇的衣鉢，對知識分子的鎮壓比秦代有過之而無不及，他們大興文字獄，大肆篡改、銷毀不利於自己統治的書籍，妄圖以此來消滅人們的反抗意識。

　　中國歷代封建統治者，在對知識分子實行文化專制主義的同時，還採取了「軟」的一手。秦朝初年就曾經置博士官，養儒生 70 多人，並在生活上給這些知識分子以優厚的待遇，用他們來歌功頌德、粉飾天下太平。到了漢武帝時期，為了強化中央集權制度，他採納了董仲舒的建議，實行「罷黜百家，獨尊儒術」的文教政策。從此以後，崇儒尊孔就成了歷代封建統治階級在文教領域的基本國策。因為春秋戰國時期儒家所鼓吹的那一套德治、仁政主張具有很大的欺騙性，可以幫助麻痺人民群眾的反抗。

　　加之漢代的儒家學者，以董仲舒為首的今文經學家，他們發展了先秦儒家思孟學派，兼採陰陽五行家的學說，把儒家神祕化、宗教化，鼓吹大一統、天人感應和君權神授，從而為封建統治階級提供了在政治上推行專制主義集權的理論根據。漢武帝及後世歷代統治者，他們並不真正相信儒學，只是用儒家經典作為中央集權的根據。在漢代，統治者一貫執行的是外儒內法、「王霸道雜之」的兩手政策，也就用德教來「濟刑罰之末」，用王道來掩飾殘酷的鎮壓與剝削。漢代以後的封建社會的發展，隨著佛教的傳入以及玄學和道教的興起，統治階級為了加強對人民的思想統治，還大力提倡佛學、玄學、道教，大力宣揚宗教迷信思想。

　　但是作為統治人民的思想工具，傳統的儒學更為封建統治者們所重視，唐太宗李世民就曾明確地表示：「聯今所好者，唯在堯舜之道，周孔之教，以為如鳥有翼，如魚得水，失之必死，不可暫無爾。」（《貞觀政要》卷六）為了推行崇儒尊孔的政策，歷代統治階級還不斷給儒家的創始人孔子加冕，給他了許多桂冠。從漢高帝劉邦在公元前 196 年經過魯地以太牢祭孔，開皇帝親自祭孔的先例起。

　　隨後唐玄宗在公元 739 年，又封孔子為文宣王，把孔子捧上了「素王」的寶座，元代最高統治者進一步封孔子為大成至聖文宣先師。孔子在春秋戰國時期，本來是個學者，在漢代董仲舒的「公羊春秋」中變成了一個高深莫

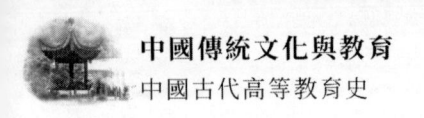

測的神，而唐代以後則進一步成了王。孔子地位上的這種變化，反映了封建統治階級日益走上了窮途末路的悲慘的歷史命運。

崇儒尊孔政策的推行，徹底結束了春秋戰國以來開創的百家爭鳴，開始了「三綱五常」「正名定分」的傳統封建思想統治的時代。這不僅大大地妨礙了中國文化思想和科學技術的自由發展，而且對封建社會的教育也產生了廣泛、深刻和惡劣的影響。

二、官辦的高等教育

中國封建社會的高等教育，自漢代推行「獨尊儒術」的文教政策以後，無論是官辦高等教育或民間私立高等教育都完全被侷限在儒家學說的囚籠裡。「學而優則仕」，讀書做官成為歷代統治階級控制、籠絡知識分子的重要手段。宋真宗還為此專門編了一首《勸學詩》：

富家不用買良田，書中自有千鐘粟。

安房不用架高梁，書中自有黃金屋。

娶妻莫恨無良媒，書中有女顏如玉。

出門莫恨無隨人，書中車馬多如簇。

男兒欲遂平生志，六經勤向窗前讀。

（《摘至《繪圖解人頤》卷一 坊間本）

由於「學而優則仕」的制度化以及統治階級的不斷誘惑，讀書不再是為了研究學問，認識客觀世界，而是作為追求功名利祿的手段，結果造成廣大知識分子思想十分貧弱。

在封建社會裡，歷代高等教育的培養目標是儒家所謂的「君子」「聖賢」，也就是培養統治階級的知識分子，為封建國家造就一大批後候補官吏。這些人具有封建統治階級所需要的道德品質和修養，具有管理封建國家機器的能力，其中一部分為封建經濟發展和為統治階級享樂服務所需要的科技和藝術專門人才。在有機會做官時，能夠「上致君，下澤民」，對鞏固封建統治階

級政權產生直接作用；而當他們不得志時，也能安分守己，而不至於犯上作亂，能夠從社會風俗上為維護封建政權起間接的作用。

為達此目的，高等教育的主要內容就是封建社會的以「明人倫」為中心的綱常名教，是「君臣有義，父子有親，夫婦有別，長幼有序，朋友有信」等封建道德信條。因此所謂「君義臣忠、父慈子孝、兄友弟恭，夫敬婦順」等封建倫理的教育在整個教育中居於首要地位。至於文化知識、科學技術，則按照周代以來的「德成而上，藝成而下」的傳統觀念，擺在次要而不被重視的地位。教材則以《詩》《書》《禮》《易》《春秋》等儒學經典為主，儒家經書成為教學的基本教材，以致社會中出現所謂「遺子黃金滿籯，不如一經」（《漢書·韋賢傳》）之說。

即使後來隨著時代的變化而稍有不同，但各個時代的教材基本上都貫徹著「三綱五常」和「忠君孝親」的說教，而且在封建社會發展到衰落時期，教育內容更加狹窄。由於學校教育只注重儒家經典，輕視科學知識，一些高等專門學校的地位極低，不受重視。結果使中國封建社會的科學技術的發展受到很大的限制，社會生產力長期發展緩慢，甚至停滯不前，因而許多大科學家和具有真才實學的人，多數來自民間的私學和家學。

（一）漢代的太學和高等專門學校

1. 太學建立的目的。

漢朝初年，統治階級還來不及抓教育，也沒有設立學校。到了漢武帝時，為了適應政治上的需要，才接受董仲舒、公孫弘等人的建議，於元朔五年（公元前 124 年）在京師長安設太學，立《詩》《書》《易》《禮》《春秋》等五經博士，置博士弟子五十人（即太學生），這便是漢代太學的開始。在獨尊儒術的同時，董仲舒還建議漢武帝「立學校、興教化」來防止奸邪和養士，他認為要培養良好的風俗最重要的手段是教化，他向漢武帝說：「凡以教化不立，而萬民不正也……是故教化立而奸邪皆止者，其提防之也，……古之王者明於此，……立太學以教於國」。（《漢書·董仲舒傳》）封建統治者設立學校一方面是對群眾施行教化，作為防止奸邪的堤防，同時，也是為了「養士」，為統治階級培養統治人才。所以董仲舒還向武帝說：「夫不素養士而

欲求賢，譬猶不琢玉而求文采也。故養士之大者，莫過於太學，太學者，賢士之所關也，教化之本源也……願陛下興太學，置明師，以養天下之士。」（《漢書·董仲舒傳》）就是說在中央設立太學以教育貴族子弟及士大夫之優秀者，培養其為封建朝廷執行教化的人才和各級統治者。可見統治階級辦學，完全是為了鞏固封建政權。

2. 太學的組織、教師和學生。

太學最初由僕射領導。僕射是一種官名，起於秦代，宋代時廢止（凡侍中、尚書、博士等官中的首領就叫僕射），東漢以後改設祭酒一人總覽校務，博士若干人，分別教授名經，另有助教若干人輔導學生。

《後漢書百官志》載：「博士祭酒一人，六百石。本僕射，中興轉為祭酒。博士十四人，皆六百石。」在註釋中說十四博士為：「易四：施、孟、梁秋、京氏；尚三：歐陽、大、小夏侯氏；詩三：魯、齊、韓氏；禮二：大小戴記；春秋二：公羊、嚴顏氏。」

《後漢書·朱浮傳》注引《漢官儀》：「博士，秦官也，武帝初置五經博士，後增至十四人，太常差遣有聰明感一人為領酒，總覽綱紀……」

漢代太學的教師名叫博士，博士原是秦代的一種官名（掌握古今典籍），漢代太學借用此名為教師。漢代太學博士的產生有三種辦法：徵召，即由中央政府聘請社會名流充當；薦舉，由地方或官員推薦名儒，經中央挑選後充當；選試，即透過考試產生。西漢時期博士多以薦舉產生，東漢以後，則經過考試。

太學博士的職能、待遇和條件：

太學博士不只是教授弟子、從事教學，他也是皇帝的顧問，國家有重大事件時，皇帝往往召集他們來徵求意見。博士的薪俸很高，最初是四百石，後來增至六百石，皇帝還經常對他們有所賞賜。太學中專門建有博士宿舍，他們的生活十分穩定、舒適，同時還有機會充任大官，所以當時有許多人追逐這個職位。但博士的頭銜並不是輕易就能獲得的，他們必須具備各項條件。西漢時，漢成帝曾經明確規定博士必須：「明於古今、溫故知新、通達單體。」

（《漢書·成帝記》）在當時的薦舉中，保舉人還必須填寫一分保舉狀，其格式如下：

「生事敬愛，喪滅知禮，通易、尚書、詩、春秋、孝經、論語兼綜載籍，窮微闡奧，師事某官，見授門徒五十人以上，隱居樂道，不求聞達，身無痍瘤，其六屬不與妖惡交通，王侯賞賜。行應四科，某官某人保薦經任博士。」

從上述保舉狀，可窺見當時舉薦博士標準之一斑，說明當時對博士的要求是很高的。首先，博士要「經明行修」，即不僅要有淵博的學識，還要在行為上能嚴格遵守封建倫理道德不與所謂壞人交往，也不與官吏勾結，搞歪門邪道。其次，還要標明師承，漢代最重師法和家法，每個博士治學必須嚴守師法家法，不許踰越，就是說對老師的講解只能逐字逐句全盤照背，或照本宣科，借經講經，不允許疑惑或改動，不尊師法就不能當博士。第三，博士還必須要有健康的身體，沒有患任何傳染病或慢性病。

關於太學生的來源主要有二。其一是由中央太常「擇民年十八以上，儀態端正者」。其二是各地方上的官吏，將本地「好文學、敬長上，肅正教，順鄉里，出入不悖」的人保送到中央，經太常審查後也可做博士弟子。（《漢書·儒林傳》）此外，也有不經政府許可，自己靠私人關係到博士處受業的人。漢代太學生的成員一般都是貴族子弟和一些中小地主階級子弟。

在校太學生可免服徭役，免交賦稅。最初規定經過一年的學習以後，就可以補官，東漢時每年則需經過考試選一部分人補充官僚機構。後來隨著太學生的不斷增多，出路就出了問題，由於粥少僧多，官場人浮於職，不是所有太學生都能做官，以至六十餘歲的老人仍困居太學，所謂「結童入學，白首空歸」。有些太學生則因為不能為官，乃改其姓名為街卒者，有的則經過太學學習以後，回歸故里，聚徒講學謀生。

3. 太學的教材、教學和學習方法、考試制度。

漢代太學教材主要是《詩》《書》《易》《禮》《春秋》等五經。東漢時，因書籍傳抄改動，謬誤很多，蔡邕等人建議朝廷刊刻標準書籍於石上，漢靈帝同意。於是在洛陽城南開陽門外太學的講堂前，立了46塊由蔡邕手書的

刻在石上的儒家「五經」，作為教學的標準教科書，也作為考試的標準答案。這46塊石經從漢靈帝熹平四年（公元176年）開始刊刻，花了8年時間始成。史書稱之日「熹平石經」，計二十萬字，工程十分浩大。它是中國第一部由國家頒布的統一教科書，它的出現在中國高等教育史上是具有重大意義的。「熹平石經」目前已沒有完整附石碑了，清代發現有殘字十二段，經乾隆時期進士、考古學者書法家翁方綱臨摹其文，刻於南昌，現也已不知存否。

《後漢書·蔡邕傳》曾詳細記載「熹平石經」產生的經過：「邕以經籍去聖久遠，文字多謬，俗儒穿鑿，疑誤後學，熹平四年，乃與五官中郎將堂典……奏求正定《六經》文字，靈帝許之，邕乃自書丹於碑，使工鐫刻立於太學門外。於是後儒晚學，咸取正焉。及碑始立，其觀視及摹寫者，車乘日千餘兩，填塞街巷。」可見其當時影響之大。

漢代太學的教學和學習方法：

漢代太學不僅建有博士宿舍，而且還建有學生宿舍和講舍（講課用的大教室），同時收藏有許多書籍和禮器，教師在固定的時間採取大班上課的形式。《後漢書·朱祐傳》載：「祐初學長安帝往候之，祐不時相勞苦，而先升講舍，後車駕幸其第，帝因笑曰：主人得無舍我講乎。」這表明當時太學上課有固定的時間，學生來了客人，可在宿舍等候，而不影響其他學生聽課。當時對太學生的管理不十分嚴格，聽課形式也以大班聽課、自修討論為主，學生雖在太學從博士學習，也可在學校以外擇人而師。當時一般大官名儒也願收攬門生來充實自己的權勢、地位和名望。同時，太學生一面在太學讀書。還可同時擔任政府職務，有的太學生甚至還攜帶眷屬來京師太學讀書，學生也可自由地去書肆上閱讀自己愛讀的書，《後漢書·王充傳》記載他在太學讀書時，因家貧無書，「常遊洛陽書肆閱所賣者。」

漢代太學明確規定了考試制度。太學中每年皆有定期的考試，稱為「歲課」或「歲試」。漢武帝時規定，「一歲皆輒課，能通一藝以上者，補文學掌故，其高弟可以為郎中者，太常籍奏，即有秀才異等輒以聞名。」在考試的方法上，開始是「設科射策」，就是把問題分為甲、乙、丙三科（種），後來改為三種：密書於籤上，被考的人抽籤來回答問題。東漢時改為公開出

題。這樣每年透過考試選拔一部分人做官，以補充官僚機構。漢代太學實行的考試制度，不僅在中國教育史上有重大意義，在世界教育史上也是一項首創活動。

4. 漢代太學的發展情況及太學生運動。

漢武帝初立太學時，只立了五經博士和收了博士弟子 50 人。以後太學逐漸發展到數百數千人，東漢順帝以後，進一步增多，到質帝本初元年（公元 146 年），梁太后下詔，令大將軍以下至六百石官員全部都要送子弟入太學，於是太學生猛增至 30000 餘人。《漢書·儒林傳》載：「昭帝時（公元前 86—84 年）增博士弟子員滿百人，宣帝末倍增之，元帝更為設員千人，成帝末增弟子員三千人。」《後漢書·儒林傳》載：「順帝（公元 126—145 年）更脩黌宇，凡所構造二百四十房，千八百五十室，自是遊學書盛，至三萬餘生。」

東漢自安帝（公元 107—126 年）以後，政治日益腐朽和黑暗。宦官和外戚之間的鬥爭日益尖銳、激烈。當時在政治上十分敏感的太學生要求改革政治、剷除奸小，並積極參與政治活動。在桓帝（公元 147—168 年）末年，太學生曾經發動兩次大規模的政治請願。第一次在元嘉元年（公元 151 年）七月，朱穆任冀州刺史，時冀州民飢，流亡者數十萬，而宦官趙忠葬父僭為玉匣，經人告發，朱穆案殮，剖棺出之。桓帝大怒，罰穆為苦工，於是太學生劉陶等數千人至宮門請感，為穆訟冤；第二次是桓帝延禧五年（公元 162 年），皇甫規立了戰功，宦官徐璜向他進行敲詐，不遂，於是誣陷皇甫規侵沒軍餉，結果皇甫規被罰做苦工，於是太學生張鳳等三百餘人宮門請願，皇甫規因而獲赦。這是太學生的一次勝利。

5. 漢代太學的特點。

（1）漢代太學是中國統一的封建政權建立的第一所中央大學，也是世界教育史上第一所大學（西方最早的大學是建於公元 1106 年的義大利薩利諾大學）。它的建立完全是為了適應封建統治階級強化中央集權的政權，是為了「防奸」和「養士」，也就是為鞏固封建的政治制度服務的，因此，它深

235

受統治階級的重視。皇帝定期要到太學講學和進行視察，並給太學撥發大量經費建築房舍，同時給太學教師和學生在生活上以優沃的待遇。

（2）漢代太學有統一的培養目標、教學內容和考試制度。

（3）漢代太學為當時社會培養了一大批傑出的人才，自漢武帝以後，到東漢末年社會上出現了不少有才能的思想家和學者，如恆譚、鄭玄、王充等。

（4）太學生積極參加愛國主義的政治活動。東漢明帝（公元58—75年）時，外戚為皇帝所寵信，因此專門為樊、郭、陰、馬四家外戚子弟設立學校，史書稱它為「四姓小侯學」。這是一種貴族學校，它的設備完善，教師質量也很高。這種學校後來也放寬了限制，凡是貴族子弟，不論姓氏、文武，皆可入學，匈奴貴族當時也曾派遣其子弟來這所學校學習。

東漢靈帝時（公元178年），宦官們為了培養擁護自己的知識分子，創辦了一所與太學相對抗的學校，這所學校因為校址設在洛陽的鴻都門，故名鴻都門學。這是一所研究文學藝術的專門學校，它的學習內容與太學相反，專門學習辭賦、小說、字畫等以與太學學經相對抗。它的招生對象也與太學不同，它專門招收為士族所看不起的沒有名望的豪強子弟，培養這些人，並提拔他們做大官以與士族對抗，因此它曾遭到士族的猛烈反對。

鴻都門學的創立，從教育的角度看是有其進步意義的，它是世界上最早的專門大學，是世界上最早的文全藝術大學，它提拔出身卑微的人，它突破了獨尊儒術政策的藩籬，把學校的概念從只讀儒家經典而擴大到學習非儒家的書籍，為後來唐、宋各種專門學校的建立開闢了道路。漢靈帝不顧士族的反對，打破了以儒家經典為學校唯一的教學內容的舊觀念，毅然同意辦這樣一所學校，這是他對中國教育上的一個重要貢獻。

（二）唐代的高等教育

唐王朝（公元618—907年）是中國封建社會的發展時期，在國家強盛、經濟和文化繁榮的條件下，加之政府機構組織日益嚴密和龐大，官吏需人，以及統治階級對教育的重視，所以唐朝高等教育事業也獲得了空前規模的發展。唐代的高等教育不僅種類繁多，制度完善，而且教育內容也更為充實，

專業和實科教育十分發達,居於當時世界的首位。唐太宗李世民多次下詔,徵求天下名儒為太學教師,並親臨國子監聽學官講書,同時增撥經費,為太學建築校舍 1200 百間,使當時的大學容納了包括漢族、其他民族以及日本、高麗等外國學生共 2000 餘人。唐代大學學生最多時到達 8000 餘人。

1. 唐代高等教育性質的學校種類。

(1) 國子學:有學生三百人,文武三品以上的子孫才能進入。設博士五人,各領學生六十人分經講授,另有助教五人,佐博士教授,直講四人助博士、助教講經。

(2) 太學:學生五百人,五品以上官位的子孫得以進入,設博士助教各六人教授。

(3) 四門學:學生一千三百人,其中五百人為三品以上無封、四品以上有封者及文武七品以上官僚之子孫。另外八百人為庶民之俊異者,設博士六人,助教六人,直講四人。

以上三種學校所習功課相同,主要是儒家經典及其注疏,包括《三禮》《三傳》《毛詩》《孝經》《論語》《說文》《爾雅》以及時務策等。

除以上三種學校外,還有為培養科技和藝術人才的各種高等專門學校。

(4) 律學學生五十入,八品以下及庶人子弟可入此類學校,設博士三人,助教一人,主要學習律令。

(5) 算學:學生三十人,入學資格同律學,設博士二人,助教一人,學習內容有《孫子五曹》《九章》《海島》《周髀》《綴術》《輯古》等。

(6) 書學:學生三十人,入學資格同律學和算學,設博士二人,助教一人,主要學習內容為《說文》《石經》《字林》等,兼習字書。

此外,還有行政機構和企業單位也負有教育任務,以培養學生。屬於行政機構的有:崇文館和弘文館。它的主要任務是從事研究,講論文義,商議政事,同時也兼收學生進行培養。學生數量不多,一般二十至三十人,主要

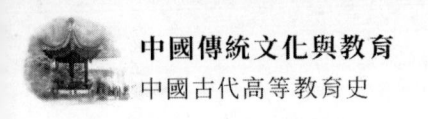

收文武京官五品以上的子弟，學習內容包括習書及儒家經典、歷史等，教師也無定額。另外還有一種叫崇玄學的研究單位。

唐王朝在大力推行崇儒尊孔的文教政策的同時，又藉口「老子」姓李，是自己的老祖宗，所以又提倡道教，並興辦專門研究道教的機構——崇玄學。當時在東西兩都（即洛陽和長安）都設立有崇玄學，學生合計約 100 人，各校設博士、助教各 1 人，主要是學習和研究老子的《道德經》和《莊子》《列子》等書籍。所收學生的資格條件不十分嚴格。

屬於企業單位的則有：

太醫署：它既是一個為人治病的醫療機構，同時也培養學生，具有醫學院的性質。它分設有醫療、針灸、按摩、藥劑、咒禁五部，各部均有博士、助教帶領若干學生學習。在醫療部還分有體療（內科）、瘡腫（外科）、少小（兒科）、耳、目、口齒等部。各部還定有考試制度和學習年限，都嚴格要求學生精通醫學基礎理論，並重視理論與臨床實習相結合。根據考試成績和臨床療效來決定工作分配。如果學無所成，就退回本地。這些都是中國古代科學教育的優良傳統。

唐代的太醫署，可以說是世界上最早的醫學院，它比義大利於公元 872 年建立的薩拉諾醫學院要早 100 餘年。

司天台：有學生 100 人從博士、助教學習天文、曆法知識。

大樸寺：有獸醫博士 4 人，授徒 100 人。

校書郎：其主要任務是校訂典籍，刊正錯誤，也收有學生 30 人。

從上述情況可以看出，唐代屬於高等教育性質的學校的種類是很多的，已與近代學校有某些近似，雖然當時經學仍然占主要的地位，但已經很重視自然科學的教育了。這與當時社會的生產發展、經濟繁榮、社會生活的豐富，科學技術水準的提高是分不開的，中國在公元七八世紀已有了這樣規模的大學教育是值得我們自豪的。同時在各類學校中還包括了民族和日本、高麗、百濟、新羅等外國子弟，學校在向四鄰各國傳播文化中起了重大的作用。

2. 學校中的各種制度。

（1）入學年齡：大學學生的入學年齡一般是規定為 14—19 歲，學律學的學生則要求更大一些，要 18—25 歲。

（2）束修制度：學生入學要行束修之禮，《文獻通考》載：「初入學皆行束修之禮，禮於師，國學、太學各絹三匹，四門學絹二匹。律學、書學、算學各絹一匹，皆有酒脯，其束修三分入博士，二分入助教。」

（3）考試制度：各類學校均有考試制度，規定每 10 天小考 1 次，稱為旬考，年終要舉行 1 次大考，稱為歲考。

（4）放假制度：大學規定 10 日有「旬假」，5 月農忙季節有「田假」，9 月份有「授衣假」。

（5）學生待遇：學生在校學習期間，國家供給食宿，在校學生不能直接任官，學生要經過科舉考試取得學位資格後，才能任官。

3. 唐代高等教育的特點。

（1）等級性加強，各種不同學校都規定有嚴格的不同的入學資格，一般中小地主階級子弟只能進入實科教育的學校。

（2）在各高級貴族子弟的大學中，儒學仍占主導地位。

（3）學校種類多，專業教育和自然科學知識的教育比較發達。

（4）大學負擔了培養外國留學生向國外傳播文化的任務。

（5）出現了教育、科學研究、行政單位緊密結合的情況。

（三）宋代的高等教育

宋代的高等教育基本上承襲唐代舊制，從形式上看，無論中央和地方學校的種類都很多，在中央既有國子學、太學，也有律學、書學、畫學、醫學、武學等，甚至還在廣州為華僑設立「番學」。各學校的入學資格不像唐代限制得那樣嚴格，範圍有所擴大，貴族和一般中小地主子弟均可入學。教材基

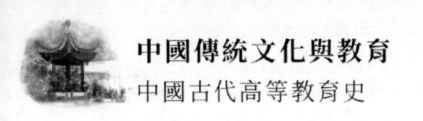

本上仍是儒家經典，學生在校學習期間可以免役。但當科舉取士占主要地位以後，高等教育也就出現了流於形式的趨向。

因此，一些有識之士力主把科舉與學校直接聯繫起來，並對科舉提出改革的意見，認為培養人才要透過教育，因而提出興學的主張。宋代曾先後出現三次興辦學校的活動，一次是宋仁宗慶曆四年（公元1044年）范仲淹為相時的興學。第二次是王安石領導變法時期對教育的改革。第三次是宋徽宗時，蔡京為相，繼續王安石教育改革中的一些措施，但這次無實際成就。關於宋代的高等教育著重講以下幾個問題：

1. 王安石的教育改革。

王安石（1021—1086年）曾被稱為「中國十一世紀的改革家」。他為了挽救北宋王朝，緩和當時的階級矛盾，他從中小地主階級出發，在政治上進行了一系列的改革，配合政治上的革新措施，在教育上也進行了一些改革。

（1）普遍建立學校，嚴格篩選學校教師，強調學校教育要講授實際有用的知識，反對背誦和死記，並主張習武。

（2）為了統一思想，他領導註釋了《詩》《書》和《周禮》，名曰《三經新義》，頒行全國各學校作為統一教材。

（3）改革科舉制度，規定科舉考試的辦法，要把重點放在對經書的理解上，而不要去強調死記經文。

（4）改革太學教育制度，實行「三舍法」，並設置專業學校。

關於「三舍法」的具體內容：

把中央太學分為外舍（700人）、內舍（200人）和上舍（100人）三舍，外舍成績好的升內舍，內舍成績好的升上舍，上舍學生成績優良的可以直接授官。學生因可以不經科舉而直接做官，所以都爭著入學，這樣無形中就提高了學校的地位。「三舍法」中規定有嚴格的考試制度，學生的操行和學業均注重平日的考察，並且實行「行藝簿」制度，把學生平時的成績和品行登

記在上面。考試實行積分法，每月一次私試（由學官主持），一年一次公試（由國家主持）。

王安石的教育改革雖然有其創造性和進步意義，但是在當時的社會條件下，不可能取得多大的成就，太學人數雖然增多了，但培養出來的並不是他所理想的人才，他自己就曾感嘆地說：「本欲變學究為秀才，不意變秀才為學究。」他所推行的教育改革後來也隨著變法的失敗而宣告結束。

2. 胡瑗的蘇湖教法。

胡瑗（993—1095年）：北宋太宗、仁宗時人，祖籍恭州海陵（江蘇如皋縣），因他家世居安定（陝西安定縣），故時人稱他為「安定先生」，是宋代的大教育家。

胡瑗在宋仁宗時（1034年）即開始在蘇州一帶教授經學，後經范仲淹奏請立蘇州郡學，邀胡做該州學教授。慶曆二年（1042年），滕子京又奏請立湖州州學，聘胡為該州學教授，胡瑗在蘇湖州學從事教育期間，對傳統教學進行了大膽的改革，並取得了一定的成績。慶曆四年（1044年）宋仁宗下詔，在京城開封的太學中也採用胡瑗的教授法。公元1052年，胡瑗已60歲了，被調任到國子監從事教育，許多人都來向他請教。胡瑗從40歲開始從事教育工作，日夜勤勞20餘年，先後教授學生1700多人，為宋代培養了許多有名的人物。

胡瑗蘇湖教法的主要內容：

（1）在教育的作用和目的上，他提出「明體達用」。所謂「體」就是封建社會道德的基本準則，所謂「用」就是封建道德原則的運用，他把興辦學校作為「育人才、明教化、成風俗」的基地。他說：「致天下之治者在人才，成天下之才者在教化，職教化者在師儒，宏教化而致之民者在郡邑之任，而教化之所本者在學校。」

（2）在教育內容方面，他主張學校應該教授通經致用之實學，即除了儒家經書以外，還應教授各種實際的專門知識，如農田、水利、軍事、文藝、算數等。

(3) 在教育制度方面，他實行分齋教學，他把所教的學校分為經義和治事兩齋。經義齋主要是研究儒家的基本理論，治事齋則主要是研究實用的科目，如農田、水利、軍事等。在治事齋還實行主兼制度，即以某一科為主，兼選學其他一科。這種分齋教學和主兼制度富有創造性，改變了過去「學非所用」的流弊。

(4) 在教學方法上，他強調教學應當有詳細周密的計劃，不能盲目進行；實行按專業分組進行討論，且由教師指導；重視音樂教育，經常組織學生歌詩、奏樂，調劑學生生活；強調示範、師生之間關係融洽。

胡瑗在長期的教育實踐中創造的教育理論、教學方法，不僅在宋代有很大的影響，而且對宋代以後整個中國封建社會歷史時期的教育也有較大的影響，許多人把「蘇湖教法」當作學校的楷模而承襲下來。

3. 醫學和畫院的教育。

宋代的醫學教育在唐代的基礎上其規模有進一步的發展，教育方法也有很大創新。當時醫官院所屬醫學專科學校有學生 300 人，分方脈、瘍科、針科三科，學生在校學習 3 年以上，經過考試及臨床成績及格，才能做醫官、醫師，下面我們著重介紹針科醫師王維一的教學方法。

宋代的針科教學，在前人經驗的基礎上，有很大的發展和創新。當時有一個擔任針科教學任務的醫師王維一，他職位不高，但學識淵博，針術熟練，治療經驗豐富，教學富有創意。他第一個在課堂上利用掛圖進行教學，在他的講堂上掛著一幅《明堂孔穴圖》，這是一個有正反兩個人體的平面圖，人體上標了許多表示針灸穴位的圈圈點點，王維一在課堂上一手拿著銀針，一手指著掛圖，把每個穴位的準確部位、醫療效果、操作方法、禁忌病症等講得清清楚楚，最後他還用一些生動的例子，說明為醫要十分認真，不得半點馬虎，要對病人的身體健康負責。

王維一每次講完課後，照例要留出一些時間讓學生提問，在這個時候，師生進行毫不拘束的談話，教師引導學生在知識的海洋中遨遊，這也是學生們最感興趣的時刻。

在教學實踐中，王維一深感平面掛圖不能完全解決問題，於是奏請仁宗皇帝製造兩個銅人以利針灸教學，經過王維一的多次努力，皇帝批准了王維一的請求，於是他親自設計方案，並廣泛徵求工匠們的意見，然後交工匠們施工。公元1027年，兩個青銅男性人體模型終於製成了。王維一設計的這兩個銅人，按照臟腑12經（五臟、六腑、心包胳）來標明穴位，過去只有313穴，王維一根據自己臨床經驗把穴位增加到354穴。這個銅人實際就是教學上的一個直觀教具，利用它能形象地進行知識傳授。這是中國教育史上一個具有重大意義的事件，王維一也是世界上第一個運用教學模型的人。同時，王維一還寫了一本說明銅人使用方法的書《銅人俞穴針灸圖經》，這部書總結了中國宋代以前針灸學的研究成果，訂正了以往針灸書中有關穴位數字和位置的一些不準確的說法，書中還包括了王維一自己長期的實踐經驗。這部書在今天仍然是研究針灸學的主要參考書。

王維一設計鑄造的兩個青銅人體模型，在教學上發揮了很大的作用，學生遇到不易下針的穴位，先用銅人練習了，再在人身上試扎。考試的時候，王維一為了測驗學生的針刺技術，把銅人全身糊上一層厚厚的黃蠟，把穴位和對應的文字都遮掩了，還在每個穴道裡灌滿水，考試時，他說一個穴位的名字，讓考生在銅人身上刺，針刺對了，穴道的水就隨針流出，刺錯了就會碰「壁」，水也不會流出來，就這樣根據學生刺針的準確性來評定其成績的好壞。這種考試方法是很富有實踐意義的，而經過這樣嚴格考試，合格的人都是一些針灸技術很高明的醫生。

王維一設計鑄造的這兩具青銅人體模型，一具隨同宋王室流落到南方，後來不知去向，另一具被當時金人從宋王朝那裡強行要去，保存在金朝繼續用作教學，以後隨著王朝的興廢，這具銅人由金至元、明、清一直作為歷代醫學教育的標準教具，清末八國聯軍時，這具銅人被日寇搶去，到了東京。還有一具明朝正德年間製造的銅人複製品，也被沙皇搶去。現在北京歷史博物館陳列的一具是按照明代仿造的銅人複製品，與王維一當時鑄的銅人已經有所不同。如今王維一所創造的銅人模型還在海外漂泊。

宋代醫學教育的最大特點是把理論教學與醫療能力的訓練緊密地結合起來，在教學中利用直觀教具，把繼承和創新結合起來，在考試中堅持了理論和實踐能力並重的原則，所以宋代醫學取得了很大成績，培養了一大批像宋慈那樣傑出的法醫學家。

宋代的畫院也是很有名的，它既是一個研究、創作機構，又是一個教育組織。特別是宋徽宗趙佶在位時，經他的大力提倡，宋代的畫學教育也取得了很大的成績。趙佶本人不僅喜歡繪畫，也是一個擅長花鳥畫的名家。

宋代畫院的學生分「士流」和「雜流」，「士流」是貴族子弟，「雜流」是一般中小地主階級子弟。學習的內容除習繪畫外，還要習《說文解字》《爾雅》《方言》等字書，以及一種儒家經書。學校主要培養畫家，學生畢業後，透過考試合格者，可到畫院工作。

宋代的畫學教育，很重視培養學生的創新精神，作品必須別出心裁，富有新意。趙佶為了選拔優秀的畫家，經常親自出題並參加審閱畫卷，確定優劣。有一次趙佶出了「深山藏古寺」這個題，讓考生們作畫，這個題目把許多考生都難住了，古寺既然藏在深山之中，怎樣在畫面上表現出來呢？多數考生無從下筆，少數幾個人在埋頭作畫，這幾個作畫的人，有的在山腰畫一座寺廟，有的在深山老林畫一座古寺，有的在兩峰對峙的谷中露出寺廟的一角紅牆……只有一幅畫與眾不同，畫面上根本沒有寺廟，而只有一個老和尚在山下的小溪邊挑水。趙佶看了那些畫出古寺的畫，連連搖頭，後來看到和尚挑水這一幅不禁拍案叫絕：好啊！好！用一個和尚點出了『藏』字，不畫古寺，而古寺自在畫中，構思有獨到之處，當取此畫第一。

宋代畫院的考試經常出一些詩句為題目讓考生來作畫，如「萬綠叢中一點紅」「踏花歸去馬蹄香」……要求作品有創新精神，有意境，不落俗套。

4. 宋代的太學生運動。

北宋末年，宋徽宗、欽宗在位時，北方女真族所建立的金國日益強大，並不斷侵擾北宋王朝。公元1100年，宋徽宗即位以後，生活荒淫奢侈，在政治上任用蔡京、童貫等主張對金人妥協投降的賣國賊。公元1125年，金

人大舉南侵，下燕京，圍太原，聲勢浩大，在此民族危亡的時候，太學生陳東等領導太學生伏闕上書，請誅蔡京等賣國賊。太學生的這次行動雖未獲成功，但在人民群眾中產生了很大的影響，靖康元年（公元1126年），金兵進逼到黃河北岸，侵犯京師，宋徽宗嚇得喪魂失魄，讓位於欽宗趙桓，自己率領蔡京等一部分寵臣跑到了南京（河南商丘）。

欽宗在金人淫威面前，苟且偷生，甘當兒皇帝，割地賠款求和，並撤去了主戰派李綱的職務，當時京師民眾對政府的妥協投降政策十分氣憤，陳東等再次聯合全體太學生上書，要求任用李綱等主戰派將領，懲辦賣國賊。京師數萬軍民不約而同聚集宮門熱烈支持太學生們的愛國行動，結果宋欽宗被迫起用李綱。由於這次太學生的愛國主義爭鬥代表和反映了人民群眾的意願，受到了廣大群眾的支持，所以最後取得了勝利。宋代太學生的這次救亡愛國運動，是中國學生運動史上的光輝的一頁。

（四）明代的高等教育——國子監

朱元璋建立的明王朝政權，使中國封建專制制度進一步向前發展，一切大權集中於皇帝一人之手，形成君主專制獨裁政治，對臣僚施行恐怖政策，在全國實行特務統治。為了加強王朝政治機構的統治力量，朱元璋一面大殺舊文人，以示威嚴，另一面也需要培養大量絕對服從、能為其獨裁政治效勞的人才，所以明初大力發展學校，以培養奴性十足的官僚。明代中央辦的高等學校，初為國學，後改名為國子監。

1. 國子監的組織及其管理。

明代國子監設有祭酒——國子監的最高負責人；監丞——協助祭酒，監督師生的工作、學習和行為；掌饌——負責管理師生的膳食；典籍——負責管理圖書資料；教學人員——有博士、助教、學正、學錄等。明代國子監的組織是很完善的。

明代國子監對師生的管理都十分嚴格和苛刻，由監丞具體負責。在監丞辦公的地方設「繩愆廳」，廳裡備紅凳二條，皂隸二人，凡教官怠於師訓，工作不負責任，學生不守規矩，課業不精不認真學習，監丞以冊記之，初犯

記錄，再犯打竹板五下，嚴重的人發遣安置。其辦法有開除、充軍、罰充役吏、服苦役等。國子監訂有監規56條，如：

「各堂生員，在學讀書……宜各承師訓，循規蹈矩，凡出入起居，升堂會饌，毋得有犯學規，違者痛治。」

「各堂生員，每日誦書授史，並須在師前立聽說解，其有疑問必須跪聽，勿得傲慢有禮法。」

國子監絕對禁止學生對人事進行批評，也不准進行組織，甚至班與班之間也禁止來往。規定：

「今後諸生勿得到於別室，往來引誘，議論他人長短，因而交結為非，違者從繩衍廳糾察嚴加治罪。」

此外，還有種種壓制學生的條款，更甚的是這些條款不許學生反抗，要求其絕對服從，規定：

「在學生員，當以孝、悌、忠、信、禮、義、廉、恥為本，必先隆師親友，養成忠厚之心，以為他日之用。敢有毀辱師長及生事告訐者，即係干犯名義，有傷風化，定將犯人杖一百，發雲南地面充軍。」

朱元璋就是用這樣嚴厲的手段來清除不服從他的學生。國子監祭酒宋訥極其嚴酷，以迎合朱元璋，在他任內經常有學生被強制餓死，或者自己縊死，反對宋訥的人都被朱元璋殺了。學錄金文征向朱元璋控告宋訥，朱元璋置之不理，金又設法和吏部尚書余熂商量，由吏部出文書令宋訥以年老退休，宋訥去辭別朱元璋時，說出自己並非真心辭官，朱元璋大怒，誅殺了金文征和余熂。

監生趙林受不了虐待，寫了一張抗議貼出，照規矩是杖一百、充軍，而朱元璋竟把他殺了並在國子監前立一長竿，梟首示眾，還召集全體師生親自訓話。從此，國子監外一直矗起高竿達100多年。不僅學生受迫害，祭酒和教官也是用嚴刑約束著，一舉一動都有人監視，一有差錯，輕者入獄、充軍，重者殺頭，明初三十幾年的祭酒中只有以殘害學生聞名的宋訥在任善終，其他祭酒都遭到禍害。

2. 國子監學生的來源、教學組織和考試制度。

明代國子監的學生總稱為監生，其來源很廣，有官生——即貴族子弟，包括各級官吏和少數民族土司的子弟以及海外留學生；平民生——各地方學校保送來的學生；捐生——明代後期，地方上的中小地主和工商業者用錢買國子監監生的資格。明代國子監學生有統一的制服，在校學習期間國家供給食宿，帶有家眷者，國家也支糧，皇帝還經常有賞賜。監生免服役，學習期滿透過考試合格者可直接授官。

國子監的教學組織和程序：

國子監的學生分三等六堂進行學習。三等六堂就是初等：正義、崇志、廣業三堂；中等：修道、誠心二堂；高等：率性堂。

學生入學要經過一次編級考試，按程度分別進入各堂學習。分堂的具體標準是：通四書而未通經者入初等三堂學習，在這裡修業一年半以上，進行升級考試，文理暢通者升入中等二堂。在中等二堂修業一年半以上，經過考試，經史兼通、文理皆優者，升入高等率性堂學習，在率性堂坐堂七百天。在此期間經過考試合格給出身，把名字報到吏部選官，不及格者仍坐堂肄業（留級）。

國子監的教材以儒家五經和四書為主，但在內容上嚴格地把政治標準放在第一位，朱元璋曾命令劉三吾刪去《孟子》中諸如「君之視臣如草芥則臣視君如寇仇」「民為貴，社稷次之，君為輕」等內容的文字85條，「課試不以舉題，科舉不以取士」。除五經、四書外，學生的必修課程還有《御製大誥》，其內容主要是朱元璋對人民的訓話，要大家安分守己，納田租，出伕役；以及被朱元璋殺害的人的所謂罪狀。《大明律令》，這是做官必讀的法典，因此學生也必須熟記。

國子監的考試制度，除了在初等、中等各堂學習一年以上要進行考試外，在率性堂期間還實行一種「積分制」的考核辦法。每月都要舉行考試，規定孟月試本經義一道；仲月試御製一道，詔誥表章一道；季月試經、史、策一道……每試，文理俱優者得一分，理優文劣者得半分，文理俱劣者不得分，

一年積滿八分者算合格，給出身。積滿八分以後，還規定有歷事制度（與我們如今的見習、實習相似）。就是按規定名額，把積滿八分的學生派到京城各衙門去協助做實際工作，如丈量土地、興修水利、稽查案牘等，歷事也要進行考核，考核成績送交吏部，便於日後用人時參考。

3. 明代國子監的特點。

（1）教育對象不像唐代那樣限於貴族子弟，範圍更加擴大了，當然主要的還是封建統治階級子弟。

（2）實行經過考試分堂學習的辦法，這已是「班級制」授課的教學形式的萌芽。這是在 14 世紀出現的事情，它比西方要早數百年。

（3）學生學習的內容、升級方法、考試的積分法以及畢業生的歷事制度都比以前有進一步的具體規定，從而使教學更加嚴密。

（4）國家對學校師生的待遇很優厚，成績好的學生可以不經科舉直接授官。但學校實行特務統治和監獄式的管理，壓制師生的思想自由。

（5）地方學校與中央大學銜接起來。

三、書院

書院是中國封建社會中出現的一種具有高等教育性質的學校組織，它始於唐末五代，到宋代大大地發展起來了。從宋初到清末的這段時期，書院成了中國封建社會學校系統的一個重要組成部分，對當時的教育產生過重要的影響。

（一）書院產生的原因

書院之名，始於唐代，唐玄宗開元十二年（公元 724 年）置麗正書院，隨後又置集賢書院。但這時的書院只是藏書、修書的地方，雖然有時皇帝也來這裡召集儒生談論詩書，然而它並無學校性質。我們這裡所講的書院，是指那些具有學校教育性質的組織形式，並從事講學活動和學術研究活動的場所。唐末五代出現的書院，就是一種具有學校教育性質的組織。它的產生有其社會、經濟和政治上的各種原因：

1. 書院是當時社會經濟基礎變化的反映。唐末以來，社會上的等級授田制遭到破壞，因而出現了大量的庶族地主，他們為了取得政治地位，爭取加入統治集團，所以要求有自己的教育組織，於是書院這種形式就產生了。北宋時江蘇江寧（南京）的處士侯遺建茅山書院，河南應天府儒生曹誠建應天府書院。

2. 宋代理學的發展。宋代出現的理學是一種深奧的哲學，不是過去官學中那種簡單的講解和記憶的教學形式所能勝任，必以辯論、討論的方式才能完成，而宋代的許多理學家都曾在書院中講學傳道。

3. 五代時期戰亂頻繁，官學衰敗。唐末五代時期，天下混亂、學校荒廢，統治階級中一些有學問的人便在地僻景優之處，築起房舍安身藏書，並聚集士人於其間讀書論學。隋唐以後，科舉製出現，官學更加腐敗，一般的讀書人只以功名為目的，只注重製藝（科舉考試的內容），而不願意去系統地認真研究學問，因此，一部分想研究學問的有識之士，希望以書院來進行傳道授業的活動。

4. 受禪林教育的影響。魏晉以來，佛教興起，唐代佛教更加發展，寺院遍於全國，一個寺院往往有數百上千人，因此寺院中的各種制度便出現了，即出現了所謂清規。唐代的懷海禪師（公元720—814年）的江西百丈山就曾制定了有名的「百丈清規」，其中對於僧侶的組織，學習佛教經義、參禪悟道，及日常生活都做了嚴密的規定。關於僧侶的教育和學習方面規定有五種形式：講經、小參與晚參、普說、朔望與普茶、入室請益。這些教育形式都給書院的教學以很大的啟發和影響。

（二）書院的組織及教學

書院的主持者稱為山長或洞主，這些人都是一代名儒，由最有學問的人來擔任。此外還有助教和講書，協助洞主進行教學。書院的任務是講學、藏書和祭孔。講學是它經常性的主要的活動。書院的講學，或由山長自教，或由高業弟子（助教、講書）任教，或請當時名儒做臨時的學術講演，並且允許持各種不同觀點和意見的人各抒己見；一般的書院都藏有許多書籍供學者自由閱讀；同時書院還必須定期舉行祭祀孔子的活動。

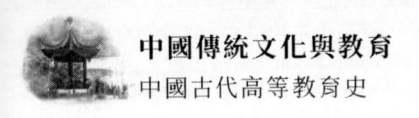

關於書院的教學：

書院的教學目的主要不是透過書院的學習去參加科舉考試（不是說書院中的人就不去參加科舉），它的根本方向是研究儒家的義理（封建道德），以修其身，它反對「務記覽，為詞章以釣取聲名利祿」的學習目的。這些我們從朱熹為白鹿洞書院制定的學規中即可看出，茲錄如下：

父子有親，君臣有義，夫婦有別，長幼有序，朋友有信。

右五教之目。堯舜使契為司徒，敬敷五教，即此是也。學者學此而己，其所學之序，亦有五焉，其別如左：

博學之，審問之，慎思之，明辨之，篤行之。

右為學之序。學、問、思、辨，四者所以窮理也，若夫篤行之事，則自修身以至於處事接物，亦各有要，其別如左：

言忠信，行篤敬，懲忿窒慾，遷善改過。

右修身之要。

正其誼（義），不謀其利，明其道，不計其功。

右處事之要。

己所不欲，勿施於人，行有不得，反求諸己。

諸君其相與講明遵守，而責之於身焉，則夫思慮云為之際，其所以戒謹而恐懼者，必有嚴於彼者矣，其有不然，而惑出。言之所棄，則彼所謂規者，必將取之同不得而略也。諸君其亦念之我：書院的主持人往往根據自己學習的經驗，制定出指導學生讀書的原則和程序。朱熹的學生就總結了他的六條讀書原則：居敬持志，循序漸進，熟讀精思，虛心涵詠，切己體察，著緊用力。明代王守仁把他主持的書院的課程分為三類：第一歌詩；第二習禮；第三讀書。並且把每日功課分五節：一考德，二背書誦書，三習禮和作課藝，四誦書讀書，五詩歌。

書院的教學內容與理學是分不開的，學習儒家經典完全是以理學的精神去進行研究，與漢代的注疏、訓詁不同，也就是說，書院是從「明心見性」的哲學觀點從事儒家經典的研究，所以在教學和學習方法上，書院裡是教師自由講學，對學員注重個別輔導，師生共同研究討論，教師著重身教，學生以自學為主，強調獨立思考和對封建道德身體力行。總之書院在教學上同一般官學比較，有它一些突出的特點，這些特點歸納起來大致有如下幾點：

(1) 教學形式靈活多樣以問題辯論為主，強調學生自學和獨立鑽研。由教師有針對性進行講解，提倡學生多做筆記和寫學習心得，教學注意培養學生學習的自覺性、思考能力、自學能力以及學習的興趣，反對死記硬背的學習方法。

(2) 容許不同學派的人自由講學，聽講者也可來去自由，不受任何限制。南宋朱熹主持白鹿洞書院時，就曾專門邀請與他的觀點不同的陸九淵來講學。

(3) 書院的教學內容，也正是講學者的學術研究成果，所以它既是一個教育、教學組織，又是一個研究單位。

(4) 書院教師重視身教，學生強調道德修養，所以師生間關係很融洽，感情深厚。朱熹在教學中就發揚了「誨人不倦」的精神，他的學生黃勉齋回憶說：「從遊之士迭送所習，以質其疑，意有未渝，則委曲而告之，而未嘗倦，問有未切，則反覆戒之，而末嘗隱，至諸生問辯，則脫然沉疴之去體，一日不講學，則惕然以為憂。」明代王陽明在書院講學時也十分重視培養師生感情，如在滁州，「月夕則環龍潭而坐者數百人，歌聲振山谷，諸生隨地請正」；在會稽，「中秋月明如畫，先生命侍者設酒碧霞池上，門人在伺者百餘人……」（《陽明年譜》）他生前深受學生敬佩，死後，門人自遠方而至者千餘人。中國教育史上自先秦以來的尊師愛生的優良傳統，在書院中得到了進一步的體現和發揚。

(三) 歷代書院的發展情況

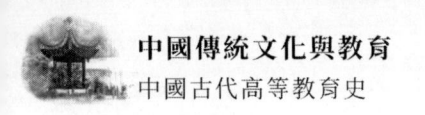

書院萌芽於唐末五代,形成於北宋,盛行於南宋,歷經元、明直到清朝末年,在近 1000 年的時間內,書院隨著社會上政治的動亂變遷,也出現多次的興廢。

1. 宋代的書院。

宋代書院很發達,其中以白鹿洞書院和睢陽書院最早、最有名,白鹿洞在江西南康廬山五老峰下,原為唐代洛陽人李渤和李涉兄弟二人讀書隱居之所,因他們養一白鹿隨身,其住地故名白鹿洞。南唐時朝庭曾在此地建立學館,「置田聚徒」,以李善道為洞主,稱廬山國學。睢陽書院為五代晉末儒生戚文同住所,但真正成為書院是在宋真宗時,應天府曹誠就戚氏舊居建學舍 150 間,聚書 1500 餘卷。公元 1035 年,改此書院為應天府書院,國家賜田十頃,成為官辦書院。

宋代著名書院據宋王應麟的《玉海》和明代王圻的《續文獻通考》記載,包括白鹿洞、岳麓、應天府和嵩陽四大書院,元代馬端臨的《文獻通考》則以白鹿洞、石鼓、應天府、岳麓為宋初四大書院,考其實則確有六處著名書院。

(1) 白鹿洞書院:江西廬山(情況如前述)。

(2) 嵩陽書院:河南登封太室山下,五代後周時所建,初名太室書院,宋太宗時賜匾額和印本九經,王曾於宋景裕二年(公元 1035 年)復興,改名嵩陽書院,奏請置院長。

(3) 岳麓書院:湖南善化縣岳麓山下,公元 976 年譚州守朱洞建。

(4) 應天府書院:河南商丘(情況如前述)

(5) 石鼓書院:湖南衡陽石鼓山,舊址為石真觀,宋至道中(995—997 年)郡人李士真建立,景祐二年(公元 1035 年)宋仁宗賜書院匾額。

(6) 茅山書院:江蘇江寧茅山,宋仁宗時,侯遺所建,公元 1024 年,朝廷撥給莊田三頃,以為書院學生衣食之用。

宋代書院十分發達,如前所述,一般由私人或地方設立,中央賜匾、賜書,承認其為合法學校,國家也借此對書院插手進行控制。

2. 元代的書院。

元代書院也很多,元世祖28年(公元1291年)還下詔「先儒過化之地,名賢經行之所,好事之家出栗瞻學者,並立為書院。」但是由於統治者把它改為官辦性質,山長成為教官(由禮部委派),利用這種組織形式來宣揚封建倫理,培養擁護元朝封建統治的知識分子,以鞏固其統治,雖書院形式有很多,但質量很差,和宋代自由講學從事研究活動的那種書院已經不同了。

3. 明代的書院。

明朝初年,統治者對書院施行一定限度的壓制,所以書院不甚發達,後來雖然有所恢復但並未開展自由講學的活動,而把它作為批評時政的中心,反對當權派的基地。如江蘇顧憲成、高攀龍等聚集在無錫東林書院進行反對宦官魏忠賢。只有在王陽明的學術流行以後,王派所主持的書院才成為切實的研究宋明理學的中心。如當時有名的書院有貴陽書院、白鹿州書院、陽明書院、嘉義書院等。

明代隨著政治上的變化,曾先後發生4次大規模毀書院的活動。第1次在嘉靖十六年(1537年),御史游居敬上疏斥責當時學者湛若水(466—1560年)「倡其邪學,廣收無賴,私倡書院,乞戒渝以正人心」結果書院遭搗毀。第2次在嘉靖十七年(1538年)吏部尚書許贊說:「地方多建書院,聚生徒,……極宜撤毀。」嘉靖同意這一意見。第3次是在萬曆五年(1572年),宰相張居正說書院是「別標門戶,聚黨空談……今後……不許別創書院,群聚黨徒,及號召地方游食無行之徒,空談廢業」。到萬曆七年(1579年),把各省書院均改為公廨。

第4次在明末天啟(1621—1627年)年間,東林黨人激烈抨擊魏忠賢,魏忠賢大肆殺害、放逐東林黨人,並搗毀東林書院。從上述書院遭毀的情況可以看出,當時書院在政治上的意義,特別是東林書院的士人,已經不是從事學術研究了,他們代表著進步的政治勢力,反對舊的保守勢力,歷次書院

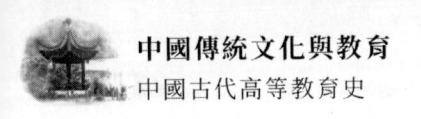

的被毀，基本上都是當權派對反對派政治上的壓制，這反映了統治者加強思想控制的要求。

4. 清代的書院。

清代的統治者害怕書院自由講學對自己的統治不利，所以在初期也採取壓制的政策，後來又想利用它，於是把各地書院改為官辦的性質，各省書院的院長由巡撫聘請，在書院中大力宣傳程朱理學。這種官辦書院已失去原來的性質。不過民間性質的書院也仍有少量存在，許多有名望的學者仍在私人書院從事講學活動。

(四) 書院的意義

書院是中國封建社會出現的一種重要的教育組織，它對這一階段的歷史發展起過重要的作用。

1. 書院比較接近人民群眾（特別是宋、明兩朝），它在一定程度上反映了人民的要求，代表社會的輿論，如朱熹所建書院堅持主張抗金，明代東林書院反對宦官，主張保護工商業的利益。

2. 書院具有反科舉的進步意義，反對讀書僅為了獵取功名利祿，主張認真地研究討論學問，注重修身養德。

3. 在教學方法上，書院相對官學中的教條主義和死記硬背的方法有很大的進步。從研究形式看，書院有官學所不具備的優點，這就是：一來師生感情甚篤；二來沒有教授管理，但為精神往來，自由研究；三來課程簡而研討周，可以優遊暇預，玩索有得。

當然，書院的研究內容不同，因為它畢竟是為統治階級服務的，它的教學仍是以闡明儒家倫常為大務。它雖然注重篤行，但這種行為多限制在「修身」「齊家」的圈子裡，對社會需要的知識則不注意。書院出來的人往往空談心性，遇到政事，比從科舉出來的進士老爺也強不了許多。

(五) 顏元漳南書院的教學組織

顏元（1635—1704年）約是中國17世紀著名的農民出身的教育實踐家。他從24歲即開始從事教書的工作，前後40餘年，積累了豐富的教學經驗。其晚年應郝文燦的邀請去漳南書院主持教學，在這裡他繼承了北宋胡瑗蘇湖教法的精神，把該院分成了文事、武備、經史、藝能四齋，並附設理學與帖括二齋。

1. 文事齋：主要教授禮、樂、書、數、天、地等科；

2. 武備齋：教授黃帝、太公及孫吳諸子兵法，攻守、營陣、陸水諸戰法，射御技擊等科；

3. 經史齋：教授十三經、歷史、誥、制、章、奏、詩文等；

4. 藝能齋：教授水學（水利灌溉）、火學（冶煉）、工學（機械）、象數（曆法）等；

5. 理學齋：教授靜坐之法、編著程朱陸王之學；

6. 帖括齋：教授八股制義。

對於5、6兩齋，顏元曾有一個說明，他說：理學與八股「見為吾道之敵對，非周孔本學，暫收之以示吾道之廣，且以應時制」。（《習齋記余》《漳南書院記》）

漳南書院除了上述各齋的教室以外，還設有全院共用的講習堂，以及宿舍、倉庫、廚房；另外設有馬步習射的場圍。在各教室還備有各齋進行演習所需器具。

漳南書院從規模上看是很完善的，它的教學內容也極其廣泛和豐富，不僅有禮、樂、書、數、經史、詩文等傳統的知識教育，而且還有許多屬於自然科學及軍事知識的教育，如天文、曆法、水、火、工、農、兵法等，這已經較接近近代的綜合性的高等學校的性質了。它已經擺脫了宋明理學家們所把持的那種專談理、氣、心、性的舊式書院，在教學中體現了經世致用，培養有實際才能的人的趨向。

四、私學

自春秋戰國時期官學失修以後，當時就出現了許多高等教育性質的私學，如孔、墨、孟、荀等都是一時有名的私學大師。當時的這些私學既是教育和學術組織，又是一個政治團體。

漢代統治者在建立太學的同時，也鼓勵一般商人、地主、封建士大夫設立私學。漢代私學有屬於「書館」的初級階段，有屬於講授經書的高級階段。在漢代統治者的鼓勵下，私家講學之風極盛，從《漢書·儒林傳》記載的情況，即可窺見一般。

「張興，字君上，習梁丘易，以教授。弟子自遠至者，著錄且萬人。申公歸魯，退居家教，終身不出門，復謝賓客⋯⋯弟子自遠方至受業者千餘人。」

《後漢書牟長傳》載：「諸生講學者，常有千餘人，著錄前後萬人。」《宋登傳》載「教授數千人」，《蔡玄傳》載「門徒常千人，其著錄者萬六千人」。《樓望傳》載「諸生著錄九千餘人」。

一個私家講學的教師，竟有數百千人以至萬人以上的學生，這確實是了不起的事情。當然有許多是所謂著錄弟子，即在某人名下掛名的學生，並沒有親自來門下受業。這主要是因為漢代學風最重師法，沒有名師傳授，即使學問淵博，也不易為人所信，所以，當時不少人常拜大官名儒為師，在他們門下掛個名。真正在某人那裡學習的學生稱為及門弟子，當時有些名儒，特別是東漢時期，及門弟子也有數百人，這又是一個很大的問題。

為瞭解決人滿之患，所以有的教師就採取令「高業弟子」轉相傳授，如西漢的董仲舒就使「弟子傳以久次相授業，或莫見其面」（《漢書·董仲舒傳》）。東漢的馬融及門弟子「四百餘人，升堂進室者五十餘生，乃使高業弟子以次相傳，鮮有入其室者」（《後漢書·馬融傳》），所以鄭玄在他門下三年未見師面。這種使高業弟子次相傳授的方式，類似近代國人所實行的「導師制」。

漢代私人教學在方法上注重說經與辯難，《漢書·儒林傳》載「一經說至百餘萬言，大師眾至千餘人」。這種說經往往是籤注式的，完全脫離實際的

據經說經，不敢有獨立見解，兩三個字可以用上萬言來解釋，如當時大經師秦延君用了十多萬字來解釋「堯典」，用三萬字解釋「若曰稽古」四個字。但當時也有一些人在方法上有不少創造，如東漢經學大師馬融、鄭玄他們對經書的解釋就已突破了師法、家法的藩籬，而兼採眾家之長。

馬融在教學方法上最有名的是「絳帳女樂」之舉。他不拘於儒家的禮法，在講壇周圍垂以絳帳，帳後設有女樂，每講完一個段落，必奏樂助興，調劑情神。鄭玄從馬融學成後，躬耕東萊，弟子隨至者千餘人，他也很注重對教學方法的改進。

第一，他在講授中，多採用問答法，透過教師提問啟發學生並使之積極地思考。《鄭志》這部書就是在他死後由門人仿效《論語》，所記的他平日答覆學生的疑難問題和他日常的一些言論。

第二，主張學習要循序漸進、不可急躁、急於求成。他提出學習應當「先易後難而漸入」，逐步前進，日積月累。

第三，強調思考在學習中的重要作用，他曾經說「思而得之則深」「時過則放也」。此外，他還提出鑽研學問不要限於一家一派之說，應採各家之長，他自己做學問就是這樣。

馬融、鄭玄的教學方法是漢代私人講學中的好典型，當時大多數人都是宥於師法，教條主義的講授。

從西漢以後直到清代，隨著科舉制的出現，官學成為科舉的附庸，日趨腐敗。私學成了封建社會統治階級推行教化的主要場所，逐漸形成了一套完整的制度。

中國封建社會的私學，大體有如下三種形式：

1. 封建官僚貴族聘請教師來家坐館，這種私學往往是從開蒙識字習書，一直到高級階段的講經論學。

2. 一些名儒大師，後來也有不少落魄文人為生計在家設館收生，聚徒講學。

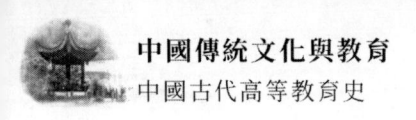

3. 一些地方上的地主豪紳以「捐資興學」為名，聘請教師在地方上的公共場所（祠堂、廟宇）設學。

中國私學自唐代以後，往往都是從開蒙識字到高級階段的講經這樣的一覽子學校，所以它的教學內容在高級階段主要是講四書五經、練字、作文。教學方法多數是個別口授，要求學生死記硬背，其程序一般是教（講）、溫、背。私學在管理上則實行棍棒紀律，其形式主要有責罵或關學（不准回家吃飯）；體罰，輕則在孔子像前跪上一段時間，重則打板子（打手心或屁股）。東漢王充講他在私學時，同學們中有不少人「皆以過失袒謫，或以書醜得鞭」（《論衡·自記》）。

《官場現形記》中有一個進士自述他讀私學時的情況：「學讀八股，因念不熟，背不出，為這上頭不知挨了多少打，罰了多少跪。」可見，私學對學生進行殘酷的體罰是經常的普遍的事情。特別是初級階段的私學，體罰更是家常便飯。當時社會上也流行「黃荊條子出好人」的偏見，這就更加助長了體罰歪風。

不過也有一些優秀的私學教師，他們不僅長期從事教育實踐活動，在教育理論上有重大貢獻，而且在教育管理上也有不少創造性的活動。如前面提到的清代的教育家顏元，他在私人教學中，由於學生日漸增多，為了保證教學的順利進行，特別制定了21條教規，茲錄如下：

1. 孝父母：須和敬並進，勿押勿怠，昏定晨省，出告反面。

2. 敬尊長：凡內外尊長俱宜小心侍從，言遜教從。

3. 主忠信：務存實心，言實言，行實事，違者責。

4. 申別義：須守男女遠嫌之別，如不同席，授受不親，叔嫂不道問等。夫婦相敬如賓，相戒如友。

5. 禁邪僻：勿施財修淫祠、勿拜邪神，勿唸佛，並勸喻宗族鄰里及父祖之迷信者。

6. 勤勉學：務期早到，一次太遲及三次遲者責。

7. 慎威儀：在路在學，須端行正坐。

8. 肅衣冠：雖燕居不可科頭露體。

9. 重詩書：凡讀書必鋪巾端坐，如對聖賢。

10. 敬字紙：見字紙拾積焚之。

11. 習書：每日飯後，仿字半紙。

12. 講書：每日早辰試書畢，講四書或經及酉詩，講所讀古今文字，俱須潛心玩味，不解者，不妨反覆向難回講；不解者責。

13. 作文每逢二、七日，題不拘經書史傳古今文物，文不拘詩辭記序誥示訓傳，願學八股者聽。具須用心思維，題理通暢，不解題不完篇者皆責。

14. 習六藝：凡為吾徒者，當立志學禮樂射御書數，及兵農錢谷水火工虞，予雖未能，願共學焉。

15. 六日課數：三、八日習禮，四、九日歌詩習樂，五、十日行射。

16. 行學儀：每日清晨飯後在師坐前一揖，每逢朔望節令隨師拜孔子，並向師行禮，同學互揖。

17. 序出入：凡出入必按前後行輩，相遇相別則拱手。

18. 輪班當值：凡灑掃學堂，注硯，盛夏吸水，冬燃火，創仿進判，俱三日一班，年過十五，文行成章者勉。唯有過免責，則罰執小學事。

19. 尚和睦：長幼相敬，情義相關，最戒以大凌小，以幼欺長，甚至毆罵者責。

20. 貴責善：同學善則相勸，過則相警，即師之言行起居有失，俱許直言，師自虛受。至諸生不互規有成，而交頭接耳，聚群笑談者責。甚至戲嘲衷侮者重責。

21. 戒曠學：讀書學道，實名教樂地，有等頑童、託故曠學，重責，有事不告假者同。《習齋年譜》

顏元制定的這個教規雖然充滿了封建禮教的內容和一些形式主義的不合理要求，但它卻具有非常完備、嚴密的教規，對學生也提出了全面的要求，即不信宗教的叛逆精神以及學習實用學科，八股藝制居於很次要地位等特點。在17世紀末能提出這樣完備且具有一定民主科學思想的教規是難能可貴的。

在中國封建社會的後期，私學逐漸遍布城鄉，數量比官學多得多，成為封建社會學校教育的基礎，它在形式上雖然不像官學那樣由官府直接控制，但它同樣是統治階級在意識形態領域內對人民施行專政的重要工具，因此，它也一直得到統治階級的提倡和支持。

第三節 選舉制度

中國歷代統治者都知道控制知識分子和束縛他們思想的重要性。春秋戰國時期的養士之風，漢代的鄉舉裡選，魏晉南北朝的九品中正制，隋唐的科舉制和明清的八股文等，其目的都在於透過對士的選拔而達到對他們的控制。

封建社會中各個時期的選士（取士）制度與教育有密切的聯繫。當時學校教育的主要作用在於培養封建統治階級的候補官吏，而各個時期的選士制度，則在於選拔統治階級統治的接班人，因此，選士制度決定著學校的一切教學活動，選士的標準就是學校教育的培養目標，而考試的內容，便成為學校教育的主要內容。在中國封建社會裡，歷代統治者都是透過選舉（或科舉）來達到其控制全國的知識分子和全國學校教育的目的。

一、漢代的鄉舉裡選

漢王朝建立以後，它的統治機構是相當完善和複雜的，擁有一個龐大的官僚群，每年必須補充人選。因此，它規定了一個任用人才的制度，這就是鄉舉裡選。鄉舉裡選的具體做法是在各地方官考查的基礎上，保舉一部分人到中央，經過皇帝面試，酌其才能授予官位，而這種面試叫對策。開始地方上保送人才的主要標準在道德方面，但由於這種辦法有不少缺點，後來則著重對被保舉的人進行考試，由皇帝下詔提出問題，被保舉的人按照題目寫出自己的意見，提問的內容大都屬於政治題。

漢代的這種選士制度，總名稱叫鄉舉裡選，但是後來出現了很多的種類，這些種類往往因一時的需要或某個皇帝的好惡而增設，總的來說，大致有如下的一些名目：

1. 賢良方正：漢文帝二年（公元前178年），他為了詢訪政治上的得失，下詔「舉賢良方正能直言極諫者以匡聯之不逮」，就是要求各級官吏把自己知道的道德品質好、有學問、敢於對政治問題提出自己的意見的人推舉出來，糾正皇帝的過失。隨後又在「十五年九月詔諸侯王公卿郡守舉賢良直言極諫者，以親策之，傅納以言」（《漢書·文帝記》），就是再次要求各級官吏選出對皇帝盡忠，能提出對封建統治者有好處的意見的人，由皇帝親自進行考試，讓他們提出意見供皇帝參考。漢武帝時也一再下詔，舉賢良方正，親自策問考試，如董仲舒、公孫弘等人所做的賢良對策，便得到武帝的賞識。

公孫弘由此做了漢武帝的丞相，董仲舒在對策中提出的「獨尊儒術」的意見也完全被漢武帝採納。公元前178年（漢文帝二年），是漢代鄉舉裡選制度的開始。這種推舉賢良方正的制度，有時亦稱賢良文學，名稱不同，性質一樣，從西漢開始的這種舉賢良方正的辦法一直沿用到東漢。不過東漢時期舉薦的次數不多，自漢光武至桓帝一百五十餘年只進行了十五次。

2. 孝廉：這是孝悌力田與廉吏的合稱，凡被選為孝廉的人，就有了做官的資格。它起於漢文帝十二年（公元前168年），其下令獎勵孝悌力田和廉吏說：「孝悌，天下之大順也，力田，為生之本也，三老，眾民之師也，廉吏，民之表也。聯甚嘉此二三大夫之行。今萬家之縣，云無應令，豈實人情？是吏舉賢之道未備也。其遣謁者勞賜三老、孝者帛人五匹，悌者、力田二匹，廉吏二百石以上率百石者三匹」（《漢書·文帝紀》）。漢武帝時，董仲舒提出：「郡守二千石，各擇其吏民之賢者，歲貢各二人，以資宿衛」，漢武帝採納了董氏意見，正式規定孝廉為選舉科目，公元前134年武帝令郡國各舉孝廉一人，這是舉孝廉的開始。

最初規定凡是推舉出來的人，要經過試用，認為合格，才正式授予官職，「凡所舉士，先試之以職，乃得充選」（《通典·選舉》）。漢和帝時（89—105年），又規定按照各地方納稅人口的比例來推選孝廉的人數，「凡口率

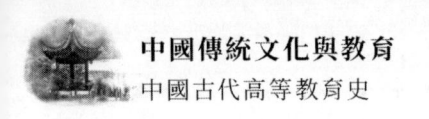

之科……郡國率二十萬口歲舉孝廉一人，四十萬二人，六十萬三人，八十萬四人，百萬五人，百二十萬六人，不滿二十萬二歲一人，不滿十萬，三歲一人」（《通典·選舉》），後來又規定了四項標準作為推舉孝廉的條件，即：

(1) 德行高妙，志節清白；

(2) 學通行修，經中博士；

(3) 明習法令，足以決疑；

(4) 剛毅多略，遭事不惑。

以上四項條件，漢元帝時又改稱為「光祿四行」，以後又把符合這四項條件的人稱為秀才或茂才。這種孝廉（或秀才）科目，是東漢時期重要的選舉制度。

3. 童子科：漢王朝建業後，曾令各地將 12-16 幼童中天資敏捷、博通經典者選出來，經過考核任命為官，或送入太學讀書，這是封建王朝提倡的天才教育。這種辦法始見於蕭何所草的律典中：「漢興，肖何草律曰：太史試學童，能諷書九千字以上，乃得為吏，又以六體試之，課最者為尚書御史·史書令史。」（《文獻通考·選舉·童科》）這種辦法在西漢是否執行，沒有見到相關的記錄材料；東漢時期，左雄乃大力提倡。

「汝南謝廉，河南趙建章，年始十二，各能通經，左雄並奏童子郎。黃香年十二，博學經典，京師號曰『天下無雙，江夏黃童』。任延年十二，為諸生，顯名太學中，號為任聖童。」（《文獻通考·通典·選舉》）

4. 辟除：這是漢代高級官吏任用屬員的一種制度、中央和地方最高行政長官，都可自行徵聘僚屬，然後向朝廷申報（備案）。

漢代的上述選士制度，對鞏固封建等級制度，維護統治者的長遠利益起了很大的作用。它的歷次改革，如安帝時尚書令左雄就規定年限四十以上方得舉孝廉，而且還要「諸生試家法、文吏課箋奏，副之端門，練其虛實」，確實選舉出了一些人才，如陳蕃、李膺等，但仍舊無濟於事。到東漢時選舉

制度已成為世家豪族擴大其政治勢力的工具，各地方官吏大開後門，選出來的人，儘是豪門。

王符在《潛夫論·考績篇》中揭露當時的選舉是「群僚舉士者，或以頑魯應茂才，以桀逆應至孝，以貪饕應廉吏，以狡猾應方正……名實不相符，求貢不相稱，富者乘其財力，貴者阻其勢要，以錢多為賢，以剛強為上」。當時還流行一首民謠對這種制度做了深刻的揭露和批判，「舉秀才，不知書，舉孝廉，別父居，寒素清白濁如泥，高弟良將怯如雞」（葛洪《抱朴子·外篇·審舉》）。這首民謠深刻地揭露了漢代後期選舉制度的虛偽和腐朽。

漢代的選舉制度，大大提高了儒生的地位，因為學了儒術便可為官，要做官就非學儒術不可，從而進一步加強了「獨尊儒術」的政策，選舉加上策問，而且規定了各種選舉標準，這就含有科舉的意思了。當然選出來的人都是統治階級，東漢以後選舉制度更為世家豪族把持，成為鞏固他們勢力的工具，如弘農揚氏、汝南袁氏……他們的門生故吏遍天下。這些豪族聯絡統治階級內部的外戚逐漸形成了一個士族官僚集團，到了魏晉南北朝時代，他們成為統治階級中的主要階層，在社會上有重要的地位，是當時政治上的一個不可缺少的勢力。

二、魏晉南北朝時期的九品中正制

（一）產生原因

三國時，讀書人做官除沿用漢代舊制實行州郡察舉以外，曹操當政時期曾一度施行用人不問門第，唯才是舉的辦法。曹魏政權建立以後，為了爭取士族門閥的支持和強化中央集權制度採取了「九品中正」的選士制度。這個制度始於魏文帝（曹丕）黃初元年（公元220年），當時吏部尚書陳群認為過去州郡察舉的弊病很多，既不能選出真正的人才，也不利於中央集權選拔人才，權力完全被地方豪強所把持，因此建議朝廷用「九品官人」的辦法代替舊有選舉制度，曹丕接受了這個建議，並付諸實施。從此以後，兩晉及南北朝大體都沿用它，直到隋代才被取消。

（二）九品中正制的實施辦法

九品中正選士制度的具體做法是由中央（吏部）直接派人到州郡做大小中正官，州設大中正，郡設小中正。郡裡的小中正把其所管轄地區內的知名人士，按其德行和才能分做九等上報州裡的大中正，大中正審查後再報中央吏部，由尚書審查後，按品位高低作為選派大小官吏的備用人選。上品做大官，低品做小官。由於一個人的升降榮辱在中正官手裡，所以這個人必須秉公執正，這就是「中正」法名字的由來。

中正官的主要任務是品評人物以備政府隨時選用做官。最初中正官向政府提供人物的資料只有道德品質和才能兩項，以後又發展為家世、狀、品三項。家世在曹魏時只是標準之一，晉代以後隨著門閥制度的發展，更成為首要的條件，要將上報人物的血統關係，父祖輩的官位詳細上報；狀，就是被上報人物的道德和才能；品就是中正官根據家世和狀提出的等級。由於一個人的家世與本人的狀，往往並不二致，兩晉以後則以家世作為評品的主要依據。

「品」雖然分有九等，但實際只有二類。一品是徒有其名，無人可得，二品就算最高（各地大中正本身就必須是二品），稱為上品，三品也屬上品之列，只是不像二品那樣受到尊重，四品以下就算下品或卑品了。一個人的品級評定以後，仍然可以升降，照例是三年進行一次調整，如果一個人「言行修著」則可晉升品級，反之，如果一個人「道義虧闕」則可降品，而升的關鍵在小中正手裡，他把一個人升降的理由報上去，只需大中正和司徒批准即可，這樣選舉官員的權力由地方豪強手裡奪過來，由中央派的中正官掌握了。由於官位與品級是一致的，所以要想從小官升做大官，就必須從下品升到上品，而一個人降品也就等於降官。

（三）九品中正制的弊病

在漢代，選舉雖然為各地方的大族所掌握，但選人的標準還沒有把家世與德、才並列，曹魏時期雖然開始注意家世，但也還不是主要條件。從西晉開始，門第成了評選的主要條件，上品為士族所獨占，任中正官者也儘是出身高門世家。南北朝時期，門閥制度發展到了頂峰，士、庶之間的區別極其嚴格，做官的條件主要在於血統門第，「九品中正」法只是例行公事而已。

當時有個叫劉毅的人就揭露「九品中正」法之弊說:「愛惡隨心,榮辱在手,上品無寒門,下品無士族,公無考校之實,私無告訴之忌。」(《晉書·劉毅傳》)就是說,這種選人辦法是明目張膽地走後門。「九品中正」制的選人辦法,也是造成這一時期學校教育廢弛的一個重要原因。

「九品中正」的選士制度,實質是統治階級內部分配政治權力的一種辦法,是士族占統治勢力的社會條件下的產物,它反過來又成了進一步鞏固門閥士族勢力的工具,這種取士制度嚴重阻礙了廣大中小地主階級從政的機會,所以在隋統一全國以後,隨著門閥制度的崩潰,隨著社會階級關係的變化,一種在更大範圍內能夠代表廣大中小地主階級利益的科舉制度就取代了落後的九品中正制。

三、隋唐的科舉制度

所謂科舉制度就是選拔人才不由推薦,而由中央或者皇帝本人親自進行考試以錄取人才的辦法,其目的是透過考試來選拔官僚。同時在統治階級內部不斷實行權力再分配,以加強統治階級對平民專政的國家機器,這種選士制度比較能夠滿足廣大中小地主階級利益,使他們有從政的機會。

隋煬帝大業二年(606年),曾設進士科,用策取士,這就是中國科舉制度的開始。唐朝承襲隋的舊制,並加以發展,使之更加完備,史書記載:「進士科始於隋大業,中盛於貞觀、永徽之際。」(《唐摭言》)從此以後,直到清末(1905年宣布廢除),共實行了1300餘年。在這個時期,科舉制度成為歷代封建王朝選拔人才的主要制度,成為封建主階級鞏固其統治地位的有力工具,唐太宗李世民曾私自走至宮殿的正門,當其看見新進士規規矩矩魚貫走出來時,不禁高興地說:「天下英雄入吾彀中矣」,意即天下英雄都入了我的「圈套」啦,由此可見統治階級實行科舉制的用心。(《唐摭言》卷一)

(一)唐代科舉制度考試的程序和科目

唐代科舉制度多因襲隋朝舊制,參加科舉的人有三種來源:一是生徒,即學校的學生由中央國子監祭酒和地方上的州縣學校挑選一部分學業成績合

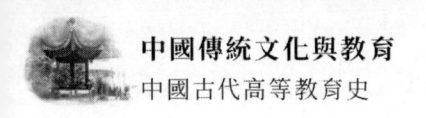

格的學生送到禮部應試；二是鄉貢，即一般學過儒經的知識分子均可應試；三是制舉，即由皇帝親自主持考試以待非常之才。

參加科舉考試的程序是，士子參加考試先報名於州縣，經過檢查合格，由州貢於中央稱為「貢士」，一般規定上州貢三名，中州貢兩名，下州貢一名（但實際並不嚴格）。被選送的貢士按規定日期到中央戶部報到，填寫姓名、履歷並具保寫明住所。經吏部檢閱後再到禮部參加考試，稱為省試；考取的人再參加中央一級的考試，稱為殿試；被錄取的人統稱為進士。進士只是表明獲得了一個學位，它並不是一個官位。進士要做官，還需要由吏部複試（叫做銓選，武官則由兵部銓選），合格的才給官做。後來的進士又有各種等級，第一名叫進士及第，又稱「狀元」，第二名叫進士出身，又叫「榜眼」，第三名叫同進士出身，又叫「探花」。

唐代考試的科目很多，但最重要的是明經科和進士科兩種，其他還有秀才、明書、明算、明法、一史、三史、開元禮、道舉（玄學）、童子科……這些科統稱「常舉」。另外還有一種臨時性質的所謂「特科」（又叫「制舉」），如「博學宏辭科」「忠烈秋霜科」「識洞韜略稱將帥科」「賢良方正直言極諫科」「懷材抱器科」等。「制舉」的名目繁多，達十餘種，完全隨君王的愛好和政府臨時需要某種專門人才而特設某科。唐朝進士科每年考一次，每次應試的士子計 1000 餘人，而被錄取的僅一二十人（唐代這 290 年中，共錄取進士 3000 餘人）。

（二）科舉考試的內容和方法

唐代科舉考試的內容以明經、進士兩科為例，大體上包括三個方面：儒家經書、詩賦、時務（關於社會政治問題）。在唐代以後的各個朝代中考試內容雖有細微變化但儒家教義仍占主要的地位。

考試的方法有帖經、墨義、口試、策問、詩賦。《通志·選舉制》載：「帖經者以所習經掩其兩端，中向唯開一行，裁紙為帖，凡帖三字，隨時增損，可否不一，或得四、得五、得六者為通。後舉人增多，其法益難，務試落之。」帖經完全是一種死記硬背的考試方法。用一張紙裁成兩半，將經書一頁的左右兩端帖起來，中間只留一行，又把這一行用紙帖兩三個字，要應試人把帖

的答出來，帖的字數可以隨時增減，答對多少條才算及格也沒有一定，一般要答對 4～6 條才算透過。

後來參加考試的人多了，帖經就越來越採用種種刁難的帖法，使應試的人難以答對。如故意帖「孤章絕句，疑似參互」之處，像年、月、日等類似恍惚的文句，以難倒參加考試的人，所以士子都怕帖經，把它視為難關。但出題雖難，卻都有一定範圍，唐代主要以《五經正義》一書為準，不能超越，久而久之，士子們把困難隱蔽之處，編成歌謠，熟背牢記，從而形成了一種所謂「括貼」的讀書法。墨義是筆答有關經義或其注疏，比較簡單，如問：「子以四教，所謂四教者何？」答：「文、行、忠、信。」提問根據《論語》，回答也必須照《論語》背誦，這也是要求死記硬背，毫無思考可言。

策問也是問答，但它與墨義不同，它要求根據自己的見解來回答問題，這是沿襲漢代設科射策的方法而來，內容多係政治問題。但在封建社會，在儒家思想的統治下，整個學風就是背誦教條，所代聖賢立言，根本不允許有任何獨立思考可言，所以策問的答案仍然是陳詞爛調、鸚鵡學舌。詩賦為試進士所專有，應試之詩，體裁與常詩有別，不但格律有限定，語氣要雅典大方，詞句也要富麗堂皇。這種詩當然只能為統治階級歌功頌德，紛飾太平，而絕不能暴露民間疾苦和社會黑暗。口試，顧名思義，就是當面問一下，在唐俊明經科先帖經載有：「然後口試，經問大義十條，答時務策三道，亦為四等……凡進士，試時務策五道，帖一大經，經策全通者為甲第，策通四，帖過四以上為乙第」（《新唐書·選舉》）。

科舉考試從唐代開始一直非常嚴格，應考的人除要把父族家史寫清楚外，還要考生每五人結成連環保，行動越軌、結黨鬧事，言論違反封建道德的人均不能參加考試，如有隱瞞，經檢舉後，聯保的五人一律三年不准參加考試。《唐會要》卷七十六載：「舉人於禮部納家狀後，望依前五人相保，……如有缺孝悌之行，資朋黨之勢，跡由邪徑，言涉多端者，並不在就試之限。如容情故，自相隱蔽，有人糾舉，其同舉人並三年不得赴舉。」唐玄宗天寶十一年（公元 751 年）時，玄宗親自考試「懷材抱器」科的舉

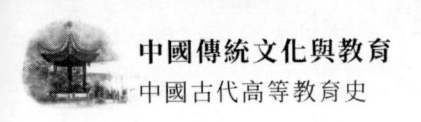

人，查出「有舉人私懷文策，坐殿三舉，並貶所保之官」（《冊府元龜》卷六百四十三）。

《唐會要》卷七十六載：「大中元年（公元847年）吏部宏辭舉人，漏泄題目，為御史台糾劾，侍郎裴稔改國子祭酒，郎中周敬復罰兩月俸料，考試官刑部侍郎唐扶出為虔州刺史，監察御史馮顓罰一月俸料，其登科十人並落下」。為了防止考官和考生作弊，自唐代以後，科舉考試都採用密封卷。據宋代高承著《事物紀原》卷三記載：「封彌即糊名也。唐初以試有官人。……今貢舉發解，皆用其事，曰封彌。」宋真宗時還設立專門機構，由專門人員將考生的試卷重新謄錄，使考官不能直接見到考生原卷。

宋真宗祥符八年（公元1015年），「始置謄錄院，令封印官封試卷、付之集書吏錄」（《宋史·選舉志一》）。自宋以後考試更加嚴格，明清時期還要派軍人監督考生。考場派軍人守衛，戒備森嚴。清代為了防止作弊，《欽定科場條例》竟達六十卷。明清之際曾流行過兩句描寫科舉考試摧殘、毒害知識分子的詩句：「三場辛苦磨成鬼，兩句功名誤煞人。」清代另一首詩更生動真實地反映了當時科場的情形：

閨房磨人不自由，英雄便向彀中求。

一名科舉三分幸，九日場期萬種仇。

負凳提籃酒似丐，過堂唱號直如囚。

襪穿帽破全身舊，襟解懷開遍體搜。

唐代的士人把考中了稱為登龍門，讀書人要想做官，改變自己的身份，只有透過科舉一途，考中之後不僅取得了做官的資格，而且多數即可任官，若是官運亨通，用不了十幾年，就能位列廟堂。考中之後有喜報送至家中，進士們宴會於長安曲江亭上，宴會之後到慈恩寺雁塔下題名，受到社會上的尊敬和羨慕，享受不盡人間的榮華富貴。有所謂「一舉成名天下知」「一登龍門則身價十倍」。但是落弟之後，不僅親友白眼，窮士子生活也出現困難，有的人歸家無資，甚至流落京師、乞食寺院。當時有一句流行的諺語，形象

生動地說明了兩種不同的結果：「及弟進士俯視中黃郎，落弟進士輯蒲華馬長。」

（三）科舉制度的流弊

1. 選舉出來的人很少有真才實學，且造成了很壞的社會風氣。

科舉制的虛偽性、欺騙性和危害性，在唐代科舉盛行不久，就開始暴露了出來。取士的標準雖然有考試的成績為憑據，但其間出入很大，一個人取錄與否往往以權勢、門第、時望為轉移。在禮部取錄之前，先要把名單呈丞相審核，王公大人讚譽的人往往被取。因此許多士子在考前就到處奔走，交馳公卿打通關節、行賄，唐代就形成了投詩干謁之風，如《通志選舉志》記載：「今之舉人，有乖事實……或明制適下，試遺搜揚，則驅馳府寺，請謁權貴，陳詩奏記，希咳唾之澤，摩頂至足，冀提攜之恩，故俗尊舉人為覓舉。」

就是說，士人在參加考試以前，要到那些有權勢的人那裡去投詩文，將詩文與門包（賄物）交給守門者，請他代呈，叫做「求知己」，如果不被賞識，不受接待，還要再一次呈送，叫「溫卷」，再不成，就在街上執贄於馬前自呼說某某人上謁，這種卑躬屈膝地去求有權勢的人的嘗試是必須的，特別是無門第的人不這樣做就無人來援引，考取的機會就更渺茫。唐代這種投詩干謁連當時的名士也不能免，如白居易之謁顧況，韓愈的三上宰相書，一般的人就更不用說了。

因此在唐代就有不少人反對科舉，特別是揚州刺史趙匡列舉了科舉制的十條弊病（《通典·選舉五》），指出它不能選拔真正的人才，他說：「進士者時其貴之……及臨民決事，取辦胥吏之口而已，所謂所習非所用，所用非所習者也，故當代少稱職之吏。」（《通志·選舉志》）但是因為這種制度有利於統治者，所以他們明知有弊，亦不能革掉。

2. 迷惑了廣大的人民，緩和了社會階級矛盾。表面上聲稱不分階級，不論門第，任何人只要有才華即可透過科舉考試進入仕途，因之，廣大寒門子弟被其迷惑，都抱著「十載寒窗，一舉成名」的希望，這樣就緩和了社會的

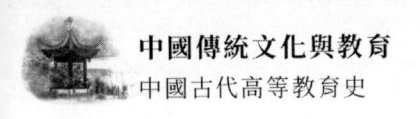

階級矛盾。即使個別寒門子弟有幸被取，做了官，但他也已經變成了統治階級，不會再為老百姓利益著想了。

同時，正是因為這個制度能夠從被統治階級中選拔出優秀分子來參加統治集團，它才更加反動。一個統治階級越是能夠吸收被統治階級中最優秀的分子，它的統治就越是鞏固。

3. 養成了空疏無用的學風。知識分子只有科舉一條出路，他們終身所習，皆是科舉考試的內容，而這些內容是把人們的思想侷限在儒家的五經之中，要求你去機械地背誦那些不切合實際的條文。讀書人為了求得考中，也就不去認真研究學問，只熟讀一些舊策，以便僥倖錄取，這樣就使知識分子眼光狹窄，知識淺陋。即使考中做官，也臨政不知所措，造成政治腐敗。同時考中的機會又少得可憐，以韓愈之才「三試於吏部無成，十年還是布衣」由此可見一般。每年應試的一二千人，而能夠考取的只一二十人。

由於考取的機會太少，很多知識分子終身貧困，又無其他特長謀生，成為社會贅疣。《聊齋誌異》中曾寫過一位科舉出身的縣令審判殺夫奪妻的案件。其妻要求殺人償命，縣令直看著犯人判道：「人家好好夫妻，直令寡耶！即令汝配之，亦令汝妻守寡。」作者評述：「此等明決，皆是甲榜進士所為，它途不能也」。

4. 科舉制度造成重舉、輕學校，使學校成為科舉的附庸。學校的教育方針、教育內容、教學方法和考試方法都跟著科舉跑。從而加深了學校教育的反動性和腐朽性。讀書的唯一目的只是透過科舉考試，求得功名富貴，「一捧書本，便想中舉、中進士做官，如何攫取金錢，造大房屋、置多田產」（《鄭板橋集》）。所以在長期的中國封建社會中，學校教育不能發展，學術思想遭到壓抑和禁錮。

科舉制雖然有許多流弊，但它比漢代的鄉舉裡選和南北朝時期的九品中正制，則有其明顯進步性。它具有一定的民主性，所以這種透過考試錄用人才的制度能夠在中國長期推行；這種制度比較能滿足中小地主階級的要求，使他們有參政的機會，從而緩和了統治階級內部的矛盾，能夠更廣泛地使統治階級各階層擁護封建政權；這個制度有利於中央集權，是推行中央集權政

治的重要工具。科舉制的實行，使全國在形式一致、統一要求的標準下進行教育，人才的選拔與任用之權完全統一在中央政府手裡，這是有利於中央集權的。

四、明清的八股文

明清科舉基本上因襲唐代，在考試程序上具體分四個階段。第一階段是郡試，縣試其優者以達郡；第二階段是鄉試，也叫省試，考試及格的叫舉人；第三階段是會試，舉人到京師參加由禮部主持的考試；第四階段叫廷試或叫殿試，由皇帝或其代表複試在禮部會試合格的人。殿試又分一、二、三甲，一甲三個，狀元、榜眼、探花；二甲若干人，賜進士出身；三甲若干人賜同進士出身。明清科舉考試的內容以五經和朱注四書為主。

明清的科舉與唐宋的最大不同之處是規定了經義文字須用八股文格式。《明史·選舉志》：「科目沿唐宋之舊，而稍變其試士之法，專取四子書，及《易》《書》《詩》《春秋》《禮記》五經命題試士，蓋太祖與劉基所定。其文略仿宋經義，然代古人語氣為之，體用排偶，謂之八股，通謂之制義。」

八股文實質是對宋代王安石以經義取士的一個反叛。是從駢文脫化而來。它嚴格規定了一套十分機械的文章格式。寫八股文絕對不許有自己的獨立見解，只能代聖賢立言，也不許違反格式。這是統治者用以箝制知識分子思想自由的一種最惡毒的辦法，它使人們只能在一定範圍內重複古人濫調。這種文體從明朝起，也為後來清代統治者所採用，它控制了科舉考試五百年，是明清封建專制政權維持其統治的重要手段。

一篇八股文規定由破題、承題、起講、提比、起股、中比、後比、束比等固定的部分和順序組成。

1. 破題：即起首二句，破說題中字意。有明破、暗破、分破、合破、順破、倒破、正破、反破等，最後一字要用焉、也、矣、已等。

2. 承題：承接破題的意思，並根據破題確定如何承，正破則反承，反破則順承，進一步說明破之意，限定三四句至多五六句，開頭用夫、甚矣、蓋諸字，結尾用乎、耳、也、哉、焉等字。

3. 起講：概說全體，為一篇議論的開始，一般講三句，只寫大意，宜虛不宜實，開首用若曰、意謂、嘗思、今夫等。

4. 提比：又叫提股。是起講後入手之處。

5. 起股：又叫承股。是承接提比的。

6. 中比：又叫中股。此處可以發揮，其法不外起承轉合。

7. 後比：又叫後股。把中比之意再加以發揮。

8. 束股：又叫落下或大結，是一篇的結尾。

上述 4～7 這些段落才是正式的議論，在這四個段落中，每一個段落都有兩股兩相對偶的文字，合共八股，所以叫八股文。顧炎武在他的《日知錄》卷十六中曾講了八股文起源。有時短到一兩個字，有時長到一篇文章，如「學而」到「為政」有時把上句和下句的上截合起來，如《中庸》「及其廣大、草木生之」中的「大草」為題，「學而時習之不……」作文章的人必須按照題目的範圍而不能超越。在八股的限制下，絕對做不出好文章。自明代實行八股文取士以後，這種極端追求形式主義的考試方法，代代相傳，習以為常。

不僅直接禁錮知識分子的思想，敗壞學風，而且嚴重地摧殘人才。在中國歷史上，凡是經八股文中狀元的人，除極少數的以外，大都沒有真才實學。歷代不少有識之士，都對它作過又不盡於事君哉。嘗謂出而筮仕，則事君之日長焉。第慮循拜颺之虛文，而國弗忘家，公弗忘私，未可許為臣道之已至也。若夫其人而賢賢之誠也，願致仕著不外好德之士，修之家者獻之廷，豈徒負股肱之寄。且其人而事父母之誠也，求忠臣必於孝子之門，順乎親者獲乎上，自不惜膂力之剛。

吾蓋觀於事君，又能致其身焉。

其為大臣戴，若啟調燮，若啟凡夫身所可能者，不復留餘地以自處，推其心一若蹇蹇匪躬。古人之事君有然，而我豈能未遑也，其為小臣或疏附，或先後。凡夫身所必能者並不留餘地以處人，推其心一若鞠躬盡瘁。古人之事君如是，而我豈謝不敏也。

是故內而事君，即使偏為爾德，百姓歌建極之天子，而其身必不有其功；蓋致之者久矣，夫豈僅天保之章，為能云爾哉，且外而事君，即使一月三捷、萬方仰有道之聖人，而其身猶負其辜；蓋致之者至失，夫豈僅採薇之什為能如是哉。噫，事君若此，不學而能之乎，而況不止此也耶！

　　科舉制度作為一個歷史現象，有它產生的必然性。隨著中國封建制度發展到衰落的明清時期，統治階級日益感到窮途末路，為了加強控制，培養忠順的奴才以鞏固其統治，所以只注重形式的八股文就應運而生，成為科舉取士的唯一文體。雖然這個時期不少有識之士對科舉和八股文進行抨擊和反對，但作為一種制度，它始終沒有多大變化。直到清末光緒三十一年（公元1905年），由於歷史條件的改變，科舉制才被廢棄。

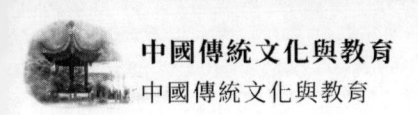

中國傳統文化與教育

中國傳統文化與教育

第一單元 傳統文化與教育的含義

一、什麼是傳統

世代相傳具有一定民族、地方和集團特色的社會文化因素，它具有民族性、傳承性、嬗變性、穩定性。傳統應予以批判繼承，繼承其優秀的，摒棄其糟粕。

二、傳統文化的主要內容及靈魂

（一）傳統文化的主要內容

經史子集、中醫中藥、天文曆法算學、農學、水利……

（二）傳統文化的靈魂（根本精神）

1. 重群體不重個體。
2. 重義務不重權利。
3. 重社會不重自然。
4. 重綜合不重分析。
5. 重名分不重實利，重公不重私。

（三）傳統文化的正負效應

正面：重視人的道德修養，提倡德治，力求社會的穩定和人與人之間和睦相處。為了維護社會的穩定，重視社會的細胞（家庭）和諧，提出了未來社會的理想模式——天下為公的世界。這種人文精神培育出了中華民族積極進取的精神以及救世、勤儉持家等精神，在人與自然方面強調天人合一，遵循自然規律。

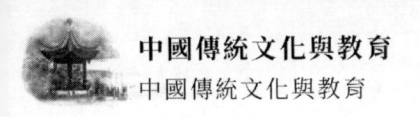

負面：過分強調血緣關係（三綱五常），過分強調道德、法治，將道德人格化（聖人），將自然界神化。

三、什麼是教育

1.字源學意義。

2.作為合成詞，出自《孟子·盡心上》。

3.教育的含義：

（1）教育是人類所特有的一種社會實踐活動，是一種社會現象；

（2）主要是培養人；

（3）具有永恆性和歷史繼承性；

（4）有廣義和狹義的區別。

4.Education（PNBCE）

作業：

1.熟讀《論語》（可參考楊伯峻、錢穆的解釋）。

2.熟讀《禮記·學記》。

第二單元 儒學與十三經

一、什麼是儒

第一，「儒」字的原意《廣雅》解釋為「柔也」，《韓詩外傳》解釋為「需也」（儒的造字是人需要它，它也需要人），《說文》解釋為「弱也」，都含有教化人類使之溫和善良之意。

第二，《周禮》：儒，「教道義於鄉里之民之職」。

第三，儒還是一種相禮的職業（吹鼓手之類）。

第四，後來推而廣之，把堯、舜、禹、湯、文、武、周公、孔子稱為儒家的道統，「儒」稱為學術集團。其成員主要是一些士（有君子儒、小人儒之別）。

二、什麼是士

（一）「士」的本意在古代是指自由農民

1.《說文解字》：「士，事也，士謂耕作也；士，立也，以物插地中為事。」士又作「䐓」（讀廁）。《考工記輪人》鄭康成解釋為「泰山所樹立物為䐓」。《漢書·勾血志》注云：「䐓亦插也，耕作始於立苗；士、事、䐓古音相同，男字從力從田，依形得義，士則以聲得義也。」（楊樹達《積微居·小學述林》卷三，釋士）

2.《國語·齊語》：「士，農夫也。」

3.士（即現代的知識分子）的含義：

反映奴隸主、奴隸、商人、個體手工業者、新興地主以及個體勞動的農民的利益和思想，掌握一定知識技能的人，在春秋戰國時期叫士。

（1）指殷代的頑民（《周書》「殷遺多士」）。

（2）在男女對言時，專指男性為士。

（3）指用武力保衛國家的人，「甲士」。

（4）指西周時期奴隸主底層官吏、公卿、大夫，「元士」。

（二）士的來源和種類

1.來源。

（1）奴隸主貴族沒落下降為士。

（2）庶民子弟上升為士，即「國之俊秀者」。

2.士的種類。

流品極其複雜，雞鳴狗盜之徒、引車賣漿之流都可稱為士。

（1）按其思想體系來分：儒、墨、道、法、名、兵、農、陰陽、縱橫、雜、小說諸家。

（2）按其職業來分：有文學之士（地位很高），有掌握專門技能的策士和方士，以及具有特殊技能的武士和俠士，還有所謂食客。

（三）士階層的特點和養士

（1）春秋戰國時期的士，大多擁有少量的私田和產業，因此在經濟上他們屬於統治階級（奴隸主、新興地主或商人）；政治上是各諸侯國的一些中下級官吏；軍事上許多人是充當作戰的骨幹；文化上學得古今的知識。

（2）士的經濟狀況和社會地位使他們在思想上表現為保守性和進步性、妥協性和反抗性兩方面的錯綜交織，而且保守性多於進步性，妥協性多於反抗性，所以中庸就是他們的基本思想。

（3）士當時一般不從事生產，他們「四體不勤、五穀不分、不稼不穡、不工不賈」，唯一的希望是憑藉所學的知識做官食祿，做一個治人的勞心者，所謂「士無定主」。

（4）多數士平時四處奔走，上說下教，達則做官；不達則退而為師，聚徒講學，等待從政的機會，所以當時又有「布衣卿相」之稱。

以上四點是古代士階層的主要特點。

2.養士。

春秋戰國時期養士的有所謂四大公子：齊有孟嘗，趙有平原，楚有春申，魏有信陵。

三、儒家學派和十三經

（一）十三經及其主要內容

1.《詩》。周代詩歌的總集，分風、雅、頌三部分，總計305篇，39234個字。

「風」大多數是民歌，以黃河流域為中心，分15國風，總計160篇。

「雅」分為「大雅」和「小雅」，以敘事詩為最多，屬於宮廷樂歌，共計 105 篇。

「頌」分周頌、魯頌和商頌，為祭祀天地宗廟的樂歌，共計 40 篇。

《詩》是一部可靠的古籍，屬於北方文學。「詩可以興，可以觀……」，而且「多識於草木之名」。它不僅具有很高的文學價值，還包含有豐富的自然科學知識，如《詩·小雅·十月之交》就記錄了地震。其他一些詩篇中還大量記載了有關動植物的知識。當年講解《詩》的主要有齊人轅固、魯人申培、韓人韓嬰以及河間毛亨。現在我們看到的是毛亨的「毛詩」，其他三家都失傳了，《詩》是研究周代的一部重要的可靠的史料。

2.《書》。又稱「尚書」，即上古的書。現存的通行本包括《虞書》（5 篇）、《夏書》（4 篇）、《商書》（17 篇）、《周書》（32 篇），共計 58 篇。其中有 33 篇，如《堯典》《舜典》《禹貢》《盤庚》《洪範》等篇稱為今文尚書，其餘各篇都是偽古文。之所以有今、古文尚書之別，其原因是在西漢初年，伏生傳授尚書 29 篇，是用當時流行的隸書書寫的，故稱今文尚書；後來在漢武帝晚年，在孔子住宅牆壁中發現一部用古體字寫的「尚書」，相傳共有 16 篇，稱它為古文尚書；但這部古文尚書不久又失傳了。

到東晉時候，有一個叫梅頤的人，又向朝廷呈送「古文尚書」25 篇，還附錄一篇《尚書傳》說是漢代孔國安作的。於是人們都相信古文尚書失而復得，但清代閻若璩考證認為這部古文尚書是晉朝人王肅、黃甫謐或者梅頤本人偽造的，現在通行的尚書是古今文合編在一起的，與原來的不同。《尚書》包括的史實上自堯舜終至秦穆公，其中年代最早的《堯典》《舜典》《皋陶謨》《禹貢》等篇，以前人們認為是虞夏時代的文章，近代學者考證認為也是儒家的偽托，不過其著作年代還在周朝，所以雖是偽托，由於時代較早，其所依據的傳說也有較多的真實性，故比東晉偽尚書有更高的價值。

《尚書》的篇名，多用典、謨、訓、誥等字，近似現代的宣言、布告、會議記錄、講演錄，所以《尚書》被稱為「記言之史」。其中《洪範》一篇代表了中國古代原始的哲學思想，以水、火、木、金、土五種物質作為世間萬物的基礎，還提到九疇——五事、八政、五紀、皇極、三德、稽疑、庶徵、

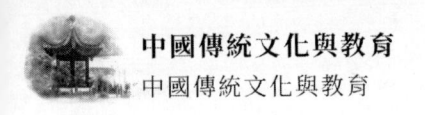

五福、六極等政治原則，深受儒家的重視。《胤征》這篇文章還記錄了日蝕現象（世界最早的記錄）。

3.《易》。也稱《周易》，是中國古代思想史。

（1）起源：相傳伏羲畫八卦，到三代時有「三易」，即《連山》（夏）、《歸藏》（商）、《周易》（西周）。《連山》《歸藏》早佚，後來雖然有發現但均屬偽作。

為什麼叫《周易》呢？鄭玄講「易道周普，無所不備」，周易實際是指周代的「易」，以別於夏商的「易」。「易」的本意，就是不斷變化的意思，「生生之為易」。周易的作者不詳，據郭沫若考證，可能是戰國時的人所作，因為其文字和思想都較完整。《周易》是按六十四卦的次序排列的，從乾卦開始到未濟卦結束，每卦都用符號表示，陽爻（—）與陰爻（- -）做基礎組合而成，用三個陰爻和三個陽爻組成一卦，共得八卦，再任取兩卦重合組成六十四卦，每卦均六爻，所以八卦共有三百八十六爻。

（2）內容。

分《經》和《傳》兩大部分：

①《經》：卦辭（每卦的總說明，相傳文王所作）、爻辭（每爻的總說明，相傳周公所作），是研究殷周思想的重要史料。

②《傳》：又稱「十翼」，相傳為孔子所作，但不準確。前六部分和後四部分不同（為不同人所作）。

彖，「斷也」，分上下篇，從該卦的卦辭、卦名上斷定一卦之義，故為彖。

象（形象）：分上下篇，萬物之體各有形象，聖人設卦以言萬物之象，所以像在彖後者，因彖詳象略也。

辭：繫辭也分上下篇，係屬其辭於爻卦之下，故曰：斷吉凶（說三皇而不說堯舜，非孔子所作）

文言：是乾坤兩卦的特別說明文字，它們是易之門戶，其餘諸卦皆由此出。

說卦：陳說八卦之德是變化及法象所為也。

序卦：孔子序六十四卦相關之義。

雜卦：雜糅眾卦，錯綜其義，或以同相類或以易相明。

③「易」，又分為簡易、變易、不易。「簡易」，宇宙萬物是有規律的，在「始、中、終」三相之間轉移；「變易」即事物處於運動變化之中，「無平不陂」「無往不復」；「不易」即變化，只在一個不變的範圍內循環（「寒往暑來」「天尊地卑」）。

(3)《周易》的基本思想——世界生成學說。

太極圖說：

無極—太極—兩儀—四象—八卦

太陽—少陽 太陰—少陰 天—地

春夏秋冬

乾、坎、艮、震、巽、離、坤、兌

陽剛—陰柔

天、水、山、雷、風、火、地、澤

太極：無聲無息無差別狀態（宇宙本源），是一種先天抽象的理念。

兩儀：天地陰陽推移遂生萬物。

《周易》在古代是一部卜筮的書，後經過儒家改造成為一部哲學書，故其性質具有兩重性（迷信和智慧）。《周易·大傳·繫辭》有人認為是道家的書。

《周易》《吠陀》《聖經》被稱為影響世界文明的三大聖典。在中國，《周易》《山海經》《黃帝內經》被稱為中國古代三大奇書。

中國歷代研究《周易》的書據說有三千多種，可以查到的有八百多種，僅《四庫全書》就收錄了一百一十八部，據說美國圖書館收藏的《周易》有六百種之多，其中有四百種是國內沒有的。

《周易》熱在中國曾多次出現，漢代、宋代達到高潮，王安石、「三蘇」「二程」都受其影響。許多諾貝爾獎獲得者，他們也說曾受到《周易》影響，如玻爾、普利高津、藤川秀樹、李政道、楊振寧等。《周易》的應用研究也使其有廣泛的基礎：預測學、相術、風水等。

《周易》還含有豐富的天人合一的思想，這一點西方十分缺乏。黑格爾稱《周易》是「政治代數學」。

4.《周禮》。又稱為「周官經」，是儒家重要的典籍，共有 6 篇文章。敘述古代的官職，分為天、地、春、夏、秋、冬（冬已經失去了），漢代人補充《考工記》，演變為吏戶禮兵刑工，共 45806 字。

5.《儀禮》。又稱「禮經（士禮）」，主要講古代的禮儀——冠、婚、祭、朝、聘等，以及待人接物的禮節，有 56624 字。

6.《禮記》。漢代河間獻王劉德所記，有 131 篇文章。漢代戴德編為 58 篇（稱《大戴禮》），其侄戴聖又根據整理為 49 篇（稱《小戴禮》），即今《禮記》，多數是理論性文章。南宋朱熹把其中《中庸》《大學》選出來，與《論語》編成後來的四書，司馬遷把其中的《樂記》編入史書。《學記》則是研究中國古代教育的重要資料。《禮記》共有 99010 個字。

7.《左傳》。又稱《左氏春秋》（左丘明所作）。春秋時期各國都在修史，其中魯國修的史就叫《春秋》，晉國的叫《乘》，楚國的就叫《檮杌》。《春秋》起於魯隱公元年（公元前 722 年），到魯哀公十四年（公元前 481 年），共記錄了 242 年間發生的重大事件。後來孔子對此進行了修改，其觀點是「喻褒貶別善惡」。《左氏春秋》記載從魯隱公元年到魯哀公 27 年（公元前 455 年），比孔子修改後的《春秋》多了 13 年，《左氏春秋》全書 180273 個字，比孔子修改後的《春秋》多 11 倍。孔子修改的《春秋》按照隱、桓、莊、閔、僖、文、宣、成、襄、昭、定、哀的順序排列。

8.《公羊春秋》。戰國時齊國人公羊高所作，相傳他是子夏的學生。他的玄孫公羊壽與齊人胡生將《春秋公羊傳》用隸書寫在竹簡與帛書上，稱為《今文公羊傳》，漢代董仲舒就是研究它的專家，公羊春秋共計 44075 字。

9.《穀梁春秋》。（春秋時魯國人穀梁赤所作，相傳他也是子夏的弟子）穀梁春秋計 45112 字。

除了上述各篇以外，後人又加上《爾雅》《孝經》《論語》《孟子》。

10.《爾雅》。是漢代人楊雄所作，分為釋言（就是用普通話解釋方言）、釋訓（用流行話來解釋俗語）、釋詁（用現代話解釋古語），共計 10211 字。

11.《孝經》。相傳是曾子向孔子問孝的對話錄，計 1903 字。現存重慶大足石刻有一塊蔡京寫的孝經碑。

12.《孟子》。相傳有 11 篇，現存 7 篇是孟軻與他的學生和時人的談話錄，計 36485 字。

13.《論語》。孔子與其學生及時人的對話錄。

（二）十三經的演變過程

最初只有五經，即《詩》《書》《易》《禮》《春秋》；到唐代變成九經，即《春秋》一分為三，《禮記》一分為三；到宋代有人加上《爾雅》《孝經》《論語》《孟子》，成為十三經。現在通行的《十三經注疏》是由清代阮元刊刻的。

（三）六經和六藝

六經是指《詩》《書》《易》《禮》《樂》《春秋》，後來《樂經》遺失（有《樂記》存入《禮記》中一說），只有五經。六藝是指禮、樂、射、御、書、數六種技藝，漢以後一些人把兩者混為一談。

六經原來是古代的官書，是先秦諸子百家學術思想的淵源，非儒家專有，清代章學誠認為「六皆史」，《尚書》為記言之史，《春秋》為記事之史，《禮》是制度史，《詩》為風俗史，《易》為思想史（宗教史）。

四、儒家在哲學、政治學、經濟學上的基本觀點

哲學：天人合一、自強不息、和而不同、中庸思想（解決矛盾的方式，和為貴）。

政治思想：天下為公、大一統、民為貴、德治仁政，崇尚禮樂。

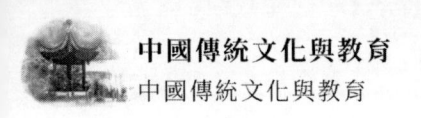

經濟思想：平均主義（不患寡而患不均）、不違農時、飽食暖衣、生財有道（生之者眾，食之者寡，為之者疾，用之者舒）。

漢字的起源

結繩、八卦、河洛說、倉頡說、圖畫（以上五種說法，前四種都是傳說不可信，漢字據考證是起源於圖畫）。

夏、商、周奴隸社會在文化上的特點

夏：尊命文化（萬物有靈，天是高深莫測）。

商：尊神文化（神是最高的權威，或稱帝、上帝）。

周：尊禮文化（周禮三千，用以區別尊卑貴賤）。

原始五行說——中國最早的科學思想

五方說：中西東南北。早在殷商時代，就出現五方觀念，《卜辭》中就有記載（這是和農業生產有關的早期科學思想，《山海經·堯典》也有記載）。它還同春夏秋冬及夏秋之際的中配合，循環不已，年復一年，中國的曆法就是這樣產生的。它是對自然觀察的結果，也是人類智慧的表現。

五材說，最早見於《洪範》，是物理科學，它把宇宙中五種物質元素水（鹹，潤下）、火（苦，炎上）、木（酸，曲直）、金（辛，從革）、土（甘，稼穡），以土為中心，木—火—土—金—水。

	水	火	木	金	土
	秦	周	商	夏	黃帝
性質	潤	炎	曲	革	稼穡
味道	鹹	苦	酸	辛	甘
顏色	黑	赤	青	白	黃
方位	北	南	東	西	中
四季	冬	夏	春	秋	夏秋之際
天干	壬癸	丙丁	甲乙	庚辛	戊己
政事	司工	司徒(吏部兵部)	禮部	刑部	戶部

關於中國的「九」字

九：代表陽爻

九州：

1.冀、兗、青、徐、揚、荊、豫、梁、雍（《尚書·禹貢》）；

2.泛指全國。

上 上 上

九品：九品中正，上 中 中 中 下 中

下 下 下

九鼎：傳說是夏禹鑄，象徵九州，三代時奉為傳國之寶，比喻份量重，如「一言九鼎」。

九法（即九疇）：九種法制，禹治水時炎帝賜給他九種治理天下的大法。九疇，即五事、八政、皇極、五紀、三德、稽疑、庶征、五福、六極。

九韶——傳說中虞舜時音樂名。

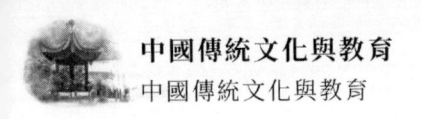

第三單元 中國學術思想史

一、兩漢經學

(一) 經學

經學是整理、註釋和傳授儒家典籍的新儒學。漢代的經學是中國前期封建社會統治階級的一種官方哲學，又以其不同的書寫文字、不同的研究宗旨和方法而分為今文經學和古文經學兩個不同的流派。這種學術上的不同流派反映在政治上則分別代表了統治階級內部當權派和在野派的利益，他們在漢代進行了長期的爭鬥，這種爭鬥一直延續到東漢末年。

	今文經學	古文經學
產生	收集民間的藏書，六國貴族遺老的複述	劉向、劉歆父子在整理藏書的過程先後發現七部儒家的古書
書寫形式	漢代流行的隸書	秦代流行的小篆
研究宗旨	微言大義、迷信——宗教化、陰陽五行	按字義講經、排斥迷信
研究方法	主觀臆斷	注重考證
政治態度	托古改制	主張復古
代表人物	董仲舒等	楊雄等
代表成果	《白虎通義》(班固作，他是古文經學者)	《說文解字》
共同點	嚴守家法和師法	
優點	重視解決現實政治、經濟問題	研究方法比較科學

《白虎通義》：公元79年，漢章帝大會群臣於洛陽白虎觀，講論五經異同，最後以皇帝的名義寫成定論（由班固執筆）。它是集今文經學的大成，也是今文經學的政治提要，它把封建迷信思想和封建倫理學說統一起來，成為封建社會的支柱。

(二) 讖緯

讖書──符讖，借助經義而附會出一種變相的隱語，預測吉凶禍福。讖書和緯書雖然形式不同，實質都是一樣，都是借助迷信思想的宣傳來鞏固當時的政權，後經隋煬帝下令焚燬，現在社會上還留存一些殘本。

緯──隻言片語的語言來預測吉凶。起於春秋戰國末年，是一種比今文經學更加荒誕迷信的學說。他們認為有經必有緯，把詩、書、易、禮、樂、春秋、孝經七種經書加以迷信的解釋寫成緯書，鼓吹符籙瑞應，即用迷信思想對經書進行解釋並給以系統的理論化。

二、魏晉玄學

它是對黃巾之亂和崇儒政策的反動。宣揚「以無為本，有勝於無」。其主要特點就是「清談」，代表人物是「竹林七賢」。

三、宋明理學（心學）

（一）什麼是理學

儒家經典的義理之學，它是吸收佛家和道家的思想成分，發揚儒家的倫理思想與政治哲學，把宇宙問題（世界觀、本體論）和心性問題（認識問題、社會問題）統一起來進行解釋的一種哲學體系。本體論是由老莊思想蛻變而來，心性論又進入佛家學說的範疇，所以理學是一種融合佛老於孔孟而組成的一種解釋物質與精神關係的新的哲學體系。

理學早期又叫「道學」。周敦頤著《太極圖說》。陳摶著《無極圖》，被周敦頤演化成《太極圖說》。《先天圖》被邵雍演化成《象數》，以後被道教所推崇。陳摶在華山隱居修道。

理學以天命論為核心，認為人的智、愚、賢、不肖以及富貴貧賤都是命中注定，並認為封建道德是一種天理，這種天理是世界的根本，鼓吹「存天理，滅人欲」。

明代的心學也是理學的一種。南宋陸象山開啟先河，鼓吹「宇宙即吾心，吾心即宇宙」。明代王陽明發展了這種主張，提出「良知」說，認為理（良知）是人類先天固有的道德。

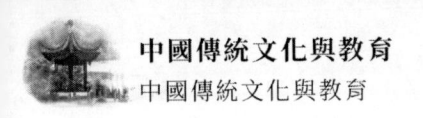

理學，無論是道學，還是心學，它們都是宣揚一種變相的僧侶主義和禁慾主義，以此來反對人們求生存、求溫飽，反對革命，維護統治階級的根本利益。

(二) 理學產生的原因

1. 經濟發展促進了科學技術的發展，開闊了人們的眼界，刺激了新思想的誕生。

2. 大地主與農民、大地主與中小地主、城市手工業生產者與大商人，以及民族間的矛盾，使兩宋在政治上存在複雜的社會階級關係。各階級和階層的思想家都從自己的立場出發從事哲學思想的研究和論述，從而促使了理學的出現。

3. 從思想史上看，漢唐以來一千多年的經學（訓詁或注疏）已不足以維繫人心，不能適應統治者的需要，因此當時的思想家們不得不另找革新學術思想的途徑，不得不改變研究正統思想的方向，於是融佛老與孔孟從更深奧的角度來發掘儒家適合統治者需要的精神就成為必然的了。所以從物質與精神方面、從萬事萬物的發生發展方面來推論社會發展的原因的理學就應運而生了。

(三) 宋代理學的流派：濂、洛、關、閩

濂：周敦頤因其住在廬山蓮花峰下濂溪旁，故名。著《太極圖說》，糅合儒道思想，主靜，是理學的創始人之一。

洛：程顥、程頤，因他們居住在洛陽，故名。程顥認為天即理、即心，封建的倫常道德就是天理。程頤主張理氣二元論，認為理在氣先。

關：張載，因其居住在陝西，故名。他反對佛老思想，提出「太虛即氣」，認為氣是宇宙的根本，氣的聚散變化形成各種事物現象，他是「二程」的表叔。

閩：朱熹，是程頤的次傳弟子，生於福建，故名，是宋代理學的集大成者。他融合孔、孟、周、程、張的思想加以綜合，主張理氣二元論，認為理是第一性的，物質的氣是理派生的，理是根本，理在氣先等。

宋代的理學雖然有很多流派，但它們不外乎是研究理、氣、心、性四個問題。「理」「氣」二字是宇宙問題，「心」「性」二字屬於社會問題。他們認為：

1. 理是永恆存在的，它是自然界和社會的最高原則，是天下的萬物都要遵循的普遍原則。

2. 在理、氣關係上，理是第一性的，氣（物質）是第二性的。

3. 這種理不是客觀事物的規律，因為事物的規律是不能生萬物的，這個理既能生萬物又能統轄萬物。

邵雍，理學創始者之一，他從李三才受道教、象數之學，以象和數的推演來解說宇宙的生成，著有《皇極經世》《伊川擊壤集》和《漁樵問答》。

（四）理學的實際政治意義

用精神世界來支配物質世界，把自然界道德化。程、朱繼承孟、董觀點，意圖混淆自然界與社會現象的本質區別，他們把封建的倫理道德規範說成是和自然界的客觀規律一樣，是一種不以人的意志為轉移的萬古長存的天理，是至善的，從而論證了封建禮教的合理性。

從這一謬論出發，理學家們提出了婦女餓死事小，失節事大，存天理、去人欲，反對婦女再嫁，反對人民反抗壓迫等觀點。天理實際上是一把殺人不見血的軟刀子，所以清代的一些學者曾痛斥理學家以理殺人。

（五）反理學的代表人物

在宋代理學大肆泛濫的時候，就出現了一批反理學的思想家：王安石、葉適、陳亮等。他們提出「天是自然的，無言、無為」「天變不足畏」，水旱天災是自然現象。葉適、陳亮還認為客觀世界是物質的，反對先於天地而

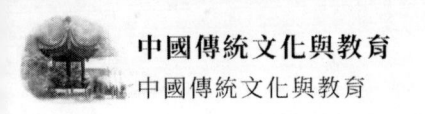

有理。明清時期的王廷相提出了氣是宇宙的根本，理生於氣，顏元更提出「誤天下、敗人才，宋人之學也」。

四、清代的漢學（又叫樸學）

清代的漢學又稱考據學和古文經學。清代的漢學家們是專門考證文字工作的一個學術派別，以顧炎武、黃宗羲、王夫之開啟先河，閻若璩、毛奇齡、戴震、焦循繼其後（龔自珍、魏源、康有為、梁啟超等是今文經學的大師）。

1. 清代漢學產生的原因。

2. 清代漢學的貢獻。

3. 清代漢學的缺點。

顧炎武（公元1613—1682年），江蘇崑山人，著有《日知錄》和《天下郡國利病書》。

黃宗羲（公元1610—1695年），浙江餘姚人，中年抗清，晚年著述《明夷待訪錄》，提倡民主，反對專制。

王夫之（公元1619—1692年），湖南衡陽人，著作豐富，後人編輯有《船山遺書》等。

三通四史

三通：唐朝杜佑的《通典》，共二百卷，分九門；宋朝鄭樵的《通志》，共二百卷；元代馬端臨《文獻通考》，共三百四十八卷（補《通典》）。

四史：《史記》為司馬遷作，紀傳體，共一百三十篇；《漢書》為班固作，開斷代史的先河，寫了十三帝；《後漢書》為范曄作，九十卷，是紀傳體；《三國志》作者是陳壽。

什麼是科學技術？

科學技術：科學和文化一樣是一個動態的難以界定的名詞，英國T.D.貝爾納認為科學在不同時期有不同的意義。

1. 科學：人對客觀世界的認識是反映客觀事物和規律的知識。（實事求是就是科學精神。規律：人類在生產生活實踐中發現事物之間有千絲萬縷的聯繫。）

2. 科學：反映客觀事實和規律的知識體系（不是單個的知識而是關於自然、社會和思維的知識體系）。

3. 科學：反映客觀事實和規律的知識體系相關活動的事業（稱為國家事業，科學家、企業家、政治家相結合）。

技術：古希臘亞里士多德把技術看作是製作的智慧；培根把技術看作是操作性的學問；法國狄德羅在其所編的《百科全書》條目中開始引用了技術條目，技術是為了某一目的，共同協作組成的各種工具和規則的體系。

1. 是有目的的活動（與科學相區別）；

2. 廣泛的協作；

3. 其首要表現是工具（設備、硬體）；

4. 另一種表現形式是規則（即生產使用的工藝、方法、制度等知識、軟體）；

5. 和科學一樣是「知識體系」，即成套的知識。

總之科學回答的是「是什麼」「為什麼」的問題，技術回答的是「做什麼」「怎麼做」的問題，技術是科學的延伸，科學是技術的深化，應當把兩者統一起來。

什麼是文化？

1.《易·象傳》解釋「賁」卦：「觀乎天文以察時變，觀乎人文以化成天下。」

2. 作為合成概念來自漢代劉向《說苑·指武》。

3. 什麼是文化？

（1）人民群眾在社會歷史實踐中創造的物質財富和精神財富的總和。

(2) 專指社會意識形態以及與之相適應的制度和組織機構。

(3) 泛指一般的知識。

(4) 指古代統治階級為維護其統治地位實施的「文智教化」。

(5) 文化一般可分為三個層面：表層指技術，中層指體制制度，深層指理論觀念。

4. 文化是一種歷史現象，每一個社會都有與其相適應的文化，並隨著社會物質生產的發展而發展；作為意識形態的文化則是一定社會經濟、政治的反映，又給以經濟巨大的影響和作用於政治。

5. 文化的外延越來越寬廣，內涵越來越豐富。國外有專家在20世紀50年代統計，文化已經有兩百多種表述，現在可能更多了。

第四單元 古代教育思想與制度

一、孔子的教育思想

1. 孔子生平、政治哲學思想。

2. 孔子的教育思想：認識、目的、對象、內容、原則。

3. 孔子的教學思想：目的、方法、意義、原則。

4. 孔子對中國古代文化教育的貢獻：創辦私學，刪定六經，總結了教育、教學經驗。

二、孟子的教育思想

（一）生平、政治哲學思想

1. 生平：前372—前289年。孟母擇鄰，思孟學派，孔孟之道，亞聖。

2. 政治思想：仁政，反霸道，制民之產，反楊墨，民貴君輕，勞心者治人。

3. 哲學思想：盡心，知命，知天；性善論；天命論；良知良能。

（二）教育思想

教育的作用和目的：得民心，明人倫。

教育的原則和方法：因材施教，啟發自得，易子而教，不屑之教。

（三）論學習

主動積極，專心致志，循序漸進，堅持不懈，由博返約。

（四）道德教育思想

內容：以仁禮為核心，孝悌為基礎。

方法：持志和養氣，反求諸己，與人為善，培養和鍛鍊意志。

三、《學記》的教育思想

（一）有關《學記》的幾個基本問題

1. 出自《禮記》，作者為思孟學派樂正克。

2. 產生的時代背景。

3. 性質：教育專著，先秦公私學校教育經驗的總結。

4. 主要內容

共二十段，1226 個字，可分為三個方面：

第一，古代大學教育的實際情形。

第二，作者對教育提出的一些主張（含前人的經驗）。

第三，記錄了古代教育的一般傳說和作者的理想，不一定是事實。

（二）《學記》的教育思想

1. 教育的作用和目的。

2. 教育制度。

3. 教育教學原則。

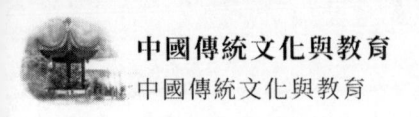

4. 教師的作用、條件和尊師。

5. 意義、積極性和侷限性。

四、學校教育

1. 官學教育：夏商西周奴隸社會的學校教育，兩漢的中央官學，唐代的六學二館，宋代的三次興學、醫學、化學，胡瑗的蘇湖教法，明代的國子監。

2. 私學和書院。

私學：形式，教材教法，管理。

書院：產生的原因，組織及教學，歷代書院發展情況，書院的意義。

五、選拔人才的制度

1. 先秦時期：養士。

2. 兩漢：鄉舉里選。

3. 魏晉：九品中正。

4. 隋唐：科舉。

5. 明清：八股取士。

切磋思索：骨曰切，牙曰磋，玉曰琢，石曰磨。

弑和征：上伐下叫征，下伐上叫弑。

牝牡：雌雄。

第五單元 道教和佛教

一、道家的思想

（一）道教的理論基礎

神學、黃老之學（核心思想是老子的無為）。

（二）道教的產生

1. 東漢末年，張角倡太平道，以《太平經》為其經典（其弟張寶、張果為人治病），河北的信徒達十萬之眾，自稱天公將軍，公元184年舉兵起義，兵士們頭裹黃巾，其口號是「蒼天已死，黃天當立」。這支軍隊後被董卓、曹操、孫權等鎮壓下去。

2. 張陵提倡五斗米道（也稱天師道），入道者應繳納五斗米，是江蘇豐縣人，後進入四川傳道，以符水為人治病（一說是張良——赤機子雲游不知去向，張陵是張良的九代孫，這個不可靠）。張陵死後其子張衡，張衡死後其子張魯（稱霸漢中三十年，公元215年投降曹操）。

（三）道教對中國傳統文化的影響

1. 有許多皇帝信奉道教，如北魏太武帝拓跋燾以及唐玄宗等。李白、杜甫、蘇軾等文人都信奉道家。道教對中國的化學、醫學等都具有開創作用。

2. 歷史地位。

道家（道教）思想在中國傳統思想文化的歷史發展中占有重要地位，發揮過獨特的作用，對文明建設和現代科學技術的發展也有不容忽視的影響。

（1）在哲學上，道家是中國哲學產生和發展的開山祖。（以自然哲學對抗儒家的倫理哲學）

①在本體論方面，提出「道生一，一生二，二生三，三生萬物」的命題，即道是產生世界萬事萬物的最後本源。後來產生了以莊周、王弼為代表的「虛無」或者「無有」即無能生有的哲學，以稷下道家以及漢代黃老學者代表的道即「精氣」或者「元氣」「氣」生萬物的思想。這兩種思想都有重要的價值，前者把中國哲學引向了思辨道路，對吸收、融合佛教哲學也做出了歷史貢獻，後者對中國古代思想家產生了很大影響。

②在發展觀方面，提出「有無相生」和「反者道之動」的命題，這實質是猜測到了矛盾相互依存和相互轉化的特性，為古代中國辯證法的發展奠定了理論基礎。

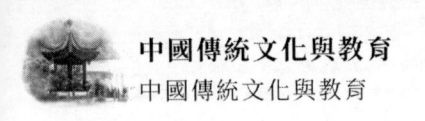

③在認識論方面，提出「靜觀」「懸覽「的直覺主義認識路線（這是唯心主義的），但道家提出「知常」作為認識的根本任務是有很大貢獻的。「知常曰明，不知常，妄作，凶」（強調認識並按規律辦事）。

(2) 在政治學說上，強調「無為而治」

儒、墨、法三家都強調有為而治，道家的無為而治的統治策略也有其合理的東西。漢初和唐初的無為而治，帶來了「文景盛世「和「貞觀盛世」，在古代歷史上，大動亂之後統治階級總是採取「無為而治，休養生息」的政策（要求統治者克己、自勵、少私寡慾，同時減輕對人民的壓迫和剝削），道家的這種「無為而治」迫使統治者對人民採取讓步政策，達到由亂到治的轉化。儒家的禮治在和平時期對鞏固封建統治秩序有很大作用。中國古代封建統治延續兩千多年，與統治者交替使用儒、道兩家的政治策略是分不開的。

(3) 在科技方面也取得了很大成就

①系統的養生理論。

攝生、衛生、長生久視，與天地萬物同歸，因此道家對養生、養氣道引術做了多方面的探索，積累了不少生理、病理及衛生保健知識。

②在天文學方面也做過很多探索。

《莊子·天命》《淮南子·天文訓》都對天地、日月、風雨、雷霆等自然現象產生的原因做過探索，這對於擺脫宗教影響和自然科學研究有很重要的作用。

在化學方面積累了很多經驗：採集藥石、燒煉精丹的實踐。對化學也做過有益的探索，葛洪從硫化汞中分離出水銀，李約瑟說道家具有一套複雜而微妙的概念……它是中國後來產生一切科學的基礎。

對中國文學、美學也產生過重大影響。（包括建築藝術）

(四) 道家思想的消極方面

1. 崇尚虛無，不務實際。

2. 放棄社會責任，鼓吹出世。

3. 片面強調獨立意識。

4. 鼓吹絕對自由，走向了玩世不恭。

（五）道德經

1.「道」，從一切具體事物中抽象出來的自然法則或規律，是脫離人的意識而獨立存在的，並不斷變化、發展。（人法地，地法天，天法道，道法自然）

2.「德」是宇宙間一切具體存在著的事物所含有的特性，它不能脫離具體事物而存在，從各個「德」綜合成一般的「道」，從一般的「道」表現為各個的「德」，有道便有德，相反沒有德也就沒有道。

3. 歷史上對道家（道教）的評議。

魯迅：「講中國根柢全在道教……以此讀史，有多種問題可迎刃而解。」（《魯迅全集》九卷《致許壽裳》）。

日本橘樸：「要理解中國人，無論如何要首先理解道教。」

二、佛教

1. 中國傳統文化的基礎是儒家和道家，它們共同構成了中國傳統文化的主動脈。如果不瞭解儒家和道家就不能瞭解中國的社會和歷史。但從文化發生學的角度看，人類文化從來就是多元共生，多元並存，多維發展的，在中國歷史上，佛教對中國文化和傳統的影響也是十分廣泛和深刻的。

2. 佛教傳入中國大約在西漢末年（漢哀帝元壽元年，即公元前2年）。官方有組織地輸入佛教是東漢明帝永平八年（公元65年），派郎中蔡愔和博士秦景，到天竺（印度）求佛經，結果得到了佛像和佛經（四十二章經），並迎回了沙門（高級僧人）迦葉摩騰和竺法蘭以及隨行的白馬，漢明帝在洛陽建白馬寺專門奉養。

3. 在中國最早流行的是小乘教，它的教義是人死精神不死，輪迴、布施。

4. 佛是佛陀的簡稱，意思是大覺，並有自覺、他覺的含義。在印度一切覺者均稱為佛。

5. 釋迦牟尼：釋迦為王族名，意思是能，牟尼意思是仁、忍、寂，合起來的意思是能仁、能寂，即是釋迦族的聖人。生於公元前562年至公元前552年之間，姓喬達摩，名悉達多，二十九歲出家修行，布道四十餘年，有很多著名的弟子。

公元前100年佛教分化為上部座和下部座。上座部即小乘教，以自利為主；大座部即大乘教，自利兼他利以，他利為主。這個時期代表佛教的經典是《阿含經》，它的含義十分複雜，除瞭解脫哲學外，還有萬物有靈、祖先崇拜。

6. 中國人接受佛教思想的過程可分為三個階段：

（1）東漢至魏晉時期（公元25—420年），從事佛經的翻譯和傳道。

（2）南北朝時期（公元420—581年），格義（用老莊思想解釋佛教的教義），佛教中國化從此開始。

（3）隋唐時期（公元581—907年），佛教有了新的發展，形成了中國特有的佛教。這個時期是佛學發展的黃金時期，中國佛學的成熟時期，相繼出現了許多派別，最有影響的有四大派：

①天台宗，創始人智顗、慧文、慧思、智顗誦《妙法蓮花經》而得法華三昧（即奧妙），故又稱為華法宗，主要觀點：人性本惡，故沉淪苦海不得解脫，要求得解脫就需要透過「空」「假」「中」，即「圓融三諦」說。

②唯識宗，又名法相宗（大聖教），玄奘為創始者。玄奘，河南偃師人，俗姓陳，十五歲出家，公元629年出玉門關西行，歷盡艱辛到達當時天竺文明古國——摩羯陀國，歷時十七年。於公元645年返回長安，專門從事佛經的翻譯，所寫《大唐西域記》是研究印度、尼泊爾、巴基斯坦、孟加拉等中亞各國的重要史料，其弟子為窺基。

③華嚴宗，又稱賢守宗，創始者杜順。創理事無礙世事無礙，即一切事物本來就不存在，存在均是理構成的。

④禪宗，唐代建立，「以心傳心，不立文字」。二十八代祖菩提達摩傳入中國，禪宗傳自五代祖弘忍（公元 601—675 年），分為北宗神秀、南宗慧能六祖。學術界普遍認為禪宗的真正創始人是慧能。禪宗的教義是識心見性，佛心人人有，不需外求，只要認識本心即可達到佛界。其修行方法即空無所入，反對坐禪，認為心不亂就算坐禪，求佛的方法即無妄念，不主張積累成佛，提出頓悟成佛。

禪宗是生活的宗教，它最少宗教的形式和內容。它不是宗教，而是一種生活態度，成佛賴於物，物在於親身體驗，體驗又源於日常生活，任何權力和他人都不能代替。

7. 佛教的影響。

（1）人格上：避世、退讓，尋求心靈的安逸。

（2）民俗上：輪迴、臘八節、潑水節。

（3）科技上：天文、數學。

（4）醫學上：眼科、外科、養生。

（5）邏輯學上：《因明學》。

（6）文學上：在外來成語中，佛教占了百分之九十以上，有 3.5 萬字之多。

關於宗教

詞源學：

英文——religion，意思是神聖的事物或宗教。

希伯來文——dat，意為命令、法律表示猶太民族對神的意志的敬重。

梵文——用 dharma 來表示，漢語達摩是其音譯，意思是法。

中國傳統文化與教育
中國傳統文化與教育

中文的宗分「宀」「示」，意為神祇，即神居住的地方。宗作為名詞，古代的意義很多，有祖先、宗族等，作為動詞則有祭祖先、祭日月山川之意。

「宗教」二字合稱在中國起源於佛教，反映了對祖先的信仰和崇拜。

宗教是一種社會歷史現象，是人類發展到一定歷史階段的產物。它的產生、演變和發展受到人與自然、人與社會、人與人以及人的實踐能力和思維水準之間的關係的制約。據考古研究，人類原始宗教大約產生於公元前4萬年到1萬年之間的舊石器時代末期。人類對自然的依賴和敬畏，一種超自然的力量存在，把自然物變成神明。（周口店的山頂洞人，有金屬紅色粉末和史前的裝飾物隨葬，1856年也發現四萬年前人類的隨葬品有紅色錘石和工具。）

奇偶精神

主要講分離與結合，是中國古代思維方式的重要特徵之一。古人在農耕的實踐中，觀察到山的向陽面和背陽面，於是創造了陰、陽這兩個在中國傳統文化中最常見的範疇。當人們用陰陽解釋自然、人事變化的時候，又在算學的計算方面得出了奇與偶的概念。當人們探索自然祕密和人事的變化時，有時從奇去看事物的構成和變化，有時又從偶的相生相對去把握自然和人事變異的道理，由此產生了生動活潑、豐富多彩的思維活動，安危、動靜等孔子的中庸思想，宋儒的合二為一以及城市的布局、建築都是奇偶對應。

學術雜談

▎中國文化與德育

一、中國文化的基礎是倫理道德

　　廣義的文化是指人類社會歷史實踐過程中所創造的物質財富和精神財富的總和，特指作為精神財富的社會意識形態及相應的制度和組織機構。

　　文化是一種歷史現象。歷史發展的每一時期、每一種社會形態都有相應的文化，如原始文化、奴隸制文化、封建文化等。各個時期的經濟制度、社會關係不同，各個時期的文化表現出各自的特點，呈現出階段性。

　　但文化並不僅僅由政治和經濟決定，它總是與屬於某個地域的一定民族長期、共同的生活聯繫在一起，而且後起的文化總是建立在已有文化的基礎之上。儘管江河沉浮，但卻有許多基本的文化因子使各階段的文化有許多共性。

　　文化中直接被政治經濟制度影響或決定的部分隨著世事滄桑或蕩然無存，或面目全非，屬於文化的表層結構。而其中基本的，在某種程度上超越社會形態的相對穩定的部分，則是文化的深層結構。正是有這種深層結構，才使某個民族的文化具有鮮明的個性特徵，才形成獨特的、異於其他民族的文化現象。

　　在同一時期，同一種文化還可以分為若干部分或種類，如飲食文化、行為文化等，道德與德育（包括理論和實踐）便是文化的一個組成部分。各種類型的文化現象構成了文化的總體。在文化總體中每一部分都與其他部分有著千絲萬縷的聯繫，在某種程度上可以說，每一特定類別的文化現像是建立在文化總體的基礎上、被文化總體所決定的，而文化總體又是植根於民族共同生活的土壤之中的。

中國傳統文化與教育
學術雜談

綿延五千年的中國文化的基礎便是倫理道德。早在原始氏族公社時期，先民就重視以倫理道德來約束人的活動，調節氏族內部成員之間、氏族與氏族之間的關係。傳說古代先王「敬敷五教」，而五教「皆所以明人倫」。

夏商以至西周，重民保民思想逐漸得到發展。這種敬天保民、重視現實人生的思想，後來一直是中國哲學思想的主流。現實社會是要透過一定的形式加以組織的。先秦時期出現過主張以刑罰來組織社會的法家和主張道法自然、無為而無不為、否定人類文明的道家，然而最終還是提倡仁義道德的儒家占了上風。

這並非歷史的偶然，而是因為儒家以道德為核心的理論體系符合中國文化的既有結構，符合早已存在且正在發展的重視倫理道德的傳統。所以，從漢代獨尊儒術開始，儒家思想就被歷代封建統治者奉為正統。不僅如此，它所提倡的一系列倫理道德規範，也逐漸深入人心，成為民族心理、民族性格的一部分。

這反過來又鞏固了儒家在中國文化中的主流地位，使它根深葉茂，具有強大的抵禦外部衝擊的能力和同化力。它先後吸收和同化了中國的諸子百家學說，頂住了道教和佛教的猛烈衝擊，並入其室而操其文，改造舊儒學，產生出理學，與佛教、道教對抗。

宋以後，儒家學說不僅成為士大夫的性命之學，其基本的道德觀念在一般百姓中也根深蒂固。儒家倡揚道德雖非其始，但它把華夏民族重道德倫理的傳統加以弘揚，把倫理思想系統化、理論化，透過德育來影響統治者，培養統治人才，透過德育來影響社會風氣，透過德育來「用夏變夷」。

由於儒家的不懈努力，道德倫理意識滲透到中國文化的各個方面，中國逐漸成為倫理型社會。儒家思想占統治地位的封建社會是中華民族的融合形成期，也是民族國家的形成期。因此，儒家倫理道德思想不僅對民族性格的塑造、民族心理的形成有根本的影響，而且以積澱下來的文化大傳統的方式對今天產生著廣泛而深刻的影響。

二、作為特殊教育的德育

　　由於中國文化的基礎是倫理道德，德育很自然地居於教育的首要位置。在封建社會，教育的實質就是德育。《論語》載「子以四教，文、行、忠、信」。「行」「忠」「信」是直接的德育，「文」處於什麼地位呢？孔子說：「弟子入則孝，出則悌，謹而信，泛愛眾，而親仁。行有餘力，則以學文。」可見，「文」是從屬於德育的，即使是軍事競技方面的課目也要體現某種道德精神，像「射不主皮」「揖讓而升」「其爭也君子」一類。

　　教育總是為一定的政治、經濟服務的，德育也是這樣，然而德育畢竟不是政治。可是在中國歷史上，德育總是不同程度地被當作政治的一部分。

　　早在氏族公社末期，部落首領就有意識地利用德育來調節內部關係。《史記·五帝本紀》載，舜命契曰：「百姓不親，五品不遜，汝作司徒，而敬敷五教，在寬。」「五教」即五常之教，指父義、母慈、兄友、弟恭、子孝。夏、商、周三代統治者都把德育放在重要的位置。

　　「夏後伯啟與有扈氏戰於甘澤而不勝。六卿請復之，夏後伯啟曰：『不可。吾地不淺，吾民不寡，戰而不勝，是吾德薄而教不善也。』於是乎處不重席，食不貳味，琴瑟不張，鐘鼓不修，子女不飭，親親長長，尊賢使能，期年而有扈氏服。」（《呂覽·先己》）這一記載雖不必盡合歷史，但夏後伯啟有意識地利用德育來團結部眾、為其征伐天下的政治目的服務則是可信的。

　　到西周時期，學校已具雛形，有國學、鄉學之分，其教育內容皆以「明人倫」為中心，灌輸奴隸主階級的政治意識和道德觀念。「春秋教以禮樂，冬夏教以詩書」（《禮記·王制》），還在中央設立掌禮儀教化的司徒一職。「司徒修六禮以節民性，明七教以興民德，齊八政以防淫，一道德以同俗。」（《禮記·王制》）夏、商、西周三代的教育特點就是學在官府，政教合一，官師合一，也足以說明教育與政治關係之密切。

　　春秋時期興起的儒家對德育和政治的關係進行了系統、深刻的闡述。孔子明確指出，德育是一種特殊的政治。認為單純的整治措施和刑罰僅僅能使老百姓因畏懼而免於犯罪，卻無廉恥之心。只有透過「德育」來感化、用禮

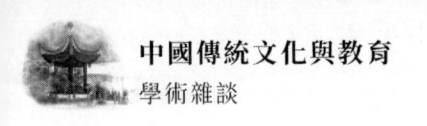

儀來約束，才能使老百姓具有廉恥之心而誠心歸服。有人問孔子，你為什麼不做官從政呢？孔子回答說，把孝順父母、友愛兄弟的風氣影響到政治上去，就是參與政治了，何必一定要做官才算是從政呢？

在儒家的「禮樂刑政」思想中，禮樂（道德）教育為主，刑罰為輔，所以儒家自稱其政治為德政或仁政。孔子之後，儒家分為孟、荀兩大派系，一個主性善，一個言性惡，吸收了法家法治思想，但主張社會需要用道德去組織，人需要透過德育來感化和改造這一點上卻無二致。孟子認為實行「仁政」便可以「無敵於天下」；荀子則把禮作為「人道之極」，又說「禮義者治之始也」（《荀子·王制》），「明德慎罰，國家既治四海平。」（《荀子·成相》）儒家要培養的輔佐君王的士、君子並不需要專門的行政訓練，他們只是作為老百姓的道德表率，根據「君子之德風，小人之德草，草上之風必偃」（《論語·顏淵》）的認識，透過修己—治人的過程去建立社會道德秩序兼政治秩序。在中國歷史上，從未出現過西方那種政教分離現象，政權和教權始終是統一的，這對中國各階級社會的穩定起了積極的作用。

到了近現代，德育萬能、德育代替政權的情況得以改善，但是德育作為一種特殊的政治在文化深層結構的意義上仍然沒變，沿用儒家德育思想，提出將「四維」（禮、義、廉、恥）「八德」（忠、孝、仁、愛、信、義、和、平）作為校訓和國訓，以規範人民的思想和行動，維護其統治。

三、中國德育以孝悌為始基，仁為基本精神

孝親敬長是中華民族的優良傳統。孝悌觀念始於原始社會氏族公社時期，氏族成員的生產生活知識來源於經驗的積累，年長的通常比年幼的經驗要多，因而受到尊敬，形成序齒的風俗，表現為上帶動下。即便是老人無法進行生產勞動，但經驗豐富的他們主要從事撫育下一代、向氏族成員傳授經驗的活動，並成為被奉養的對象。

此種指孝。如此種情形表現在同一代人，則為悌。像有虞氏、夏後氏都設有專門的養老場所：庠、序。進入階級社會以後，特別是到西周時期，建立起以家族為中心、按血統遠近區別嫡庶親疏的宗法制。孝悌觀念便融入了

鮮明的等級色彩。儒家進而把孝悌作為一切道德觀念的始基。「孝悌也者，其為仁之本歟？」其他諸如忠、節、信、義皆由此生發。

儒家認為家庭是國家的縮影，國家是家庭的擴展，家庭內的長幼關係類似國家的君臣關係，即與政治相一致。在家能孝悌，方能立身處世，所謂「百善孝為先」「忠臣必出於孝子之門」，故孝悌被作為德育的起始。從德育理論的角度進行分析，一個人生活在社會上，首先要學會待人接物，學會做人，學會處理各種社會關係，而人出生後最早接觸到的就是家庭的成員，要最先學會的也是處理家庭成員間的各種關係，又因為人從出生一直到青少年階段通常與父母兄弟姐妹生活在一起，家庭對個人一生的發展有巨大影響。

況且中國歷來提倡世代同堂，「父母在不遠遊，遊必有方」，家庭對個人的影響就更加突出。所以把孝悌作為德育的起始就符合人類社會生活的實際，符合中國倫理型文化的特點。孝悌觀唸作為人之常情，既易被人們接受，又具有對各個階級階層都適用的普遍性。因此，儘管近現代以來，社會制度發生了巨大變化，孝、悌觀念的內涵發生了極大變化，但對社會成員（特別是對兒童、青少年）的德育，無不是從孝、悌開始的。

「仁」的概念是孔子提出來的。其基本點：一是「仁者愛人」，要求以人道的方式對待人、與人為善；二是「克己復禮為仁」，即以禮（道德）來約束自己的言行，所謂「非禮勿視，非禮勿聽，非禮勿言，非禮勿動。」

仁是一種內在精神，它透過一系列道德倫理規範來體現。為了體現仁，孔子提出推己及人的原則，也就是忠恕之道，從積極方面說是「己欲立而立人，己欲達而達人」；從消極方面說是「己所不欲，勿施於人」。在發生人己衝突時，要反求諸己，「躬自厚而薄責於人」，這樣就能協調人際關係。因而，儒家的學說被稱為「仁學」。

在階級社會裡，抽象的仁是不存在的，但從德育理論的角度看，「仁」講了兩方面問題——修己與善群。這卻是任何社會形態的德育都要涉及的。仁的精神是與人為善、愛人，雖然在不同的社會里仁愛的對象、範圍、程度各異，但也有普遍性。仁的字形是從人從二。因此，仁的思想強調社群性和

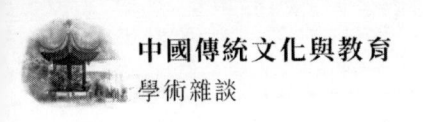

集體主義精神，不允許有個人主義、利己主義、自由主義的人存在，個人的價值必須在社群中體現，受社群成員的評判和認定。

人是在社群中被定義的，不受任何人倫關係或集體關係定義的個體是不能設想的。因此，中國的道德觀念總是成對出現，如父慈子孝、兄友弟恭、夫敬婦順、朋友有信等。如果有人試圖擺脫被社群定義，則被視為是不道德的。

仁的思想對中國文化影響深遠，使中國文化具有強大的凝聚力。世界上其他古代先進文化，如巴比倫、埃及和印度文化，在時代變遷的過程中或終絕，或衰落，唯獨中國文化經受住了時代的考驗，數千年綿延不絕。究其原因，與仁的思想和以此形成的民族凝聚力有很大關係，仁成為中華民族精神的標誌，也是中國德育的基本精神。

四、重視榜樣的中國德育

德育與一般知識教育不同，它不單使受教育者掌握一些觀念，還要使受教育者把道德認識轉化為道德行動，養成道德行為習慣，形成道德品質。因此，舉凡任何國家的德育都重視榜樣教育，但是中國德育理論把榜樣教育放在舉足輕重的位置，予以特別強調。推究起來，大致有以下幾方面原因。

首先，是德育實踐過程中經驗的總結，認識到身教重於言教這一特殊教育規律。孔子說：「其身正，不令而行，其身不正，雖令不從。」（《論語·子路》）孟子說：「身不行道，不行於妻子；使人不以道，不能行於妻子。」（《孟子·盡心下》）而且，榜樣教育透過榜樣的言行事跡，把深奧的德育原理、道德規範形象化、具體化、人格化，使受教育者受到感染，對於提高受教育者的道德認識、陶冶道德情感、磨煉道德意志，都能造成促進和導向作用。具體而言，榜樣教育有三方面作用：

一是激勵作用，像岳飛、文天祥的浩然正氣激勵了無數仁人志士；

二是調節作用，以榜樣來督促受教者的言行；

三是矯正作用，受教育者與榜樣對照，可以發現自己的不良行為，從而自慚自勵，改過遷善。

其次，與中國文化重繼承的思想有關。這種重繼承的思想就文化深層結構而言，是追求一種相對穩定的、以不變應萬變的格局。如孔子說：「殷因於夏禮，所損益，可知也。周因於殷禮，所損益，可知也。其或繼周者，雖百世可知也。」（《論語·為政》）董仲舒說：「天不變，道亦不變。」這些都反映了上述重繼承的思想。

在家庭中這種思想表現為對上一代人的模仿，晚輩如果不受祖訓丟掉了好的家風，便被斥為不肖子孫。肖，似也，即認同祖父輩，俗語云「言行要留好樣於兒孫」，上一代人便成下一代人的榜樣。推而廣之，教師也成為學生的榜樣。

再次，與人性本善、萬物一體的傳統認識有關。性善論，認為人具有天賦善性，對善的事物能產生愉悅之情。孟子說：「心之所同然者何也？謂理也，義也。」「禮儀之悅吾心，猶芻豢之悅吾口。」這些為榜樣教育提供了理論基礎。萬物一體的認識著眼於萬物間的共性，認為同類相通、同氣相感。人類之間總是互相感通的，只要有一個道德榜樣，就可以帶動全體。《大學》說「一家仁，一國興仁；一家讓，一國興讓」，就是對榜樣作用的誇大說明。

由於以上三方面原因，中國歷代教育家都十分重視榜樣教育。不僅在理論上加以論證，在實踐上也進行了多種嘗試。封建統治者以名儒堪為楷模者從祀孔廟，對民間孝子順孫、烈女節婦予以旌表、樹碑立坊，或載入史冊，或編入蒙學課本，讓人學習做法，德育效果顯著。

五、中國德育是培養理想人格的教育

由於中國社會是一種倫理型社會，道德成為最高的價值標準，因而中國德育的領域就十分廣泛。它不僅要使受教育者具備一定的道德品質，還對受教育者的情感、氣質、性格，對人的一切方面都提出要求，它實際上是一種理想人格教育。

西周以降,商代重鬼敬神的思想被重民思想取代。子產說:「天道遠,人道邇。」春秋戰國諸子百家多重視現實生活。有人說中國文化是溝通人與人的文化,還有人認為中國古代就是奉行人本主義的,姑不論這些觀點是否確當,但重視人的價值卻是事實。中國古代哲學把人作為三才(天、地、人)之一,是事物之長,獨具靈異。中國哲學也很少去窮究宇宙本源,而是側重研究人,研究天人關係以指導人生。

古代一直激烈爭執的「人禽之辨」,最終人禽的根本區別在於人類有道德而禽獸有知而無義的觀點被普遍接受。孟子說:「人之有道也,飽食暖衣,逸居而無教,則近於禽獸。」(《孟子·滕文公上》)人並非生物意義的,而是有為人之道。這為人之道內容廣泛,但都被納入到以倫理道德為核心的範疇中來,所以中國古代的德育是全方位的,是關於如何做人的學問,它不僅包括道德品質,還滲透到人的興趣、愛好、衣食住行、氣質性格等各方面。在這些方面,中庸被作為最高的道德原則。

孔子說:「中庸之為德也,其至矣乎?」要求不偏不倚,防止過猶不及。在氣質性格上,歷代皆以樸實忠厚為高,極力避免聰明太露、個性太鮮明,所謂「剛毅木訥近於仁,巧言令色鮮矣仁」。顏之推《家訓》中說:「屈原露才揚己」「宋玉體貌容冶」,認為屈原為了顯示自己、宋玉好修飾外貌都是譁眾取寵,統統歸為輕薄一類。

在情趣愛好方面,如書畫室內陳設不僅僅是衡量人的藝術修養,更主要是衡量人的道德修養境界。士大夫往往以青松、寒梅、修竹、幽蘭自擬,以示節操。即使是衣食住行這些最基本的生活細節中也是如此。朱熹的學生曾問:「飲食之間,孰為天理,孰為人欲?」朱熹回答說:「飲食者,天理也,要求美味,人欲也。」道德高尚之士往往是深居簡出,居室樸陋清雅,飲食粗淡,衣著無華。久之,在中國人心目中對這類人形成了認識上的定型。

目前社會上對模範人物的印象就是工作和表現堪為楷模,而生活則是簡樸的,模範人物也以這些定型化認識來要求自己。儘管像服飾一類不過是反映一個人的審美趣味,但他們主動與新潮時裝絕緣,這種情況因西方觀念(如既要勞動工作,又要盡情享受)的傳入而有所改變。

在階級社會裡，理想人格與統治階級的意識是分不開的。封建社會，理想人格不是一種，而是根據不同的階級、階層分成不同層次和類型。概言之，即是《中庸》所說：「素富貴，行乎富貴，素貧賤，行乎貧賤。素夷狄，行乎夷狄，素患難，行乎患難。」對於勞心者來說，理想人格是聖人、賢人；對勞力者則是勤勉奉上、安守本分的順民。

六、德育的多渠道化

德育的多渠道化是指德育不單靠教育機構和社會宣傳來實施，而是由生活的一切方面共同完成，也就是由宣教機構、文學藝術、民間團體、家庭生活、社會交往、宗教等多種渠道來完成。這固然是與中國的倫理型文化有直接關係的。

文學藝術方面，封建時期做文獻賦的根本目的在於「上照三綱，下達五常」。聖人以開物成務，君子以立言見志，褒德序賢，明動證理。孔子把《詩》作為教學內容，不僅僅因為它「可以興，可以觀，可以群，可以怨」，主要是因為它內容純正。「《詩》三百，一言以蔽之，曰：『思無邪』。」歷代文化家都注重文章辭賦的德育意義，以「文以載道」為基本宗旨，形成重道輕藝、重行輕文的傳統。

對於文辭競逐光華、炫耀文采一類，皆被斥為雕蟲小技、捨本逐末。民間的俗語村言、童蒙韻語一類作品中，也有明顯的德育成分，《增廣賢文》便是典型。這類作品淺顯易懂，有一定故事性，易上口、易背誦，內容多與人倫日用有關，將道德觀念融匯其中，影響範圍很大，許多作品一直流傳至今，德育效果是不言而喻的。

音樂、舞蹈、美術方面也是如此。《禮記·樂記》明確指出：「凡音者，生於人心者也。樂者，通倫理者也。」「是故先王之制禮作樂也，非以極口腹耳目之欲也，將以教民好惡，而反人道之正也。」古代教育家認為樂不徒為滿足人精神上的享受而設，它反映了天地間尊卑等級，體現統治階級的政治理想和道德準則。

樂的內容是主要的，樂的藝術價值是次要的，即所謂「德成而上，藝成而下。」（《禮記．樂記》）《禮記．樂記》說：「情動於中，故形於聲，聲成文，謂之音。是故治世之音安，以樂其政和；亂世之音怨，以怒其政乖；亡國之音哀，以思其民困。」孔子要求「放鄭聲」，因為鄭聲淫邪。

荀子在《樂論》中說：「凡奸聲感人而逆氣應之，逆氣成象而亂生焉；正聲感人而順氣應之，順氣成象而治生焉，唱和有應，善惡相像，故君子慎其所去就也。」樂以感人至深的力量，對人施加道德影響，特別是陶冶道德情操。禮、樂具體作用不同，禮分別貴賤；樂和同工，殊途而同歸。

繪畫作品也是統治者化民成俗，進行德育的重要形式。繪畫作為社會文化環境和心理環境的重要組成部分，對人們的生活方式、風俗習慣、價值觀等方面起著潛移默化的作用，同時又有巨大的影響。唐張彥遠說：「夫畫者，成教化，助人倫，窮神變，測幽微，與六籍同功。」（《歷代名畫記》）繪畫的功能與六籍（六經）是同樣的，道德觀念要在畫中巧妙地表現出來。

所謂「蓋古人必以聖賢形象，往昔事實，含毫命素，製為圖畫，要在指鑑賢愚，發明治亂」（《圖畫見聞志》），最後達到「觀畫者，見三皇五帝，莫不仰戴；見三季易主，莫不悲惋；見篡臣賊嗣，莫不切齒；見高節妙士，莫不忘食；見忠臣死難，莫不抗節；見放臣逐子，莫不嘆息；見淫夫妒婦，莫不側目；見令妃順后，莫不嘉貴」（《歷代名畫記》）的目的。

透過文藝作品進行德育就是要提倡健康的文藝作品，取締不健康的、格調低下的文藝作品。雖然在不同社會健康與不健康的標準不同。直到現在文藝作品仍然過分強調「社會功能」，如「塑造英雄人物形像是文學藝術的根本任務」，這就是只重教育作用，而忽視認識、欣賞作用。

在音樂方面，「功能性」講得過多，而忽視了音樂的審美性和娛樂性。在音樂美的論述上強調得更多的是美的階級性而忽視其共同性的一面。這雖然是從文藝批評的角度談論當前音樂創作中的偏頗之處，但從側面反映了利用文藝進行德育的傳統仍然得到保持。

透過家庭進行德育也是一條重要渠道。西周時期就提出了「胎教」思想，要求孕婦「立而不跛，坐而不差，笑而不喧，獨處不倨，雖怒不罵」（《大戴禮》），使胎兒在母體內受到良好影響。出生後，逐漸教以愛親敬長、灑掃應對的禮節，把培養子女的德、行看成是父母的義務，「養不教，父之過」，並認為幼小時在家庭中所受教育往往決定一生。

為此，歷史上許多學者專門編寫了諸如治家的格言、家訓、家戒、幼儀雜箴、小兒語一類著作，林林總總不下數百種，都是以德育為中心的全面的人生指導，對培養兒童、少年的良好品行起了積極的作用。

此外，宗教活動也含有德育成分。中國本土產生的道教，在魏晉時期開始與儒家結合，道教理論家葛洪說「道者儒之本也，儒者道之末也」（《抱朴子內篇明本》），提倡以道教精神為本，儒家理論為用。「為道者以救人危，使免禍，護人疾病，令不枉死，為上功也。欲求仙者，要當以忠孝和順仁信為本，若德行不修，而但務方術，皆不得長生也。」（《抱朴子·內篇·對俗》）北朝道教代表人物寇謙之，更進一步把儒家倫理道德引入道教，成為教義，其中有「臣忠子孝，夫信婦貞，兄敬弟順，內無二心」，及「道以中和為德，以不和相剋。是以天地合和，萬物相生，華果熟成；國家合和，天下太平，百姓安寧；室家合和，父慈子孝。」（《正一法文天師教戒科經》）

產生於天竺的佛教一傳入中國便開始了被中國文化過濾和同化的過程。沙門不教王者，不奉侍父母，不耕織勞作等教義逐漸被取消，融入中國的倫理規範，如孝父母、敬長者、別男女、勤勞作等。無論是土生土長的道教還是舶來的佛教，都具有某種德育的功能。封建統治者正是看到了這一點而大力扶持，以至唐中期就有人鼓吹三教同源、三教合一。直到今天，各教派的活動中，配合社會對信徒進行德育仍是一項重要內容。

總之，中國文化有很濃厚的道德色彩。一方面，由於文化大傳統的影響，德育在歷史發展的每個時期都被重視；另一方面，德育又反過來促進了倫理化社會的形成，千百年來，使中國以「禮儀之邦」著稱於世，中華民族的優秀品質都與重視德育分不開。

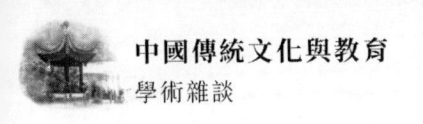

道德是一種歷史現象，在階級社會裡，沒有超階級的道德，也不存在超階級的德育，德育也具有歷史連續性和繼承性。歷史上總結的德育理論有些揭示了德育與經濟、政治的關係，有些反映了德育的一般規律。

即使是時代性很強的道德觀念也可以分為兩個方面：一方面是被社會關係特別是階級關係決定的，如忠、孝、節、義，在封建社會浸淫著等級和宗法思想，這一部分內容，隨時代變化而受到批判和改造，甚至摒棄；另一方面，道德觀念的形成與民族長期共同生活相聯繫，受文化傳統影響，像「孝」的觀念，除了「父要子亡，子不敢不亡」的一面，還有夫婦和睦、互敬互愛的一面，這一部分，雖然政治制度變化了，社會形態不同了，卻以民族文化傳統的方式積澱下來，代代相傳。我們要繼承的主要也就是這一部分。

文化是不能割裂的，今天的德育也不可能不借鑑過去的經驗教訓，更不能脫離中國文化這一廣闊背景，不能脫離中華民族共同生活這一深厚基礎。試圖取消文化傳統去建立新的文化教育體系，好比建房只要懸之虛空的第三層，其結果只能是徒勞的。

總結過去是為了更好地服務於現實。為了振興中華，繼承優秀的民族道德傳統，弘揚民族精神是非常重要的。同時，在歷經損毀和面臨西方文化強大衝擊的局面下，又是很困難的。真可謂任重而道遠。

巴蜀古代教育的豐碑

巴蜀文明歷史悠久，教育活動也同樣源遠流長。原始社會的巴蜀先民們，在極其簡陋、艱難的條件下頑強地繁衍生息，一點一滴地積攢著早期文明，並在生產、生活過程中將這些積攢起來的經驗在同類中橫向傳播、分享，向下一代傳授以使之縱向流傳。蜀中杜宇「教民務農」「巴亦化其教而力農務」「蜀嘗大水，宇率居民避長平山」等傳說反映了這一點。

三星堆和金沙遺址等處出土的精美器物所展現出的高超的生產工藝，顯然也離不開技術上的教授學習與流播傳承。到原始社會末期，隨著生產力水準的提高，文化、宗教、藝術活動的產生與發展，原始教育在積累、傳播知

識並促使人類智慧再生方面的職能也越來越重要，並逐漸分化出少數專門從事腦力勞動的「文」職人員——巫師。

在屬於寶墩文化的郫縣古城村遺址中部，考古工作者發現了一座長約 50 公尺、寬約 11 公尺，面積約 520 坪的大型建築基址，橫亙其中部的是 5 座由東北往西南依次排列的長方形卵石台基，台基之間間距 3 公尺左右。有學者研究認為，這 5 座卵石台當屬宗教性設施，並與其所在的大型房屋一道，構成城內的大型宗教、禮儀活動中心，亦即早期的宗廟。

由此我們可以想見，在 4000 多年前的這一宗教建築裡面，已有與生產勞動相分離的文化教育活動。這種教育活動以古蜀國重要思想觀念和文史資料傳承為主要內容，以宗教儀式等為主要承載形式。

偉大的創舉——文翁興學

西漢時期，隨著「文景之治」時代的到來，注重文化、尊重學者、扶持學術之舉漸多。文帝時「天下無治《尚書》者，獨聞齊有伏生，故秦博士，治《尚書》，年九十餘，老不可征，乃詔太常，使人受之」。晁錯受遣學成歸來，便被重用，「詔以為太子舍人、門大夫，遷博士」。公元前 140 年，漢武帝繼位，崇儒術、興文教之風漸盛。

公元前 134 年，採納董仲舒「罷黜百家、獨尊儒術」之策，聽取其「立學校之官，州郡舉茂才、孝廉」之議。公元前 124 年，詔「令禮官勸學，講議洽聞，舉遺興禮，以為天下先。太常其議，予博士弟子，崇鄉黨之化，以厲賢才」，丞相公孫弘「請為博士置弟子員」，博士開始擔負起培養弟子的官定職守，漢代官方學校教育產生了——雖然還僅僅是立於京師的中央官學。

中國封建社會最早的地方官學，為西漢景帝、武帝之際文翁在蜀郡所開辦。如前所述，文、景、武帝時期逐漸重教崇儒的政策動向，正是文翁得以成就此舉的時代背景，這是一個方面。另一方面，巴蜀之地之所以能最早興辦地方官學，與中央政府相呼應，也有其特定的歷史條件。巴蜀之地因其為秦所有甚早，並作為秦霸天下的戰備糧倉經營百餘年，李冰築堰之後便如《華陽國志》所載，「水旱從人，不知飢饉」「時無荒年，天下謂之天府」。

再經過漢初半個多世紀的社會安定局面，巴蜀經濟繼續穩步發展，到文帝末年，已是「世平道治，民物阜康」了。就文教事業而言，巴蜀之地雖然有著悠久的文化史，但其屬於中華多元一體的大文化中最早的源頭之一，在秦漢以前一直獨立發展而不同於中原華夏文明。

雖然巴蜀文明與中原文明的交往和相互影響甚為久遠，但直到秦政權進來以後才得以透過官方大面積地與中原文化溝通，而秦又漠視和抑制文教，「蜀承秦後，質文刻野」，因而直到西漢王朝建立，以包括儒家在內的諸子百家為主要內容的中原文化，在巴蜀之地都基本上沒有多少流傳。

秦時進來的移民，也僅僅是帶來了中原文化的種子，而當時的政治空氣是不可能允許其滋生、蔓延的，所以「蜀化辟陋，非齊魯諸儒風聲教化之所被。」漢初繼續實行郡縣制，越來越多的中原人士進入巴蜀為官，其中自然不乏文人，加之中央政府又開了文禁，中原文化便陸陸續續、源源不斷地流傳進來，為雖已久「染秦化」，卻還很少接觸到中原諸子百家思想的巴蜀人士打開了窗口。

到景帝末年文翁來蜀時，雖然他所見到的仍是「蜀地辟陋，有蠻夷風」，但這比六七十年前西漢立國之初的情況已經好了很多，並且在一些巴蜀人士心目中，對中原文化艷羨而欲從學的願望也正處於潛滋暗長之中。

正是在中央崇儒重教的政策導向越來越明確，巴蜀之地經濟條件許可，巴蜀部分人士系統學習中原文化的願望正在萌生和滋長的關鍵時候，廬江人文翁受命來到巴蜀之地，擔任蜀郡太守。加之文翁「少好學，通《春秋》」，曾「長安授經」，自己又屬於「以郡縣吏察舉」提拔任用的官員，因此對文教事業化民成俗的重要作用深有認識，「仁愛好教化」，於是產生了「欲誘進之」以革辟陋蜀地之蠻夷風的「衝動」，決定加大引入中原儒家文化並在蜀地傳播的力度，「用夏變夷」，用華夏文化改造非華夏文化，以達教化之功，開始了興學之舉。

第一步，選派優秀苗子，送京代培師資。為解決興學師資問題，文翁「選郡縣小吏開敏有材者張寬等十餘人，親自飭屬，遣詣京師，受業博士，或學律令」。從郡、縣衙門中選出了張寬等十多位比較機敏有才氣的年輕人，這

些小吏，估計是沿襲秦制在官府中「以吏為師」、學習做吏，正處於見習、實習階段的吏學弟子，文翁親自給他們做動員講話，提出殷切期望，送到京師長安，到中央政府所設置的博士們那裡去學習儒學經典，或者法律條令等。

由於那時漢文帝還沒有給博士「置弟子員」的規定，博士接受學生屬於個人行為，非職守所在，所以文翁又「減省少府用度，買刀布蜀物，齎計吏以遺博士」，即文翁節省辦公費用，買了蜀郡的刀、布之類土特產，讓進京彙報工作的官員送給博士，作為教授張寬等學生的學費。過了幾年，這些學子學成歸來，文翁便委之以重任，「以為右職，用次察舉，官有至郡守、刺史者」，如張寬，就被漢武帝征為博士，官至侍中、揚州刺史。

藉此，文翁為巴蜀之地培養出了第一代接受過較為系統的師承教育、具有較高儒學修養的人才，這些土著蜀人不僅得以開始以中原文化標準的文化人身份躋身政壇，還為儒學在巴蜀的廣泛傳播準備了師資，為儒學在西南地區的星火燎原和薪火相傳培育、蓄積了火種。

第二步，開辦本地官學，培育更多儒生。有了師資，文翁便「修起學官於成都市中，招下縣子弟以為學官弟子」，建校舍、置學官、招收學生，辦起了中國封建社會最早的地方官學——郡國學校。校址在成都城南，講堂為石質結構，後人用「文翁石室」①來稱呼這所學校。

從郡屬各縣選拔招錄而來的學生，到講堂接受學官集中授課和討論辯難；講堂左右開「溫故」「時習」二堂，以為學生溫課、誦書之所；在講堂之東，築有周公禮殿，祀先聖周公、孔子，四時祭拜，以增強儒家文化對學生的熏陶感染力。學校規模不是很大，有學生100來人，但在當時已是甚為可觀了。

文翁讓學生跟著自己見習官府公務，到郡屬各縣視察工作時，還要選帶一些「明經飭行者」，即學習、品行俱佳的學生隨行，讓他們進出官衙，傳達教令，協助工作。這既是一種見習歷練，因為這些學生絕大多數的出路在為仕官府，同時也是一種榮耀，以引導「為學光榮」的風尚。學生享受「除更徭」優待②，學習成績好的「補郡縣吏」，走出仕為官之路，次一點的授「孝悌」「力田」之類榮譽稱號。學生的地位高，出路好，「縣邑吏民見而榮之」，競相爭取能被選錄為學官弟子，一些富人甚至願花錢求取。

蜀地由是「大化」,「學於京師者比齊魯焉」,到京城求學者絡繹不絕,趕得上齊魯之地了。「學徒鱗萃,蜀學比於齊魯。巴、漢亦立文學」,巴蜀之地由此從文化上開始全面轉入中原文化體系,「文翁以經術教而蜀士多儒」,以致人才輩出。

攝於成都四中(即石室中學)文翁頭像(石雕)與「成都市政府文物保護單位」區牌。

① 《華陽國志》:「始文翁立文學精舍講堂,作石室,一作玉室,在城南。」現在的成都石室中學(成都四中)即由後來歷代在此地所辦官學演化而來。

② 這在當時是很大的特權。漢代一般民眾均有為官府服各種徭役的義務,具有某種特殊身份,或立功受爵達到一定等次,才可免除。文帝時許民眾納糧買爵,「令民入粟受爵,至五大夫以上,乃復一人耳」,而「五大夫」爵位的「售價」是粟四千石,當時做一個縣長,年俸也不過五百石而已。買爵位當然不僅僅是為了免除徭役,但也可以想見「除更徭」「復其身」的「含金量」了。

文翁興學是漢代最早的官方辦學舉措,比太學的興辦還要早10餘年,更是漢代最早的地方官學,開中國封建社會地方政府辦學之先河。「三代之學由秦廢,蜀郡之學由漢興,而天下之學由蜀起」,到漢武帝時,頒令天下郡國「皆立學校官」,漢中央王朝認可並將文翁在蜀立教的經驗推向全國。

文翁興學引領了巴蜀之民重教向學的風尚，為此後巴蜀人才的繁盛奠定了基礎，「至今巴蜀好文雅，文翁之化也」。文翁的創舉與卓越貢獻也贏得了巴蜀人民的崇敬、景仰，在他開辦「石室」的地方此後歷朝歷代都設立有學校，基本上沒有間斷過。

文化的盛宴——孟蜀石經

所謂「石經」，通常是指刻在石碑上的儒家經典。古代的經書刊行，或用簡牘，或用錦帛，輾轉傳抄，難免出現紕漏。有鑑於此，漢靈帝於熹平四年（175年）下令將經過校正的經文刻在石片上，陳列於太學。這是中國有文字記載的最早的石經。歷代著名的「石經」，主要有東漢「熹平石經」、曹魏「正始石經」、唐朝「開成石經」、五代「孟蜀石經」、北宋「嘉祐石經」、南宋「紹興監石經」和清朝「乾隆石經」等。

《孟蜀石經》，又稱《廣政石經》《蜀石經》《石壁九經》《石本九經》《蜀刻十經》《蜀刻十一經》《蜀刻十二經》和《石室十三經》等。五代時期，中原戰事頻繁，動盪不安，而巴蜀地區相對較為安定，成為關中和中原地區儒式文人逃避戰亂的理想之地，加之後蜀政權對教育的重視，所以才有石經的產生。

據《蜀檮杌校箋》卷十二《邊州見聞錄》載：「孟昶嘗立石經於成都，又恐石經流傳不廣，易以木板，宋世書稱刻本始於蜀，今人求宋本尚以蜀本為佳。」孟昶鐫刻石經引入雕板刊印，無疑是最具歷史意義的。據曾宏父《石刻鋪敘》記載：「益郡石經，肇於孟蜀廣政，悉選士大夫善書者，模丹入石。

七年甲辰，《孝經》《論語》《爾雅》先成，時晉出帝改元開運。至十四年辛亥，《周易》繼之，時周太祖廣順元年。《詩》《書》《三禮》不書歲月。逮《春秋三傳》，則皇祐元年九月訖工。時我宋有天下已九十九年矣，通蜀廣政元年肇始之日，凡一百一十二禩，成之若是其艱。又七十五年，宣和五年癸卯，益帥席貢始湊鐫《孟子》，運判彭慥繼其成。乾道六年庚寅，晁公武又鐫《古文尚書》暨諸經《考異》。」

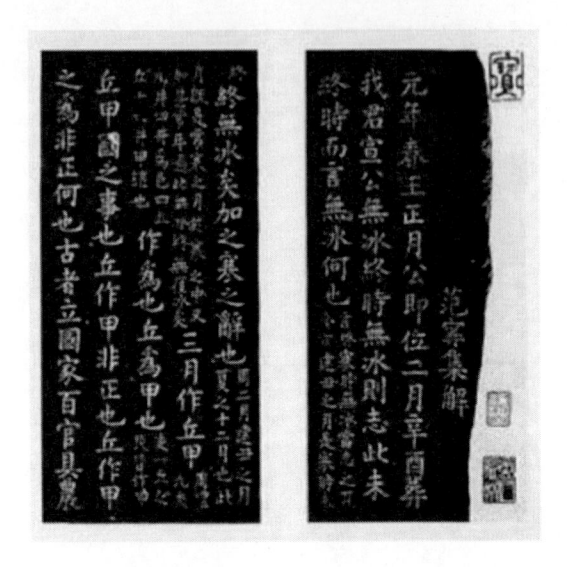

「孟蜀石經」拓片圖

由此可知，《孟蜀石經》是在孟昶的召令下由宰相毋昭裔的組織進行的，從孟蜀廣政元年（938年）開始鐫刻。到廣政二十八年（965年）刻成《孝經》《論語》《爾雅》《周易》《毛詩》《尚書》《三禮》及《春秋左氏傳》（一至十七卷）等十經。至北宋皇祐元年（1049年）刻成《春秋左氏傳》（十八至三十卷）和《春秋公羊傳》《春秋穀梁傳》，到宣和五年（1122年）才將《孟子》入石。

如果要算乾道六年（1170年）晁公武作《考異》和刻《古文尚書》的時間，則前後經歷了230餘年，完整地刊刻了《孝經》《論語》《爾雅》《周易》《尚書》《毛詩》《周禮》《禮記》《儀禮》《春秋左氏傳》《春秋公羊傳》《春秋穀梁傳》和《孟子》十三經的正文與注文，刻成之後保存於成都府學及漢文翁石室。

《孟蜀石經》的書寫人，都是當時著名的書法家，字體精謹，鐫工也是名手。祕書郎張紹文寫《毛詩》《儀禮》《禮記》，祕書省校書郎孫朋古寫《周禮》，國子博士孫逢吉寫《周易》，校書郎周德政寫《尚書》，簡州平泉令張德釗寫《爾雅》，字皆精謹。共計130多萬字，用去碑石上千塊。

《孟蜀石經》刻成後，曾以拓本形式從南宋至明代廣為流傳。曾宏父《石刻鋪敘》曾據拓本對每一經的文字都做了詳盡記錄。晁公武還用通行「監本」十三經與《孟蜀石經》對校，並撰《石經考異》記載：「《周易》經文不同者五科，《尚書》十科，《毛詩》四十七科，《周禮》四十二科，《儀禮》一十一科，《禮記》三十二科，《春秋左氏傳》四十六科，《春秋公羊傳》二十一科，《春秋穀梁傳》一十三科，《孝經》四科，《論語》八科，《爾雅》五科，《孟子》二十七科。」十三部石刻經典的名稱及其與「監本」之異同，皆章章在目，毫無含混。

和其他石經特別是前三種石經相比，《孟蜀石經》呈現出諸多優長之處。其一，《孟蜀石經》仿開成石經分排書刻，但只有蜀石經加有注文，這就大大方便了士子對經文的觀摩閱讀和正確理解，同時也給他們傳授經文提供了可靠依據。其二，從孟蜀廣政初年開刻到南宋孝宗乾道六年（1170年）晁公武刻成《古文尚書》，貫穿後蜀、北宋、南宋。這種前後繼起、異代同工的刻經過程，史無前例。其三，《孟蜀石經》工程浩繁，碑石上千數，空前絕後。工程之精細，獨冠古今。

《孟蜀石經》的鐫刻，是中國文化史上的一項盛舉，工程浩大，規模空前。它是中國歷代刻石經中首次有注文的石經，並首次將《孟子》刻入，形成一套完整的「十三經」石刻經書。石經書寫不僅「較開成石經尤為優美」，而且亦比宋初補刻的石經質量好。「宋人所稱引，皆以蜀石經為證，並不及唐陝本石經。」兩宋文人寫文章多以《孟蜀石經》為標準，朱熹也曾多次引用《孟蜀石經》的說法。

宋人呂陶在《經史閣記》中這樣評價《孟蜀石經》對宋以後四川文化的影響：「蜀學之盛冠天下，而垂於無窮者，其具有三：一曰文翁之石室，二曰高公之禮殿①，三曰石壁之九經。」所謂「石壁之九經」，就是《孟蜀石經》。把《孟蜀石經》與文翁興學相提並論，足見蜀石經對四川文化發展的影響。

① 西漢景帝時，蜀郡太守文翁作石室為學宮，為郡國辦學之始。東漢興平元年，蜀郡太守高作周公禮殿於石室東面，畫遠古以來君臣聖賢像，即此所說禮殿。

遺憾的是，這筆珍貴的文化遺產卻基本上未能保存下來，宏麗壯觀的《孟蜀石經》在宋末至元、明之際的戰亂動盪中，突然散失了。清朝乾隆年間，有人曾在成都文廟附近的泥土中發現了一些《孟蜀石經》的殘片，落入好古者手中，其如獲至寶。1938 年，在成都老南門外又發現了《孟蜀石經》殘片十片左右，上刻《毛詩》《儀禮》中的一些字句，後被四川省博物館和重慶市博物館收藏。北京圖書館和上海圖書館分別藏有《孟蜀石經》中的部分拓本。

教育的曙光——新教育的肇始

1840 年鴉片戰爭爆發到 1911 年辛亥革命前，這是中國歷史上的「晚清」時期，中國歷史也由此進入近代社會。這是巴蜀地區文化教育逐漸衝破封建的桎梏和樊籠，由「舊」到「新」，由傳統向近代轉變的重要歷史時期。一批新式學堂陸續興起，傳統的舊教育逐漸分化和瓦解，新式教育開始興起、不斷湧現，由此奠定了巴蜀地區近現代新式教育的基礎，揭開了巴蜀地區的教育新篇章。①

巴蜀高等教育在這一時期得以發端。1896 年，四川總督鹿傳霖奉旨在成都創辦了四川中西學堂，聘請英、法教習，「分課華文、西文、算學」，這是四川近代高等教育的開端，也是當時西南地區最早的近代新式高等學堂。1902 年初，時任四川總督奎俊響應清政府實施新政的詔令，將錦江書院、尊經書院，以及四川中西學堂合併改建為四川通省大學堂，後定名為四川省城高等學堂。這既是當時巴蜀地區最高的新式學堂，又是代行巴蜀地區教育主管部門職權的教育管理機構。此外，各種武備學堂、法政學堂等高等專門學堂②也逐步發展起來。值得一提的是，這一時期還誕生了一所全新的教會大學——華西協合大學，成為巴蜀乃至西南地區現代醫藥學的先驅。

① 據考證，巴蜀地區現今可考的最早的新式學堂是 1892 年川東兵備道黎庶昌在巴縣設立的洋務學堂。

② 巴蜀地區的專門學堂始於維新運動時期，1898 年，四川省礦務商務總局監督宋育仁在培植「講求實學，博通時務」的宗旨下就創辦了西文學堂、算學學堂，可謂巴蜀地區專門學堂創設之始。

清末「新政」還肇始了巴蜀地區實業教育的興起。1901 年，在今重慶合川創立了教授「蠶桑實業」的四川蠶桑公社，該校以「指授新學，以開風氣，而擴利源」為宗旨，這是巴蜀地區近代實業學堂的發端。之後，在成都創辦了「四川工業學堂」、四川勸工總局辦了「藝徒培訓班」、四川農政總局在成都立「中等農業學堂」、川省學務當局設「中等工業學堂」等，這些新式實業教育機構的相繼成立，帶動了清末巴蜀地區的新興產業。隨著清末興學潮的出現，巴蜀地區新式師範教育也逐漸開始興起和發展。

1903 年初，時任川督岑春煊將成都錦江書院改為成都府師範學堂，招生 305 人，半年畢業，這是巴蜀地區開辦最早的新式師範學堂。在這之後，四川省高等學堂師範科、「四川通省師範學堂」「川東師範學堂」「四川優級師範選科學堂」等機構以及大量的師範傳習所相繼成立，為巴蜀地區各地學堂培養了大量的師資，奠定了各類新式學堂的開辦基礎。

巴蜀地區還在這一時期湧現了一批新式初等中等教育機構。除了興辦一批新式中、小學堂外，還響應清政府號召，對巴蜀地區的原有書院、私塾、義學、社學進行了卓有成效的改造，大大推動了清末巴蜀地區新式教育的發展。據統計，1909 年巴蜀地區有小學堂 9700 餘所，居全國第二位，中學堂 51 所。

此外，巴蜀地區的留學教育也在這一時期開始興起，外國傳教士開辦的教會學校也在巴蜀地區出現，①以「振興女學」為目的的女子學校和女學會也在巴蜀大地逐漸蔓延開來。在川邊藏族聚居的原西康省轄區，隨著「改土歸流」政策的執行，以新式學堂為代表的川邊民族教育也得到迅速發展。

① 據 1901 年的統計，外國教會在巴蜀大地辦了各級各類學校 460 所。

清末時期的傳統教育也在衰落與瓦解的過程中閃爍著星星光點。在管理體制上，清末時期設立了提督學政以總領全省學務，府廳州縣也設有專管教育的儒學署。在官學教育規模方面，清末時約有官學167所，其中大學15所，中學152所。在科舉方面，從康熙四年（1665年）到1905年共230間，成都貢院舉行了152次考試，湧現了「布衣狀元」駱成驤等一批名流。

在書院方面，同治十三年（1874年）創辦的尊經書院，以張之洞提出的「中學為體，西學為用」為辦學方針，上承文翁的遺教，下啟維新思想，培養了許多對近代四川乃至全國都產生了重要影響的人才，為四川高等學堂的創建奠定了重要基礎。此外，義學、社學、私塾等傳統教育形式也更為普遍。

教育作為人類社會特有的一種社會實踐活動、一種社會現象，它受當時社會的經濟、政治和文化發展狀況的深刻影響。同時，它作為傳承文化的工具，透過人才培養，又深刻地影響當時的經濟、政治和文化的發展。古代巴蜀地區教育的發展不僅促進了該地區經濟社會的發展，而且給我們後世留下了許多值得借鑑的經驗。

第一，中央政府的政策導向和地方政府官員的重視是教育發展的關鍵；

第二，社會經濟發展和穩定是教育發展的前提；

第三，民眾受教育的需求是教育發展的強大動力；

第四，充足的教育經費是教育發展的重要保證。

中國古代科技教育述評

人類社會發展史證明，科學技術和教育在促進人類社會的進步和生產的發展中，起著巨大的作用。生產力中也包括科學，社會的勞動生產力，首先是科學的力量，教育會生產勞動能力。

科學技術是生產力，而且是第一生產力。科技人員是新的生產力的開拓者，發展教育、提高勞動者素質是科學進步的基礎。科技為勞動者所掌握，就會極大地提高人們認識自然、利用自然和保護自然的能力，就會幫助人們向生產的深度和廣度進軍。

在中國社會的歷史長河中，曾經產生過許多優秀的科學家和技術專家，他們創造了燦爛的古代科技文明，為人類社會的進步和發展做出了巨大的貢獻。

在有文字可考的四千年中國歷史中，華夏先祖創造了輝煌的科學技術成就，使中國成為世界文明發達最早的國家之一。他們不僅創立了農學、醫學、天文與曆法學、算學等四大古代學科體系，而且在冶鑄、製陶、造紙、水利及建築工程、航海等技術方面也做出過傑出的貢獻，更有火藥、指南針、印刷術——預告資產階級社會到來的三大發明。

他們在開展科技活動的同時，也重視科技教育，造就出了如墨翟、張衡、賈思勰、祖沖之、沈括、王維一、李時珍等一批科技巨匠，積累了豐富的科技教育經驗。正是這些科技人才及其科技活動才把中國古代科學技術一步步推向發展的頂峰，使中國古代科學技術在15世紀以前一直處於世界領先地位。

一

先秦是中國古代科技教育的奠基時期、隨著經驗的積累與認識的提高，農技、醫藥、天文、數學、冶煉等方面取得了初步的成果，為後來科技的發展奠定了基礎。

自遠古時起，華夏的祖先為了維持生存、延續種族而同自然界進行著爭鬥，在生產、生活中接觸自然，認識自然，積累了許多自然知識，並且進行原始的自然科技教育。如古書載：有燧人氏教民鑽木取火，以化腥臊，熟食利性；伏羲氏作結繩而為網罟，以佃以漁；神農氏斫木為耜，揉木為耒，教民耕作……這些傳說形象地再現了夏以前社會的科技活動與教育狀況。

隨著古代科學技術知識的積累、增多和古代社會的發展、進步，生產實踐對科學技術知識提出了更廣、更高的要求，它一方面要求科學技術知識不斷地積累、更新，另一方面也要求在一定範圍內擴大科學技術知識的使用，這從客觀上對科學技術教育提出了要求。

從教育方面看，自教育產生起，它就一直擔負著傳遞人類社會生活經驗和生產實踐經驗兩大任務，隨著社會生活經驗和生產實踐經驗的擴充，人類的知識逐漸演化為與社會、人類自身有關的社會科學知識、人文科學知識以及與自然、生產有關的自然科學知識、技術知識。

古代教育的內容正是以這幾大類別的知識為對象的。所以，科學技術教育實際上已隱性地包含在古代教育之中。從邏輯上看，自從人類社會出現教育，科學技術教育就隨之產生了。

（一）自然觀影響人們認識自然的態度

由於對自然的無知，古代人們盲從自然、崇拜自然。隨著生產力的發展和提高及人們對自然的認識加深，從而認識到自然，其具體表現為在商周時期人們對於天命鬼神的信仰發生動搖。《尚書·泰誓》說：「民之所欲，天必從之。」《尚書·堯典》載皋陶謨的話：「天聰明，自我民聰明；天明畏，自我民明威。」在《周易》和《洪範》這些作品中還出現了科學思想和辯證法的萌芽，如鄭國的子產說：「天道遠，人道邇，非所及也。」（《左傳·昭公十八年》）虢史嚚說：「吾聞之，國將興，聽於民；將亡，聽於神。神，聰明正直而壹者也，依人而行。」（《左傳·莊公三十二年》）

隨季良說「夫民，神之主也，是以聖王先成民，而後致力於神。」（《左傳·恆公六年》）荀子更進一步指出：「天行有常，不為堯存，不為桀亡。」（《荀子·天論》）這是把自然看成客觀之物，並揭示了自然規律的客觀性，又說：「大天而思之，孰與物畜而制之！從天而頌之，孰與制天命而用之！」（《荀子·天論》）

過去人們把這句話概括理解為「人定勝天」的思想，從整個荀子的思想來看，我們認為他的這句話用現代漢語表達出來，實際應該理解為：與其崇拜和害怕自然，不如把它當作物體加以認識，而駕馭它；與其順從和歌頌自然，不如認識它的規律，而加以利用。也就是我們今天講的與自然和諧共處，而不是與它對抗，這個思想反映了人們可以能動地認識自然，把握其規律，利用自然為人類造福。

（二）學校的出現為科技教育實施提供了條件

教育是人類所特有的一種社會實踐活動，是隨人類的出現而出現的。在人類早期的原始社會，人類傳遞生產、生活經驗是透過口耳相傳和形式上的模仿。隨著人類社會的不斷發展，生產、生活經驗的豐富，社會生產力的提高產生剩餘生產物，進而出現了對立的階段，同時體力勞動和腦力勞動開始分離。加之文字的發明，就為學校教育的產生提供了基礎。而學校的出現就為科技教育的實施提供了條件。

在中國先秦時期，學校教育的基本內容就是所謂的「六藝」，即禮、樂、射、御、書、數，其中除禮、樂外，射、御、書、數都包含有大量的天文、地理、生物、農技、醫學、數學等科學技術知識。到春秋戰國時期，這些科學技術知識有了進一步的豐富，不僅在學校教育中傳授，而且出現了有關的專門著作作為教材，如數學教材《周髀算經》《九章算術》，天文曆法教材《夏小正》《甘石星經》，記述手工業生產技術的《考工記》，反映地理的《山海經·山經》《尚書·禹貢》，醫學典籍《黃帝內經》，儒家教育所使用的《詩經》《尚書》《禮記》《周易》《春秋》等都包含有大量的科學技術知識，而且還培養了一大批科學技術人才。

（三）職官教育和社會教育擴充了學校科技教育的內容

中國古代先秦時期基本上是學在官府、官師合一的辦學體制，在正規學校教育外的一些專業性很強的政府部門，如：天官（後來稱太史），負責天文曆法；地官司徒，負責農業生產；天官冢宰，負責醫藥衛生。這些官員都是實行世襲制，即父子相承，其所習專業也即後世的所謂「疇人之學」。

清代的阮元（公元 1764—1849 年）就曾專門寫過《疇人傳》，收集了453 名天文曆算學家，除疇人之學外，先秦的統治者——各級奴隸主貴族為了發展生產，還要對被統治者——奴隸和自由民進行教育活動，即所謂的勸課農桑，定期發布訓民文告，這些文告除道德教化外也含有大量生產技術知識的內容。

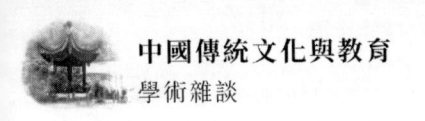

先秦時期是中國奴隸社會形成、發展到衰落，並向封建社會過渡的時期。這個時期的科學技術教育，主要為統治階級所壟斷，並為其管理生產和提供享樂服務。隨著奴隸制度的腐朽沒落，周代奴隸主貴族，甚至提出「德成而上，藝成而下」，宣揚「執技以侍上者」的思想，致使中國科技教育長期不被重視，到今天還有其影響的痕跡。

二

秦漢以後，經歷南北朝至隋唐五代，隨著社會生產力的發展，及對自然認識的加深，加之封建政治處於確立、上升時期，有利於科技的進步，因此，這個時期的科學技術取得了長足發展，許多科學體系得以形成，科技教育也取得了較大成就。

（一）認識論有進一步發展

兩漢隋唐時期在思想領域是以崇儒尊孔為主，儒、佛、道、玄並存，並不斷爭鬥和相互吸收，這種並存和爭鬥體現了歷史發展的進步趨勢，在一些問題的認識上比過去有更進一步的發展，如漢代王充在其所著《論衡》中，認為天地萬物都是「元氣」構成，都是客觀的自然實體，並否定鬼神的存在。

至南朝，范縝又作《神滅論》，提出「形存則神存」的無神論思想。而唐代呂才、柳宗元他們則試圖把自然發展的規律與社會發展的規律相區別，並探索宗教思想產生的根源。

（二）官學科技教育

自南北朝的南朝劉宋開辦醫學專科學校開始，醫學類專科學校發展起來，到唐代趨於發達：有完善的醫學教育制度，分中央與地方兩級管理；實行分專業教學，各科教學內容明確，如醫科學習體療、瘡腫、少小、耳目口齒、角法等內容，針灸科學習經脈、穴位、針法等；教材主要是《新修本草》《黃帝內經》《針灸甲乙經》等；教學注重實用，臨床實驗；對修業、考核也有嚴格的管理制度。

算學專科教育，在唐代設有算學館，以算學博士為師，教授《九章算術》《綴術》等十部算經，要求學生能「明數造術，詳明術理」。科技專科學校因為其教學內容的先進性、實用性，教學內容文理溝通的綜合性、全面性，教學理論與實踐並重以及嚴格的管理制度而在科技教育史上占有重要地位。隋唐科技專科學校開了世界科技專科學校教育的先河，其管理制度、學科設置、教學內容方法為後世沿用，並且傳到了日本、朝鮮，建立起了類似的科技專科學校。

官學教育中經學大師們也傳授一定的科技。如在傳授《詩經》《周易》，考釋經義中也涉及天文曆法數學知識，動植物、建築及器具製造知識，經學大師鄭玄、孔穎達等人研究、傳習科技。

(三) 職官科技教育

秦漢以後仍因襲先秦的職官科技教育以直接為朝廷服務，但在對象上擴大到一般的意欲入宦之人。職官科技教育目的在於培養有科技能力的官吏，提高吏治效能，教師由朝廷官吏兼任，學生為入仕宦之學僮；教學根據「官先事」的原則傳授有關科技知識，學生享有官廩並免除勞役；學成吏試合格者即可入朝為吏。

職官科技教育內容主要是：數學、農學以及天文曆法等。由於農、天、數、科技直接與王政有關，故深受統治者重視，並且壟斷性地予以操辦，但客觀上也傳遞、發展了科技，培育了科技人才，而且還取得了豐富的職官科技教育經驗：如注重教學與實踐結合，學用一致；注重教學內容的先進性與實用性；注重教學觀測、實驗；注重教學問題論辯、教學相長等，今天仍有借鑑意義。

此外，藝徒制、勸課農桑等社會科技教育活動仍保留下來。藝徒制發展至唐代成為大規模的工業藝徒制，以能工巧匠為師，邊學邊做，靈活施教，及時糾誤，培養出大批的熟練工人。勸課農桑仍受重視，漢代委任趙過推廣「代田法」，派議郎氾勝之輔導農技，以及賈思勰、召信臣等人兼管吏農家一身，為政與勸農合一，推進了農政建設，客觀上促進了農業科技的發展。

(四) 醫學教育

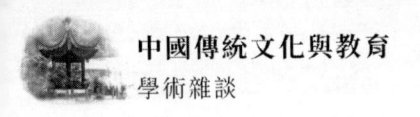

由於古代科學技術發展的不平衡,科學教育影響因素不一,故各門科學技術教育的完善程度也不盡相同。這個時期醫學教育較為成熟。僅以漢代張仲景和唐代孫思邈為代表做簡要介紹。

1. 張仲景的醫學教育。

張仲景為東漢名醫,博學多識、品德高尚,被後世尊為「醫聖」。他對醫學人才培養有其獨到的理論:

一是重視醫德教育,反對從醫者「唯名利是務」,要求醫者具有「療君親之病」「救貧賤之厄」的品格,而且還認為醫者有精湛醫術,深通醫學原理、能臨床診治。教育後學者精究方術,養成精益求精的敬業精神。

二是講求循循善誘地教學。《金匱要略》中有許多問答式敘述,這體現了提倡問難論辯,透過提問啟發思考、深化認識的教學思想。

三是培養學生的辨症能力,正確地辨症是治病的前提,教學中必須培養學生的辨症能力。

張仲景在教學中注重辨症施治、病症比較分析等問題,要求學生能掌握一般疾病的規律,又能具體處理臨床事故。張仲景的醫學教育思想對今天影響甚大,其所著《傷寒雜病論》記治傳染病30種,治療原則397條,該書經後人整理成《傷寒論》。

2. 孫思邈的醫學教育。

鄙薄名利、醫德高尚的孫思邈被後世稱為「藥王」,所著的《千金要方》《千金翼方》表達了他的醫學教育思想:

一是大醫精誠的思想,要求從精(精技、精思)、誠(赤誠為民、心誠無私)兩個方面養成良好的醫德、醫風。

二是要求醫學人才全面發展,即具有治療膽識、慎重施治、知識淵博、技巧熟練,靈活機智而善捕治療良機。

三是注重倡導教學內容的改革，如擴大「藥物」範圍至萬物皆藥，教學內容不囿於華夏之醫藥，對少數民族和外國醫方、民間醫方都博採廣積，如匈奴的「露宿丸」、波斯「悖散湯」等也吸收其中。

四是重視教學方法的創新，如針灸教學中繪製出三大幅彩色針灸掛圖，把人體正面、背面和側面的十二脈用彩色繪出，一目瞭然，易講易學，提高了醫學教學的有效性。

三

宋元明至清中葉，這個時期是中國古代封建社會中央集權制度進一步加強並從發展的頂點到衰落的時期，但封建社會的經濟卻有了很大的發展。宋代以後，實物地租取代勞役地租，人身自由的解放和對土地支配權的增大刺激了農民發展生產、改進技術的積極性；宋代以改革科舉、擴大仕途等激發了人民對文化的渴求。這些封建關係的調整，間接地為科技發展提供了土壤。明代又推行代役制，改革徭役制，使廣大工商業者可以全力投入工商業活動。工商業的發展刺激了科技的發展，這些都為科技教育發展準備了條件。

（一）官學科技教育由盛至衰

隨著封建社會政治由盛到衰，官學中的科學技術專科也由鼎盛轉向衰落。宋代由於農業和手工業的發達，加之理學尚未壟斷全部社會思潮，科學教育尚有生存餘地。因此宋元時期，科技專科教育較為發達，取得了一定的成就。其表現為：

科學技術專科學校數量較多，規模擴大。如宋代醫學校類招生 300 人，超過隋唐時的 80 名限額。元代在中央、路、府、州、縣都有一些科技學校。

學校科技課程設置增多。宋代算學已分成為天文、曆算、三代與算法四科；醫學由隋唐的五科發展至九科，元代又發展到十三科。這種較高程度的分科教學反映了科技專科教育的發達。

此外，教學中還重視實驗、觀測。如宋代蘇頌曾制天文鐘來訓練天文生；元代朱思本根據自己實地考察結合文獻資料繪成的「輿地圖」成為地圖教學

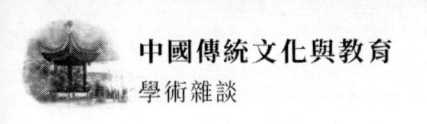

的石刻經書；明代宋應星所著《天工開物》是一部關於農業和手工業生產技術的百科全書式的科學技術文獻（並附有插圖）；程大位的《算法統宗》，為珠算專著，300多年來風行全國，書中的一些口訣至今還在沿用。

注重科技能力的培養。科技教育素有重實際的傳統，如宋元時期天文學教學中要求學生參加曆法改制實際工作，要求學生經常觀測天象；醫學教育中要求學生每年都要從事臨床學習，且作實習病案，對實習成績加以考核，獎優罰劣。

注重教學考核。宋元時期科技專科學校的教育考核既是對學生學業的督促，又是朝廷選士納才的手段，因此，國家設考核制度，教學考核嚴格。如宋代中央醫學考核分三場進行，考核內容既重理論，又重技能，比較全面。可見醫學考核制度完備，反映了此時期科技專科教育的鼎盛。

明清時期，科技專科教育則衰落了，自元代仁宗延祐元年規定朱熹《四書集注》為科舉考試藍本始，理學壟斷學術界，學校成為科舉的附庸，科學技術教育被科舉擠占得無一席之地，科技專科學校走向了衰落。

（二）蒙學科技教育的發展

中國古代就有「蒙以養正」的思想，十分重視兒童教育。至宋以後蒙學教育走向成熟，出現許多較為成熟的比較專業的蒙學用書，蒙學科技教育也由此發展。如先秦時期的《倉頡》、兩漢的《急就》等蒙學教材包括姓名、衣著、農藝、飲食、兵器、飛禽、走獸、醫藥衛生等內容。南北朝時期梁代周興嗣所編的《千字文》，宋代流行的《三字經》《名物蒙求》，清代《幼學瓊林》，其內容涉及天文、地理、人事、鳥獸、草木、衣服、建築、器具等多方面的知識。

（三）社會科技教育的完善

宋以後歷代政府更加重視農政，要求地方官吏在敦化風俗的同時，勸課農桑。宋元時許多地方官吏都發布過勸農文、農書，講解農事，傳授耕作要領，介紹新型農技經驗。《四時纂要》《農桑輯要》《農政全書》《授時通考》被刊行頒布，對於提高官吏的農政素養、推進勸課農桑都起了巨大的作用。

作坊藝徒科技活動趨於完善。這時的藝徒科技教育有了新的特點，即以「法式」進行工藝技術傳授。「法式」即類似於今天的工匠手冊，它標誌工藝生產的標準化和定額化。宋代很重視法式授藝，且有李誡的《營造法式》出現，對古代建築技術做了系統的總結。明代因工商業的發達，工商業科技傳授更為興旺，如黃道婆無私地傳授紡織技術，取得「松（江）郡棉布，衣被天下」的社會效果。宋代工匠喻皓自編《木經》，薛景石自編《梓人遺制》作為傳藝教本。藝徒科技傳授中教材的出現是社會科技教育中的一大進步，標誌著古代工藝科技傳授活動的完善。

（四）科學技術教育思想

伴隨農、醫、天、算等科學體系的形成和技術的重大進展，科技教育的活躍，科技教育思想也漸至成熟，其中醫學、算學最為突出。

1. 醫學教育思想的重大成就。

宋、元、明、清四朝時期醫學教育思想極為豐富，取得了關於醫德培養、醫智訓練、醫案教學等方面的寶貴經驗。

全面提高了醫德修養。為了加強對醫學生的品德教育，不但醫學大師言正身範、情操高尚，而且寓醫德思想於醫學教育內容之中，特別採用醫話形式。醫話寓醫德於醫術之中的醫德教育思想值得總結。如明代名醫徐春甫創「宅仁醫會」，要求學生「精益求精」，反對見利忘義，力誡徇私謀利；而且還要求醫者具有高尚的治醫情操，應當不祕己長，不掩己短。

這種對技術保密自守的精神在師門壁壘的封建社會中尤有響雷之動，震撼人心。清代名醫毛對山所著的《對山醫話》，運用名醫自身治病閱歷，現身說法，一事一話，一事一議，採用通俗、靈活的說法，事例結合，有據有論，使醫學學生心悅誠服，醫德萌生。

重視學生醫術智慧訓練。名醫徐大椿有「用藥如用兵」名論，用將兵之道來喻用藥治病之法，要求醫者慎思、精思，有良好的思維方式。其次，堅持醫理與醫技結合，反對「恃書以為用」的理論家，要求從實際出發，在實踐中應用、檢驗和發展書本醫理。

正如沈括在《夢溪筆談》中說「醫之為術，苟非得之於心，而恃書以為用者，未見能臻其妙」。再次是把握靈活性與原則性辯證關係，主張「應變」而「反中」。朱震亨在《局方發揮》論中強調醫生應當具備隨機處理、臨床善治的應變能力。

卓有成效的醫案教學。教學活動的有效性同醫德養成的高低、醫技形成的優劣有相當大的關係。宋代創立的醫案教學被證明是一種極有效的教學組織形式。從西漢淳于意以「珍籍」創醫學案例教學以來，醫案廣增，至宋代，醫家自立醫案，使醫案在數量、質量上有了飛躍，為醫案教學打下了基礎。醫案教學的突出優點有以下幾點：

其一是有助於醫學學人「博涉知病」，借助他人的臨床實踐經驗來提高自己的見識。

其二是有助於醫學者學有證驗，理論聯繫實際。醫理雖很重要，可掌握醫理者旨在治病，但又不可以人為試，因醫理與治病之間的中介環節由案例中加以驗證，既可加深對醫理的掌握，又可培養實踐技能。

其三是引導學生窮通思變。眾多的醫案可以使學生對其比較揣摩，縱橫貫通，推常達變，這種透過大量的事實材料來訓練學生窮通達變、不拘一途的類比醫案教學實為醫學教育思想的精華所在。

先進的直觀教學法。醫學教育中的直觀教學法尤其具有獨創性、先進性。宋代大醫學教育家王維一利用彩掛圖、模型進行教學。他把《明堂孔穴圖》掛於課堂，一邊講解，一邊手拿銀針針刺有關穴位，將把握穴位、針刺操作、禁忌等講得清清楚楚。他設計製出兩具醫用模型銅人，將它作為教具來開展教學與考核。

考核時，用水把穴位灌滿，塗上黃蠟密閉，要求學生針刺穴位。刺準，蠟穿水出，反之就碰壁無水流出，以此針刺的準確性來確定學習的效果。這種生動、形象、易學易用的直觀教學思想是醫學教育思想的重大發展，開創了醫界模型直觀教學的先例。

2. 數學教育思想。

宋元時期是中國數學發展至頂峰的時代，代表了當時世界數學最高水準的秦九韶、李冶、楊輝、朱世杰等大數學家的數學教育實踐為科技教育增添了極為光輝的一頁。

一是正視數學的科學與實踐價值，反對神祕主義數學觀。傳統「德成而上，藝成而下」的思想使不少人視數學為末流小技。因此，樹立正確的數學觀是數學教育的首要問題。認為數學有經世務、類萬物之用，本身存在客觀的數理，而且客觀數理雖然高深，但是都可以被人們認識。

故李冶說「謂數為難窮，斯可，謂數為不可窮，斯不可」，所以他要求後學以「力強窮之」，達到「推自然之理」，以「明自然之數」的目的。

二是擬訂數學教學計劃。迄今發現最早的一個數學教學計劃是楊輝的《習算綱目》，它包括教學內容、基本要求、教學進度計劃、教材、參考書目等方面，其中體現了教學秩序漸進、熟讀精思、啟發自覺、精研細琢的教學思想。數學教學計劃的制定反映了數學教育思想的成熟。

三是注重數學教育中基礎知識的傳授。此期的數學教育多先講授一些基本的數學基礎知識，後才傳授運用之法的風格。楊輝的《詳解九章算法》中多用卷首揭示基礎知識，後再細論運用的體例即為力證；朱世杰甚至還自編了數學基礎教學書《算學啟蒙》。這些表明此期數學教育對基礎知識的重視。

四是重視數學能力的培養。宋元數學家繼承古代重數學實用的傳統，注重數學的經世致用。秦九韶的《數書九章》是「設為問答以擬於用」，書中有各地多關係民用冶事的應用題，如田域類、測量類、賦役類、錢穀類、市場類等實用內容占了很大篇幅。

五是注重教學方法的創新，引入數學案例教學。如將數學歌訣、韻語等通俗、形象的手法引入教學中；對於複雜的應用工程則採取案例教學來解決，如《數書九章》中的圍田計算問題。這類案例具有典型性、綜合性的特點，它有助於培養學生綜合運用有關知識解決社會系統工程的能力。

上述中國古代科學教育的發展沿革，我們可簡略概括如下：

首先，大量歷史事實表明，科學技術是對社會發展起推動作用的革命力量。當然科技的發展需要一定的社會條件。一般說來，社會生產對科學技術提出什麼樣的要求，科技發展是否具備相應經濟基礎，政治上是否重視，是否具備思想解放、研究自由的學術氛圍等這些都是科技發展必不可少的社會條件。

其次，科學技術教育是科學技術不斷發展的產物，其內涵是不斷充實的。在先秦和漢唐時期，科學技術教育主要是學習初步的科學知識，解決實際問題。而在宋明時期，科學技術教育不僅要使受教育者學習科學知識，解決實際問題，而且要讓受教育者在學習科學知識、掌握科學方法的同時，具有科學精神和正確的科學價值觀。

第三，從科學技術教育本身看，在中國古代，早期的科學技術教育是傳授生產實際和社會生活有關的知識，這些知識性的內容還帶有相當感性的色彩。古代末期的科學技術教育既傳授自然知識，又注重科學方法論的掌握和科學精神的培養。科學技術教育的內涵不斷豐富、擴大，科學技術教育的「質」與「量」不斷提高。總之，科技教育更加「科學化」了。

第四，中國古代末期科技教育具有多途徑的特點。既有官方官學科技教育，又有社會私學科技教育；既有在職的職官科技教育、藝徒科技教育，又有學校科技教育；既有高等科技專門學校科技教育，又有蒙學普及性科技教育。多途徑的科技教育使得科技遍存社會，獲得廣泛發展的社會基礎。

第五，中國古代末期的科技教育中，科技才能與科技道德並重，具備德智相資以長的特點。「志不行者智不達」「藝之者，德之精華也」。張衡治學格言是「不患位之不尊，而患德之不崇」，這種要求樹立正確的價值觀、以德馭藝的科技道德教育是西方「為科學而科學」所沒有的。

第六，中國古代科技教育重視教育模式革新，如「法式」教學、掛圖教學、模具教學都很富創造性。同時，教學直觀性也強，重視觀察、訓練、演示以及實踐等環節，如天文觀測、醫模演示、數學圍田計算等頗具現代直觀教學的思想。

總之，中國古代科技教育活動有較為廣泛的社會基礎，有豐富的思想內涵，有不少具有獨到性的見解，這些都是中國古代科技教育成就的體現。

▍教育公平和效率是基礎教育改革和發展的核心價值取向

一、基礎教育的現狀和公平、效率提出的背景

追求教育公平是人類崇高的人本價值理念。進入 20 世紀中葉以來，教育公平成為保障人權的重要內容。這在一系列國際條約中得到鮮明的體現。1948 年 12 月 10 日，聯合國大會通過第 217A（II）號決議並頒布《世界人權宣言》，其中第二十六條規定：「人人都有受教育的權利，教育應當免費，至少在初級和基本階段應如此。初級教育應屬義務性質。」

1960 年，聯合國教科文組織第十一屆會議通過了《取締教育歧視公約》。從那時造成現在，教育平等一直是全球性教育改革浪潮中備受關注的問題，成為現代教育的基礎價值之一。

聯合國教科文組織等國際組織於 1990 年 3 月在泰國宗迪恩召開的世界全民教育大會發表的《世界全民教育宣言》向世人宣示：每一個兒童、青少年和成人，都應能獲得教育機會以滿足其基本的學習需要。與會的 155 個國家達成共識，要在 20 世紀 90 年代結束之前普及基礎教育和大力掃除文盲。

在這樣的歷史背景下，受教育權作為一項基本人權，其地位得到了空前的重視。教育公平的問題在教育改革過程中也成了一個十分突出的主題。近年來，教育作為人力資源開發的主要途徑受到各國的普遍重視，無論是已開發國家還是開發中國家都更加注重教育公平。在美國布希政府 2002 年的教育改革法案《不讓一個孩子掉隊》中，教育公平受到了更多的關注。

韓國政府堅持推行「平準化」教育，前總統盧武鉉認為：「要進一步充實福利政策，消除所有不合理的差別，建設一個人人具有平等接受教育權利的國家。」

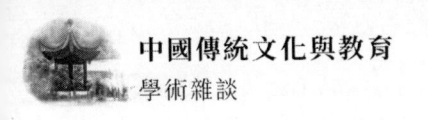

日本於 1985 年修訂了《偏僻地區教育振興法》，規定了國家和地方公共團體為振興偏僻地方的教育必須實施的各種措施。1997 年，日本文部省發布了《關於通學區域制度的彈性運用的通知》，允許各地區根據實際情況因地制宜地實施。

日本還利用國家財政的力量來保證整個教育的公平。在邊遠地區或者是比較落後的農村，那裡的學校也跟城市的學校一樣有游泳池等各種健身設施和教學設施。即使是一個很小的島，只有一個學生，也會有一間教室，有教師和其他的設施。

在一些開發中國家，教育公平也逐漸成了政府高度關注並著力解決的問題。九個人口大國之一的巴西，早在 1995 年就在基礎教育階段啟動了一項「助學補助金計劃」，就是政府向貧困兒童的母親發放一定數額的現金補助，條件是她們必須讓孩子在學校就讀，不得輟學。到 2001 年末，該項目涵蓋了 5562 個市的 98% 的貧困家庭，使 480 萬家庭的 820 萬兒童受益，政府總計補助金額達到 7 億美元。

完全可以這樣說，濫觴於 20 世紀 60 年代，發力於 20 世紀七八十年代，加速於 20 世紀 90 年代的教育公平理念和舉措，已經在世紀之交，匯成了一股洶湧澎湃的世界性潮流。這種世界性潮流伴隨著經濟全球化和資訊全球化，對廣大開發中國家形成了前所未有的影響，為這些國家的教育公平事業提供了廣泛的參照和借鑑，也助推了它們的教育公平進程。

二、教育公平和效率是基礎教育改革和發展的核心價值取向

（一）教育公平和教育效率的含義

1. 什麼是教育公平？

明確教育公平的內涵和性質，對於推進教育公平的政策實施具有重要意義。教育公平的含義眾說紛紜，存在問題頗多，最突出的一個問題是認為平等就是公平，用「平等」概念取代「公平」概念。

平等是兩個個體之間的對等、等同關係。教育平等指公民受教育權利的相同性、一致性，更多的是關涉事實、形式上的判斷，是一種量的特性，是對教育資源分配結果和分配狀態的一種客觀描述。它只回答不同人之間的分配結果是否有差別，但並不對這種結果是合理還是不合理進行判斷。

教育公平是用正義原則對教育分配過程和結果的價值判斷，是一種質的特性。平等並不意味著公平，公平也不一定完全等同於平等。教育公平涵蓋教育平等。例如：法律規定人人有平等的受教育權，這是公平、合理的；對於不同天賦和智力水準的人，因材施教是公平的；對於弱勢學生，給予補償教育也是公平的；在教育機會均等的前提下，教育的結果不平等、不均等（例如有的考上重點中學，有的落榜）也是公平的。

教育公平包含教育資源配置的三種合理性原則。

其一，教育資源配置的平等原則，包含權利平等和機會平等，即受教育權平等和教育機會平等兩個方面。受教育權平等是社會公平和正義的內在要求，不承認凌駕於法律之上或者超然於法律之外的任何特權，一切權利主體享有相同或者相等的權利。權利平等廢除了基於性別、身份、出身、地位、職業、財產、民族等附加條件的限制，體現了社會對所有成員的「不偏袒性」和「非歧視性」。

機會平等是在權利平等的基礎上所設立的制度，要保證所有社會成員有平等的參與機會，它要求社會提供的生存、發展、享受機會對於每一個社會成員都始終平等。機會平等實際上是一種過程的平等。利益的實現是一個不斷追求的過程。

在這個過程中，社會要毫不偏袒地為所有人提供同樣的機會。首先是參與起點要機會均等；其次是在參與的各個階段，每一個社會成員能力大小不同，利益實現的程度也會有區別，但社會對每一個社會成員的尊重和關懷、提供的幫助應該是同等的。

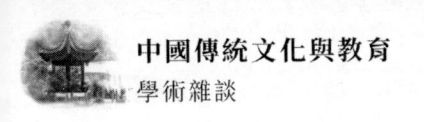

教育平等是教育公平的基本要求,但是,建立在權利平等、機會平等基礎上的不平等(結果不平等)也是公平的,是具有合理性的。教育不能保證每個人成功,但必須保證每個人擁有平等的成功機會。

其二,教育資源配置的差異原則。根據受教育者個人的具體情況區別對待,表現為教育資源配置時的差異性,它反映的是「不同情況不同對待」的原則,即不是平均或平等分配教育資源。教育資源相對於受教育者而言是外在的,不涉及受教育者個人的素質本身,但是教育者的先天稟賦或缺陷以及他們的需求也是進行分配時必須考慮的前提。

不同主體具有不同需求,是理論研究和政策制定時必須正視的一個現實。所以要尊重學生的選擇,要提供多樣化的教育資源讓學生能夠選擇。提供多樣化的教育資源意味著差異和不同,但是意味著公平,從終極意義上講,讓每個學生的個性和稟賦得到充分發展是最公平的。學生的發展應具有多樣性和豐富性。

教育公平正視個體的差異性,放棄對教育同質性的追求,既主張人人都受教育(體現平等原則),又主張人人都受適切的教育(體現差異原則)。教育資源配置的差異原則要求提供多樣性的教育,包括多種類型的學校、多種類型的課程,甚至多種類型的課外活動。對教育多樣性的肯定為追求教育公平開闢了廣闊的空間。

其三,教育資源配置的補償原則。與差異原則關注受教育者個人的差異不同,補償原則關注受教育者的社會經濟地位的差距,並對社會經濟地位處境不利的受教育者在教育資源配置上予以補償。這樣配置教育資源是不平等的,卻是公平的。

教育公平是教育資源配置方面的平等原則、差異原則、補償原則的統一。追求平等、尊重差異、補償差距,都是教育公平的體現。

2. 什麼是教育效率?

在教育研究領域,教育經濟學和教育管理學對教育效率問題的關注最多,但都有侷限性。

從教育經濟學的視角看，教育效率亦稱教育投資效率、教育資源利用效率、教育投資內部效益等，這是從經濟學中移植過來的將教育視為生產或經濟活動而出現的範疇，指教育資源消耗與教育直接產出成果的比較，即為教育投入與直接產出之比。

教育經濟學開發出一系列可以量化的指標來測量教育效率，如畢業率、升學率、鞏固率、輟學率、生師比、教室利用率、圖書利用率、生均教育費用支出等。可見，教育經濟學對教育效率的衡量偏重於「可以測量的直接產出」。

從教育管理學的視角看，提高效率一直是教育管理追求的目標。發端於20世紀70年代初的學校效能研究，以及相關的有效學校研究和學校改進研究，都把追求效率即如何提高學生的學業成績作為關注的核心問題。學校效能研究的目的就是要尋找或發現對學生的學業成績有積極影響的學校特徵或其他因素。教育管理中的學校效能研究也關注投入與產出的關係，但與教育經濟學的關注點有所不同。

有學者區分了「學校效能」和「學校效率」兩個概念，認為學校非金錢性的輸入或過程（例如課堂組織、教師專業訓練、教學策略、學習安排等），與其輸出功能進行比較可估計出「學校效能」；學校金錢性的輸入（例如生均經費、教師工資、機會成本等），與其輸出功能進行比較，可估計出「學校效率」。

在學校效能研究的推動下，越來越多的國家以學校促進學生學業成績的進步程度來衡量學校是否有效或高效。可見，教育管理領域對於教育效率問題的關注，已經不像教育經濟學那樣只注重研究「金錢性投入與教育產出的關係」，更注重學校非資金性的投入與產出的關係，而且更加注重研究教育產出的最重要結果之一——學生的學業成績。

上述關於教育效率的研究（包括學校效能研究）都是基於投入—產出的分析模式。但存在的一個突出問題是以「可測量的指標」（不論是直接產出還是最後產出），如升學率、鞏固率、學業成績等作為衡量效率的標準，不能反映出學生發展的全貌，更不能反映出教育效率的全部。

單一學科中的效率概念都有侷限性。尤其是單一的經濟學思維模式，不僅使我們對教育效率的理解片面化，而且也掩蓋或是抹殺了教育活動的特殊性。在教育政策層面上討論教育公平與教育效率時，不應該拘泥於技術問題（測量問題），而應該以更開放的學科視角去討論教育效率問題，應該在一個更寬大的框架下關注教育效率問題。這個更開放、更寬大的視角就是根據教育對於個人發展和國家發展的貢獻來判定教育效率，即在「教育目的」的層面上討論教育效率問題。

教育作為人的再生產的手段，作為國家發展的工具，其效率取決於它對個人發展和國家發展的貢獻。教育透過促進學生個人的發展，進而促進國家的發展。因此，教育對國家發展的貢獻是間接的，但學生的發展狀況和水準是衡量教育效率的直接尺度。

在個人發展層面，教育效率的衡量是看學生身體、知識、能力、態度等素質的全面發展程度，以及個性的充分發展水準。學業成績只是衡量的指標之一。研究表明，受過較多學校教育的人比受較少教育的人，對國內外形勢和公共事務有更清醒的認識；有更開放的觀念，也更能採納新建議；能有更多的機會找到好工作，並獲得更高的薪酬；具有更積極向上的心理狀態，具有更高的幸福感；具有更好的身體狀況，更加長壽；會更多地把閒暇時間用於與文化和藝術相關的高雅的活動上。

在國家發展層面，教育效率的衡量是看教育對國家發展的各個維度，如經濟發展、政治發展、文化發展等方面的貢獻，以及所培養的學生素質的維度與國家發展的維度之間的相關程度。學生的素質越高越能促進國家發展，則教育對國家發展的貢獻率就越高。

上述分析思路與通常使用的投入—產出分析框架並不衝突，只是擴展了「產出」概念的外延，不再把「產出」狹隘地界定為一些可以測量的指標。

教育效率與教育目的有內在的聯繫，教育效率是對教育目的實現程度的衡量。相對於教育效率的數量維度而言，教育效率更本質的特徵是教育質量。只有高質量的教育，才有對個人發展、國家發展的高貢獻率。這樣，教育效率、教育目的、教育質量就成為三位一體的教育追求。

(二)教育公平和效率是基礎教育改革和發展的核心價值取向

1. 教育公平與教育效率的關係。

關於一般性的效率與公平的關係,學術界已經有很多討論而且爭議很大。「效率優先,兼顧公平」「公平優先,兼顧效率」「公平與效率並重」三種主張各自都有不少支持者。但我們不能把這些分析框架和觀點主張簡單照搬、運用到對教育公平與教育效率關係的討論中,因為上述主張針對的是收入分配領域的問題,將之泛化到教育領域是不合適的。教育效率與經濟效率的衡量標準大不相同,教育有其獨特的效率原則。

因此,討論「教育公平與教育效率的關係」必須在教育的語境和話語體系中進行。根據前面對教育公平與教育效率的解釋,教育公平與教育效率的關係實質上都是「教育資源配置的平等原則、差異原則和補償原則」與「教育對於個人發展與國家發展的貢獻率」之間的關係。

20世紀80年代初,世界銀行曾對44個處於不同經濟發展階段國家教育的社會收益率進行計算,按初等教育、中等教育、高等教育的順序,不同國家各級教育的社會收益率分別為:開發中國家27%、16%、13%,介於開發中和已開發國家16%、14%、10%,已開發國家13%、10%、9%。這意味著,開發中國家在初等教育階段加大投入,不僅有利於實現教育公平,而且對整個國家和社會來說,這項投入的效率也是最好的。在初等教育階段,公平和效率之間不僅沒有矛盾,而且是高度一致的。

教育公平與教育效率也不應該有主次輕重之分。儘管很多開發中國家,「以公平促效率」是一種重要的教育政策,但公平並不僅僅是效率的手段,公平本身就具有內在價值,含有豐富的民主、平等、人道等倫理追求。沒有公平的效率(質量)是不道德的,沒有效率的公平是低水準的。現代社會所追求的是有效率的公平和有公平的效率,即公平與效率的統一。教育公平和教育效率具有同等價值。教育公平與教育效率之所以能夠並重和統一,在於二者都具有內在的邏輯合理性與價值合理性。因此,在教育上,「效率優先,兼顧公平」或者「公平優先,兼顧效率」的說法在理論邏輯上是不正確的,

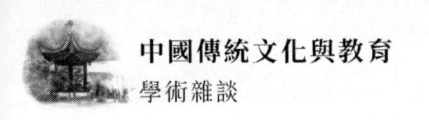

在政策實踐中是有害的。現代教育永遠都應該堅持「公平與效率並重」的原則。

2. 教育公平與效率是基礎教育改革和發展的重要目標。

研究表明，教育公平和教育效率在基礎教育領域完全是可以兼顧的，尤其是在開發中國家教育公平和教育效率不僅不矛盾，相反教育公平更有利於促進和提高教育效率。因此，在實踐中應注意幾點。

第一，政府不能因為追求教育公平的政策目標，而迴避、壓制甚至放棄對教育效率（質量）的追求。教育公平與教育效率是兩個相互關聯的、同等重要的教育改革與發展目標。政府的教育政策目標應該是雙重的，即公平與效率兼顧。

第二，政策應該兼顧公平與效率，這不僅是對學術研究的理論概括，也是對一些已開發國家的當代教育政策實踐的經驗總結。例如，美國的《國家處在危險之中：教育改革勢在必行》指出：「我們並不相信致力於教育高質量和進行教育改革必須犧牲群眾的強烈要求，即我國不同人口應享有公平待遇的要求。公平和高質量教育這一對目標對我們的經濟和社會有著深遠和實際意義。無論在原則上或實踐中，我們不能同意讓一個目標屈從於另一個目標。那樣做的話，就不能讓年輕人根據個人的志願和能力來學習和生活。這樣一方面會導致我國社會普遍將就平庸的教育；另一方面，又會造成不民主的英才至上主義。」

美國 2001 年《不讓一個孩子掉隊》法案的核心要求是提高教育質量，並讓所有學生達到一個較高的教育標準，即「不讓一個孩子掉隊」。該法案所追求的就是高水準的公平。為落實該法案，《美國教育部 2002—2007 戰略規劃》明確闡明美國教育部的使命是：「在全國範圍內保障教育平等，促進教育卓越。」美國教育追求的公平是高質量的公平，是與效率相統一的公平。

第三，教育政策應該兼顧公平與效率，更是中國教育發展的客觀要求。教育公平與教育效率的狀況可以有四種組合方式：高公平，高效率；高公平，

低效率；低公平，高效率；低公平，低效率。這四種狀況在中國不同的區域、不同的學校都有表現。

教育效率低下首先表現在，由於片面追求升學率導致教育實踐嚴重偏離全面發展的教育目標，學校培養出來的學生身體素質下降，創新精神與實踐能力不強，情感、態度、價值觀的發展存在偏差，各方面素質的發展嚴重不平衡，綜合素養不高，缺乏國際競爭力，不能滿足個人可持續發展和國家發展的需要。

其次表現在，由於管理水準低下，導致教育資源浪費嚴重。個人專斷、決策，機制不健全、行政管理制度不完善、職能劃分不合理、教育從業人員專業化程度不高等，都已經帶來嚴重的效率低下。

總之，提高教育的效率，其重要性和艱巨性毫不亞於促進教育公平，提高教育效率的任務與實現教育公平的任務同樣艱巨。教育政策必須堅持公平與效率兼顧的基本原則。這也是基礎教育改革和發展所追求的核心價值取向。

三、促進基礎教育公平和提高效率的政策取向

基礎教育公平的促進和效率的提高是一項艱巨、複雜的社會工程，需要政府、社會、市場和學校共同努力。雖然政府和市場是兩種主要的資源調節和配置方式，但絕不是「市場促效率，政府促公平」。因為政府的作用絕不僅限於促進教育公平，市場的作用也不僅限於提高教育效率，二者都可以提升教育公平和教育效率，但作用大小不同。

不論是促進教育公平，實施教育公平的三個原則，還是提高教育效率，全面提升教育質量，提升教育對於個人發展和國家發展的貢獻率，政府都應該發揮主導作用。市場的作用是有限度的，相對於政府，只能發揮輔助作用。

政府在促進教育公平和提高教育效率方面，發揮主要作用的途徑就是轉變政府的教育行政職能。過去，各級政府在教育行政職能行使中，存在錯位、越位和缺位現象，因此，應該給學校更多的辦學自主權。同時，應該加強宏觀管理，強化政府在教育體系構建、教育條件保障、教育服務提供、教育公平維護、教育標準制定和教育質量監管等方面的權能。

在進行職能轉變、強化上述權能時，各級政府應該同時關注「公平和效率（質量）」的雙重要求，在履行教育行政職能時，應該教育公平和教育效率並重，而且都要加大力度。

在教育體系構建方面，重點是調整教育結構。徹底改變許多地方存在的重視公辦教育輕視民辦教育、重視普通教育輕視職業教育、重視正規教育輕視非正規教育、重視城市教育輕視農村教育的傾向和做法，增進教育類型的多樣性，促進城鄉教育一體化進程，為各種類型受教育者的個性化發展提供更為充分的受教育機會，使教育結構的調整更好地促進產業結構的升級。

在教育條件保障方面，需要建立健全現代公共教育財政制度和教育人力資源開發制度，為促進教育公平和提高教育效率提供均衡、充沛的財力和人力支持。當前，教育投入不足、教師隊伍素質總體不高依然是制約中國教育走向均衡、優質發展道路的主要障礙。區域之間、城鄉之間、校際之間教育資源配置還存在很大差距，縮小教育條件的差距是最終縮小教育差距的前提。教師質量制約教育質量和教育效率，提高中國教育的國際競爭力有賴於建設一支高水準的教師隊伍。在教育投入狀況不斷改善的情況下，應該把教師人力資源開發放在公共教育政策的優先位置。

在教育服務提供方面，政府應該進一步強化服務理念，擴大服務範圍。由控制型管理轉變為服務型管理，建立健全支持教育改革和發展的公共教育服務體系，提高服務能力。不僅透過舉辦教育機構為學生提供教育服務，還要透過加強培訓機構、教研機構和資訊化平台的建設，為學校發展、為校長和教師的專業發展、為家長進行家庭教育、為社會瞭解教育提供專業和資訊支持。

在教育公平的維護方面，政府要全面理解教育公平，用教育公平的三個原則作為指導推進教育公平。

在提高教育效率方面，應該健全並提高各種教育標準，如各級各類學校辦學條件標準、課程標準、學生學業成績標準、學生全面發展評價標準、校長資格標準、教師資格標準、各級各類學校辦學水準評估標準，等等。這些標準的健全和實施是提高教育質量和效率，實現高水準教育公平的切實保障。

在教育質量監管方面，關鍵是樹立全面的教育質量觀，建立教育質量監測和評估標準，並實行嚴格的質量責任制度和問責制度。反對片面追求升學率，反對以分數作為衡量學生發展水準和教育質量高低的錯誤做法，確立正確的教育發展觀、教育評價觀和教育政績觀。

自20世紀70年代末開始，西方國家在教育領域推行市場化或者準市場化改革。但是西方一些學者的研究表明，市場化改革使教育偏離了教育的價值目標，損害了教育的品質和質量，教育的效率和效能下降；同時，市場化改革加劇了教育中的不平等，教育更加不公平。市場化改革並沒有給教育帶來所期待的效率和公平。人們對市場的作用過於理想化而沒有充分認識到市場的侷限性。市場是有缺陷的，它的自發性、盲目性會引發很多嚴重後果，特別是惡性競爭、短期行為、道德缺失等。市場的侷限性決定了衛生、教育等公共服務不能完全由市場來提供。

在1999年召開的聯合國教科文組織的國際教育高層會議上，與會者一致認為，「應當澄清這一方面的模糊與混淆。市場規律和競爭法則不適用於教育，包括高等教育」，這是因為「教育不是經濟的一個分支。教育過程、教育目標、教育結果或『教育產品』都不能與經濟相提並論」。

需要注意的是，要求政府在促進教育公平、提高教育效率方面發揮作用，並不意味著否定市場機制的輔助作用。由於存在政府失靈和市場失靈，單一依靠政府或者單一依靠市場都是有缺陷的，我們需要一種政府發揮主導作用、市場發揮輔助作用的混合機制。這種混合機制比任何一種單一的機制能更好地促進教育公平、提升教育效率。

以美國為例，2003年美國政策研究報告《我們的學校和我們的未來：我們仍然處於危險之中嗎？》對1983年《國家處於危險之中：教育改革勢在必行》發表以來的美國教育改革進行了總結。該報告並沒有把教育改革的全部希望寄託於市場機制，認為要使學校的辦學質量和學生的學習成績得到提高，中小學教育系統的激勵機制和權力關係需要有根本的改變。

這些改變的實現有賴於三大核心原則的貫徹，即責任制、選擇機制和透明化。建立中小學教育的責任制意味著依據嚴格的課程標準和學業成績標準，

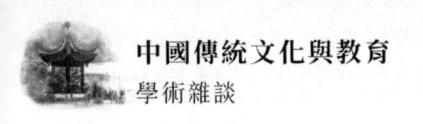

對學生、教師、學校和學區進行評價；選擇機制是指給家長自由選擇學校的權利；透明化意味著如果誰要想獲得某學校或某學區的全部資訊（不包括個人的私人資訊），他就能夠獲得。

資訊的提供方式應該便於使用者在不同學校、學區和州之間進行比較，透明化將使人們獲得必要的訊息，以確保自上而下的責任制的建立，以及一個充滿活力的教育市場的形成。該報告認為，「三方面齊頭並進將會使公共教育系統重整旗鼓，煥然一新。全新的結構安排使權力各歸其位且相互制衡，有效的激勵機制使成績、效率、自由以及責任成為努力的方向，從而避免南轅北轍。」報告力主透過自由（擇校）和責任（問責），獲取績效和效率。這是一種混合機制，責任制旨在強化政府的作用，選擇機制實質上是市場機制，而透明化則是責任制和選擇機制實施的訊息基礎。

美國的這種教育改革機制能否解決美國的教育問題，有待時間去驗證。但它綜合運用了政府、市場、家長、資訊的力量，並在彼此之間建立起密切的聯繫，讓政府發揮主導作用，讓市場發揮輔助作用，讓資訊發揮基礎作用，這種改革的趨向和方法的確有借鑑意義。

抓住關鍵，全面推進品格教育

一、轉變陳舊的傳統教育思想

所謂教育思想，就是對教育這種社會現象的認識，這種認識是人人都有的。但認識有深淺之分，有系統與零碎之別，深層次的、系統的認識就成為教育理論或學說，淺層次的、零碎的認識或想法是社會廣大人士、教師、學生、家長都有的。教育思想主要包括兩個方面。

第一，怎樣看待教育？為什麼教育？這是回答教育與社會、教育與經濟、政治、文化、科技之間的關係問題，也就是教育在社會發展中起什麼作用、處於什麼地位、為什麼服務的問題。

第二，培養什麼樣的人？怎樣培養？這是回答教育與人的發展關係問題，即培養目標，以及為實現培養目標而確立的教育制度、教育原則、教育內容、教育方法……

上述兩個方面概括起來就是教育價值觀、教育質量觀以及人才觀……教育思想是歷史的產物，帶有時代的特徵，因此在以往社會中形成的教育思想，就是所謂傳統教育思想，是當時歷史條件下的產物，隨著歷史的發展，有很多在今天就不完全適用了。

這些已不適用的教育思想就是陳舊的傳統教育思想，必須拋棄。如在教育價值問題上，傳統教育思想把教育看成純粹的福利事業和只有投入沒有產出的消費事業；而現代教育思想則把教育視為一種產業，是國民經濟的一個重要組成部分。

又如教育價值與教育功能是密切相關的，教育功能一般來講有社會功能和個體功能。就社會功能來看，可分為經濟功能、政治功能和文化功能。個體功能又可分為職業功能、升遷功能和成長功能。但在不同歷史時期，以及人的主觀認識的差異，對功能的價值判斷是不同的。陳舊的傳統教育思想，往往只片面強調某種功能而忽視其他功能。

陳舊的傳統教育質量觀是知識質量觀，是以掌握知識的多寡深淺為主要的甚至唯一的標準。這種知識質量觀在廣大教師、學生、家長心目中根深蒂固，直到今天仍占有很重要的地位。而現代教育思想則強調教師主導、學生主體，要校內外結合、課內外結合、教育要與社會實踐相結合，不能把青少年禁錮在書本上和房子裡。

二、提高教師素質

教師的精神風貌、學識水準、能力高低直接影響著青少年學生的發展和成長。現在，以培養學生創新精神和實踐能力為重點的教育在全國全面推進。而要培養具有創新精神、創新能力的人才，除了轉變陳舊的傳統教育思想、樹立現代教育思想觀念外，教育體制、教育方法、教育手段等都要更新，也

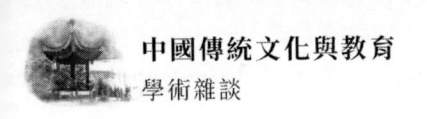

就是說整個教育都必須創新。教育要創新，就要求培養有創新意識、創新精神、創新能力的教師。

此外，還必須提高教師實施品格教育的能力。這就要求教師樹立終身教育觀念，不斷更新和拓展學科基礎知識和學科前沿知識，瞭解掌握相關學科知識，瞭解當今高新技術最新成果，從而由單一的知識結構，逐步向綜合全面方向發展，接受心理學、教育學知識教育，不斷提高自身心理素質、掌握學生身心發展特點和教育規律，熟悉和掌握現代教學方法和現代教育技術，積極進行啟發式、討論式和探究式教學，培養一定的教育科學研究能力，不斷提高自身的創新能力和教育教學實踐能力。

三、加強改進學校德育教育

從世界教育改革發展的趨勢看，目前各個國家，不論政治制度如何，都普遍重視學校德育工作，並採取許多措施來強化它，在學校廣泛開設德育課，有的也稱為公民課，或人格課、綜合課，名稱不同，內容大致一樣，都是對學生進行價值觀教育、法制紀律教育、道德品質教育等。而且各國還強調要把德育放在整個學校教育過程中，即透過各科課堂教學和課外各種社會實踐活動進行，並要求學校、家庭、社會要通力合作，共同擔負起道德教育的義務。此外，還透過種種新聞媒體（如報刊、廣播、電視），開關如道德論壇等講座來進行道德紀律法制宣傳。

一些已開發國家在德育工作方面特別強調適應性和可操性，在德育目標上，要求從本國的國情出發，從國家發展需要出發，從學生身心特點和可接受程度出發。如美國強調要培養學生「理解和忠誠於自由社會」。美國、英國政府都要求學校加強紀律教育，柯林頓甚至提出學校要實行宵禁，要實施曠課法規，開除班上的搗亂分子；梅傑曾要求教師對不守規則的學生可以採取強硬行動，提出恢復英國社會「傳統價值觀念」。日本提出道德教育的目標在於形成「人」，要求學校成為學生的精神食堂，要培養開拓性的面向世界的日本人。新加坡提出學校要培養學生應有的道德、社會責任感和正確的道德價值的觀念……

师範院校是培養教師的搖籃，教師是實施品格教育的主力軍，高素質的教師隊伍是全面貫徹教育方針，提高教學質量的重要保證。因此要全面推進品格教育，必須抓住並解決關鍵問題，即從樹立現代化的教育思想入手，提高教師隊伍素質，加強和改進德育工作。作為人類靈魂的工程師的教師，必須不斷提高自身的思想素質和師德修養。因此，在師範教育中，應該更加重視德育，把師德教育作為首要內容。

關於可持續發展研究

一、可持續發展思想的源泉

（一）發展學的出現

二戰以後，世界許多國家和地區都忙於戰後重建、恢復和發展，於是各種研究發展問題的新理論、戰略方案和具體政策紛紛湧現，學術著作競相問世，漸漸形成了一門新學科——發展學。

（二）發展學的深化

二戰後半個世紀以來，發展學經歷了經濟增長理論到經濟社會綜合協調發展理論，再到可持續發展理論三個階段。

1. 戰後頭二十年的認識：發展等於經濟增長加社會變革。

發展學是從發展經濟學（增長經濟學）開始的。二戰後，西方經濟學家重視經濟增長理論研究，當時很多人還沒有把發展與增長兩個概念區別開來，多數人認為發展就等於經濟增長。在這種理論指導下的發展戰略以國內生產總值的增長為目標，而為了實現經濟的增長還必須進行一定的社會經濟改革。

因此，這種戰略必然會忽視社會其他領域的發展目標，所以聯合國第一個發展十年（1960—1970）開始時，吳丹提出上述發展公式，並廣為流傳。但是不少學者發現在上述發展戰略思想指導下，出現了「有增長而無發展」或「無發展的增長」的現象（主要是開發中國家）。於是人們開始對上述發展戰略產生懷疑並提出了批判。

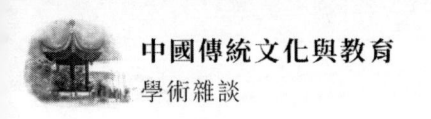

2. 20 世紀 60 年代末以來的認識。

增長不等於發展，發展是經濟社會各方面綜合協調發展的系統工程。

大家一致認為應把發展與增長兩個概念加以區別，前者含義較廣，除了生產數量上的增長，還包括經濟結構和某些制度的變化，不僅包含經濟的發展，還包含社會狀況的改善和政治行政體制的進步，不僅有量的增長，而且有質的提高；而經濟增長的含義較窄，通常指純粹意義的生產增長。總之，發展必定有經濟增長，但有經濟增長並不一定有發展。

發展除了經濟增長的目標外，還必須注意經濟發展的社會效果。衡量一個國家的發展程度，除經濟指標之外，還應包括各項社會指標，即反映生活質量的「非經濟尺度」，如教育、健康、住房、犯罪、社會地位變化等，以及反映分配狀況的「經濟尺度」，如收入分配比例等。

總之，這個階段的認識是：增長不等於發展，少數人富裕不等於社會富裕，發展是經濟社會綜合協調發展的系統工程。

3. 20 世紀 70 年代以來的認識：當前的發展要顧及後代和未來，不能犧牲環境求發展。

隨著工業發展帶來環境汙染、生態失衡、資源匱乏等嚴重問題，人們越來越關心這種發展的後果以及人類和地球的未來。自 20 世紀 60 年代以來，發展學進展到把對發展現狀的研究同對未來前景的預測研究結合起來，形成了「發展未來學」（「未來學」）。它綜合分析經濟發展與人口增長、環境汙染、資源耗竭等因素之間的關係，預測今日的發展將給人類帶來什麼樣的後果，以及為了趨利避害，對今日世界的發展應採取什麼樣的發展戰略、配套措施和具體政策。

4. 20 世紀 80 年代以來：「可持續發展」概念的提出和發展。

「可持續發展」一詞是在 20 世紀 80 年代中期由歐洲一些已開發國家首先提出並給了它 10 個以上「意義」和「指標」。對此，開發中國家與它們進行了一系列對話和辯論，終於在 1989 年 5 月聯合國環境署第 15 屆理事會期間達成共識，認為「可持續發展」是指既滿足當前需要而又不影響或削弱

子孫後代滿足其需要的發展。這一共識包含了子孫後代的需要、國家主權、國際公平、自然資源、生態抗壓力、環保與發展相結合等重要內容，後經世界各國的努力。

1992年聯合國環境與發展大會以「可持續發展」為指導方針制定並透過了《21世紀議程》和《里約環境與發展宣言》，會議號召各成員國制定出本國的「可持續發展」戰略與政策，並加強合作以推動《21世紀議程》的落實。

二、「可持續發展」思想的發展

1972年斯德哥爾摩第一次人類環境會議，是人類對其生存環境認識的轉折點，透過了聯合國《聯合國人類環境宣言》，發出「只有一個地球」的呼聲。

1980年，聯合國向世界發出呼籲「為確保地球持續發展，必須研究資源、經濟、人口與環境之間的協調發展關係」。

1983年聯合國成立了世界環境與發展委員會（WCED），委員會於1996年出版的《我們共同的未來》，系統性地研究了持續發展問題，指出以此來迎接人類面臨的環境與發展問題的挑戰。其核心就是要在保護和提高人類永恆發展能力的條件下滿足人類不斷增長的物質和精神的需求，改善人類的生活質量。

1992年，世界180多個國家的103位國家元首或政府首腦在巴西里約熱內盧參加聯合國環境與發展會議，並透過了《21世紀議程》，它反映了關於地球環境與發展合作的共識和最高級別的政治承諾，推進了全球持續發展戰略進程。

「可持續發展思想」仍在發展，國際自然保護同盟、聯合國環境規劃署又合作制定了20世紀90年代世界環境保護戰略《關心世界——持續性戰略》，在總結經驗教訓的基礎上提出了持續發展應包括三個方面的內容：

1. 經濟持續性；

2. 社會持續性；

3. 生態持續性。

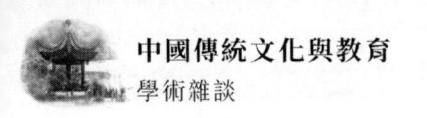

以上三個方面緊密聯繫在一起。他們還提出：質的發展能長久維持，量的增長則有限，即儘管人類所能獲得的自然資源數量有限，但其利用潛力透過科技作用可長久增加。

上述新思想（戰略）還認為要獲得持續發展必須遵守八項原則：

1. 人類對生態圈的衝擊，必須限制在其承載力以內。

2. 維持地球生物資源，可更新資源的使用速度應保持在其再生產速度限度以內。

3. 不可再生資源的耗竭速度不應超過作為代用品的更新速度。

4. 資源利用和環境保護的費用——效益應共同分擔和分配。

5. 鼓勵發展增加資源使用效率的技術。

6. 利用經濟槓桿維護自然資源。

7. 採用各行業協調發展的決策方式。

8. 促進與環境協調的文化意識。

三、可持續發展的定義與內涵

定義：可持續發展是既能滿足當代人的需要，又不對後人滿足其需求能力構成危害的發展。

內涵：

1. 滿足需要，尤其是滿足世界上貧困地區人民的基本需求，即可持續發展首先要求實現長期穩定和高質量的經濟增長。

2. 平等分配資源，即可持續發展在很大程度上是資源分配的問題（代際間資源分配），要求當代人與後代人之間實現資源的平等分配。

3. 減少貧富差距。可持續發展的目的是為了共同富裕，而不是加大差距。

4. 削弱限制。要求透過可持續發展戰略不斷削弱資源與環境承載力的限制，要求不斷協調人口、資源、經濟發展和環境之間的關係，即在經濟重高質量、有效穩定增長的前提下為後代創造長期發展的基礎。

四、可持續發展與教育問題

（一）什麼是可持續發展

在二戰以後，隨著世界人口增多、糧食不足以及盲目發展經濟造成了環境汙染、能源短缺、資源破壞，自然平衡遭受嚴重破壞，並由此引發各種災難性危害，威脅人類的生存，人類面臨著日益惡化的環境問題。在此情況下，人們開始反思自己的行為，發現資源不合理使用即浪費是造成環境問題最根本、最直接的原因。

為了保護環境，於是產生了可持續發展思想。1972年，由聯合國在瑞典的斯德哥爾摩召開了一次以人類與環境關係為主題的會議。各國與會代表透過一系列對話和辯論，求得了一些共識，並發出「只有一個地球」的呼聲。會議通過了《聯合國人類環境宣言》，提出人類對環境的權利與義務的共同原則──可持續發展。這是人類對其生存環境認識的轉折點，隨後全世界和各個國家先後採取了一系列保護環境的措施。聯合國專門成立了環境規劃署（開發計劃署），拯救地球的綠色和平組織也開始了工作，各國先後成立了環境保護組織。

「可持續發展」自1972年正式提出以後，隨著認識的深化而不斷發展。1980年，聯合國向世界呼籲「為保護地球的持續發展」，必須要研究資源、經濟、人口與環境之間的協調發展關係。1983年，聯合國成立了世界環境與發展委員會，為了保護臭氧層，1989年修正的《蒙特婁議定書》明確規定已開發國家必須在2000年以前，開發中國家必須在2010年前停止使用氯氟烴的消費。

因為氯可以和臭氧分子發生反應，從而使地球上出現臭氧層空洞。1990年6月，有六十幾個國家在英國倫敦開會，簽署了到2020年停止使用生產氟利昂及其他破壞臭氧層製品的協議（包括氣霧劑、煙霧劑、氯氟烴、製冷

劑等化學物質）。1992年，聯合國在巴西里約熱內盧召開環境與發展大會，有180多個國家的元首或政府的首腦出席會議，並透過了《21世紀議程》。這個文件反映了關於全球環境與發展合作的共識和最高級別的政治承諾，進一步推動了全球持續發展戰略的進程。

國際自然保護同盟和聯合國環境規劃署還合作制定了20世紀90年代世界環境保護戰略《關心世界——持續發展戰略》，指出發展應包括：經濟持續性、社會持續性和生態持續性三個緊密聯繫在一起的內容，並指出了「質的發展能長久維持，量的增長則有限」的新觀點。1996年，聯合國世界環境與發展委員會還出版了《我們共同的未來》，系統性地總結和研究了持續發展問題，提出以持續發展來迎接人類面臨的環境與發展問題的挑戰。

綜上所述，可知可持續發展應當是既滿足當代人的需要又不對後代人構成危害的發展。其實質是協調人與自然的關係，使人與自然和諧相處，當代人與後代人如何實現資源平等分配的問題。它要求世界各國在經濟高質量、穩定增長的前提下，不斷協調人口、資源、經濟發展和環境之間的關係，並為後代人創造長期發展的基礎。

（二）如何實施可持續發展戰略

可持續發展現在已成為世界眾多國家指導其經濟、社會發展的總體戰略。為了貫徹實施這個戰略，各國不僅建立了相應的組織保障體系，投入了大量的資金，有的國家還透過立法以及開展大規模的宣傳教育活動，以提高人們的環境意識，提高人們對可持續發展的認識。下面就我們國家如何加強宣傳教育、轉變傳統觀念問題談一些看法。

可持續發展是一個包含了深刻的哲學、社會學、經濟學、發展學、生態學和倫理學等科學內涵的一個科學概念。人類歷史經驗告訴我們：人類是在自然界中尋求發展的，從穴居野處、茹毛飲血進而發展到鑽木取火、以佃以漁，到飼養家畜、經營原始種植業，隨後進入文明社會。

在這個過程中，大自然給了人類豐富的饋贈，人類不停地向自然界索取，透過生產活動創造了巨大的物質財富，獲得了前所未有的物質和精神享受，

人類在不斷認識、改造自然的活動中自身也不斷得到發展。總之，人類一切活動都湧入自然環境系統中。但隨著工業革命的到來，加之人類對自然規律認識的侷限，人類也以前所未有的速度毀壞大自然，毀壞人類賴以生存的環境。因此，正確處理人與自然的關係，解決好發展與環境的矛盾，正是可持續發展的一個核心問題。

附錄

1. 世界每分鐘的環境災難。

耕地：損失 40 公頃

森林：消失 21 公頃

沙漠化：11 公頃

泥沙：4.8 萬噸流入大海

人：28 人死於環境汙染

2.1998 年全球天災。

暴風、雨、水、旱、火災對全球至少造成 890 億美元損失（超過 20 世紀 80 年代總和）。

全球變暖（大量廢氣排放產生溫室效應）將使貓頭鷹、蛇、鳥、蝙蝠等動物減少。害蟲將更加不受控制；還將導致霍亂、瘧疾等疾病突發，老年人與兒童尤其容易受到感染，特別是登革熱（一種急性蟲媒傳染病）至今還無法預防等。

3. 造成環境惡化的原因。

人口增多，毀林開荒，圍湖造田，工業化，急功近利，濫用農藥、水汙染。

4. 土壤流失情況。

全球每分鐘有 10 公頃土地變成沙丘，每年有 5 萬～7 萬平方公里土地變成沙丘，20 公頃森林消失——每年減少 1%，而在自然力作用下，形成 1 公分厚的土壤需要 100 年到 400 年。

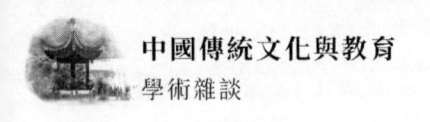

5.生物物種加速滅絕。

美國國家技術監督局認為,如果人類不改變生活方式和破壞行為,到 2000 年地球上將有 15% ～ 20% 的物種消失（是自然狀態下的 100 倍）,幾乎每天都有一種物種絕滅。

談方志編寫的幾個問題

一、什麼叫方志

起源:是封建時期社會經濟發展到一定階段的產物。具體產生於何時,沒有取得共識,有西周說（《周官》）,春秋戰國說（《禹貢》）,兩漢說（《漢書·地理志》）,魏晉隋唐說（《華陽國志》）。方志即地方志,就是一方之文獻,其內容和形式隨社會發展而發展,隨時代需要而改變,沒有一成不變的模式。

種類:地方志的種類隨社會、政治、經濟、文化、軍事等的發展和客觀要求變化而逐步增多,就行政區劃和編著體例來看,大體可分為:一統志（全國統一性地方志）、省志（總志——兩省或兩省以上,通志——一省之志）、府志、州志、廳志、縣志、邊關志、鎮志、衛所志、土司志,此外還有專志和雜志。

性質:地方志是地方性的百科全書,是地方文獻,它蒐集了本地廣博的自然資料、經濟資料、政治資料、軍事資料、社會資料、文化資料、科技資料、人物資料等。

特徵:地域性（區域）、百科性（廣泛、綜合）、連續性（週期性）、可靠性（真實、客觀）、資料性、時代性、邊緣性、實用性,新方志還有科學性、思想性、人性等特徵。

「志」與「史」的異同:

1.相同。

（1）同源異流,如:魯之《春秋》、楚之《檮杌》。

(2)「志」和「史」互相促進,「史從志出」。

(3)「志」和「史」殊途同歸。

2.「志」與「史」的區別,如下表:

志	史
(1)自然與社會並重;	(1)記述人類社會活動;
(2)主要是記現狀;	(2)主要是記過去的事;
(3)分門別類記載,「橫寫」;	(3)以大事為主要線索,記事本末,「縱寫」
(4)提供真實可靠的現狀,以現實為重點;	(4)探索歷史發展規律,論述以史觀為重點;
(5)一般要附圖;	(5)一般無圖;
(6)舊志一般對人物有褒無貶;	(6)史對人物有褒有貶;
(7)志以現狀為主,主要依靠調查;	(7)以記過去社會為主,主要依靠史料;
(8)需要經濟、社會等工作者共同參與完成	(8)史主要由史學工作者獨立完成

二、編寫方志的意義

意義(功用):存史、資政、育人、補國史

存史:繼承發揚中國的優良傳統,保存豐富的地方史料。

資政:可以為本地區建設事業以及制定方針、政策提供歷史借鑑和詳實的資料依據。

育人:是對人民群眾,特別是青少年進行統教育的鄉土教材。

補國史:方志所存史料,因「地近則易核,時近則跡真」,歷來可以「補史之缺,參史之錯,詳史之略,續史之無」,特別是能補當代歷史上的空白。

三、編寫教育志的要求

(一)原則

1.明確主體——教師、學生、教學活動,不是教育行政志。

2.述而不作——寓觀點於材料之中(資料的選擇、剪裁、編排、取捨等)。

3.遵守規範——行文（不用文言、半文半白、方言，杜絕浮詞，避免用「也許」「估計」等詞語）；稱謂（除引用原文外，一律用第三人稱，且不加先生等）；結構（一般採用章節，而不用條列；圖表、註釋。

4.服務教育改革和發展：為教育決策提供依據，為改革和發展提供資料。

（二）質量標準。

1.思想性強，觀點正確。

2.資料性強，資料無遺無誤、不雜不冗、不虛不乖、沒有隱患。

3.科學性強，結構合理、事實清晰明確、類目不蔓枝，內容與形式高度統一。

4.時代性和地方性鮮明。

（三）續修教育志實踐中的問題

1.抓不住主體和本質。重事不重人、細節（過程）描寫多、引用文件多、套話多，事實少、結論少、關鍵性變化少。

2.綱目設計交叉、內容重複。精簡編目，運用專記（對於體現地方特色或特別重要的事可用專記）。

3.可讀性有待提高。影響可讀性的重要原因主要有句式西化，句子（段）太長，人物個性少、死板。

4.堅持生人不立傳，可寫成簡介或編成目錄。

5.不要寫成教科書或論文。不解釋概念、定義和理論知識，不進行論證考證（過程），只寫結論，不要流水帳式地記錄材料。

邛崍——川藏茶馬古道的重要驛站

一、邛崍市的歷史概況

邛崍市古稱臨邛，因其臨近邛崍山，故名臨邛，民國時期修的縣志云：「臨邛者，南臨邛崍大山也。」（以下凡未註明出處的皆引自民國修縣志）臨邛自古皆為多民族雜居之地，「自漢唐以來頗有番夷之患，雜以生撩」，且土地肥沃，物產豐富，盛產煤、鐵、鹽、茶，所產邛竹杖，早在漢代就遠銷今印度和巴基斯坦一帶。

《史記西南夷列傳》載：「元狩元年，博望侯張騫使大夏來，言居大夏時，見蜀布，邛竹杖，使問所從來，曰從東南身毒國，可數千里，得蜀賈人市。」就是說早在 2000 多年前，臨邛就與南亞國家有商貿往來了。

《史記·貨殖列傳》載：臨邛冶鐵致富的卓王孫的先人乃戰國時期的趙人，公元前 222 年秦攻破趙國，把卓氏俘虜後遷移到今四川廣元，而卓氏認為廣元土地貧瘠，於是提出遠遷，到了臨邛就住下來了，因為這裡地「下有蹲鴟，至飢不死，民工於市，易賈」。

這說明臨邛開發早，物產豐富，自古以來工商業就比較發達。此傳還記載，在臨邛比卓王孫更富的程鄭，也是被俘由山東遷來的，由於冶鑄鐵器並把它賣給當地少數民族，因而致富，「程鄭，山東遷虜也，亦冶鑄，賈椎髻之民，富埒卓氏，俱居臨邛」。

二、邛崍市為什麼能成為川藏茶馬古道的重要驛站

邛崍在漢唐以來，尤其是明清時期所以能成為川藏茶馬古道的重要驛站，絕不是偶然的。

首先，它有得天獨厚的地理條件。邛崍市東北平坦，是沃野千里川西平原的一部分，西南是丘陵和山地，礦產資源豐富，同時距離古代蜀國經濟、政治、文化中心的成都較近。城南有文井江，北有樸干水，以及斜江河，這些河流透過築堰蓄水，可「灌田數百萬畝」。這幾條江河多數河段可以行船，便於各地物資交流，發展貿易。

359

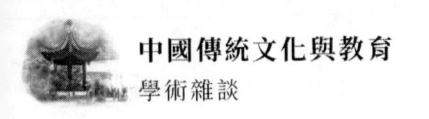

其次，邛崍為丘陵山地，盛產煤、鐵、天然氣和鹽，從而為當地發展採煤、冶鐵和煮鹽等行業提供了物質條件。據史書記載，從漢代起歷經唐宋元明清各朝政府，為控制本地的工商業，還專門設置了鹽官、鐵官進行鹽、鐵的生產和銷售管理。

再次，由於築堰蓄水，加之丘陵山地氣候溫和、濕潤，適於茶的生長。因此，邛崍自古以來就盛產茶葉，且加工製作精細，品種繁多，「其色有黑、有白、有紅、有綠，綠者最上」，按質量依次可分為「毛尖、金尖、金玉、金倉、老穉等5類」。由於產量多，茶葉貿易十分發達，它的西南北諸山處處產茶，自春及秋均可採擷……穀雨前後，逢場集期一市千觔（一觔相當於現在的一市斤），一場銷售達500公斤之多，且遠銷到打箭爐（今康定）。全縣有大小市場數十個，可見當時茶葉貿易規模之大，銷售範圍之廣。

第四，邛崍自古以來就比較開放，秦漢時期就有不少外地人來此定居，經營開發（趙人卓氏，魯人程氏），以後又不斷有陝西、江西、福建、廣東等外來移民，來這裡從事工農業生產或經營商業，他們帶來了外地的生產經驗和技術，從而促進了邛崍社會經濟的發展。

上述諸種條件，是邛崍成為茶馬古道重要驛站的一些主要原因。

三、川藏茶馬古道對邛崍市產生的影響

歷史上的川藏茶馬古道不僅成為西南地區與南亞各國進行物質文化交流的重要通道，也為西南地區各民族的交流融合，以及沿途的社會經濟發展起了積極的推動作用。邛崍市的發展，在一定程度上也得益於這條古道。

第一，外來移民為古臨邛提供了充足的勞動生產力。如前所述，早在秦漢時代就有中原地區晉魯的移民來此定居，明清之際兩廣、兩江等地又遷來大量人口。他們的到來使閉塞的臨邛對中原地區的先進文化有了更多的瞭解。這些移民還帶來了先進的生產經驗和技術，這些經驗和技術，有力地促進了本地工農業生產的發展和商業的繁榮。

第二，由於大量移民的到來，人口增多，加之農工商業的發達，社會急需人才，從而推動了本地學校教育的發展。邛崍在歷史上就有著名的鶴山書

院。在清末民國時期，除在縣城建有縣立中學校、高等小學校、縣立女子學校外，還有專門為貧困家庭子女開辦的縣立半日學校即夜課校，在各鄉鎮還設有公立國民學校。學校教育的發達，為社會培養了不少優秀人才，如古代的天文曆數家胡安、思想家嚴君平、教育家魏了翁、才女黃崇嘏，近代留日、留法的閔鴻洲、季宗孟等。

邛崍自古以來就是一個多民族聚居的地方，除了漢族以外，主要是藏族和「生獠」，據史書記載，「生獠」原來主要居於雲南、貴州一帶，東晉時才「自漢中達於邛笮」。透過長期的「茶馬互市」及其他物資的交換，西南地區各民族實現了經濟上的互補。茶馬古道成為各民族進行聯繫、交流和融合的重要渠道。邛崍歷史上的儒、釋、道共存共榮，三教合流發展到今天，正是各民族和諧共處的具體體現。

總之，古代的邛崍之所以能成為川藏茶馬古道的物資集散地和中轉站，有其獨具優勢的條件，而這條古道對今天邛崍市的發展也產生了深遠的影響。從臨邛到邛崍市的歷史發展過程，我們可以認識到：各民族間的經濟文化交流，是加速社會經濟發展的助力，在人類社會發展的歷史上，各地區的發展總是不平衡的，有的地區進步一些，有的地區落後一些，這種不平衡性決定了經濟文化交流像水往低處流一樣，必然要發生。

只有透過交流才能彌補歷史和自然帶來的侷限，才能促進落後地區的發展。古代的臨邛，從外來移民中吸取大量先進文化，從而加快了發展。所以社會要迅速發展，必須堅持開放，必須加快民族之間的交往。妄自尊大、閉關自守是最有害的，它違背了生產力發展的客觀要求，違背人類歷史發展的客觀規律，歷史證明，那些與外界隔絕的民族，總是落後於開放的民族。

川藏茶馬古道，是古代西南地區各民族發展經濟之道、文化交流之道，更是西南地區各民族共同創建的一條民族團結之道，是一份珍貴的歷史文化遺產。

國家圖書館出版品預行編目（CIP）資料

中國傳統文化與教育 / 徐仲林 著 . -- 第一版 .
-- 臺北市 : 崧燁文化, 2019.07
　　面；　公分
POD 版

ISBN 978-957-681-869-1(平裝)

1. 教育史 2. 中國

520.92　　　　　　　　　　　　　　　108009920

書　　名：中國傳統文化與教育
作　　者：徐仲林 著
發 行 人：黃振庭
出 版 者：崧燁文化事業有限公司
發 行 者：崧燁文化事業有限公司
E - m a i l：sonbookservice@gmail.com
粉絲頁：　　　　　網址：
地　　址：台北市中正區重慶南路一段六十一號八樓 815 室
8F.-815, No.61, Sec. 1, Chongqing S. Rd., Zhongzheng
Dist., Taipei City 100, Taiwan (R.O.C.)
電　　話：(02)2370-3310 傳　真：(02) 2370-3210
總 經 銷：紅螞蟻圖書有限公司
地　　址: 台北市內湖區舊宗路二段 121 巷 19 號
電　　話:02-2795-3656 傳真 :02-2795-4100　網址：
印　　刷：京峯彩色印刷有限公司（京峰數位）

　　本書版權為西南師範大學出版社所有授權崧博出版事業股份有限公司獨家發行
　　電子書及繁體書繁體字版。若有其他相關權利及授權需求請與本公司聯繫。

定　　價：680 元
發行日期：2019 年 07 月第一版
◎ 本書以 POD 印製發行